GRUNDLAGEN UND GEDANKEN ZUM VERSTÄNDNIS DES DRAMAS

JOHANN WOLFGANG GOETHE
FAUST II

von

HELMUT KOBLIGK

VERLAG MORITZ DIESTERWEG

Frankfurt am Main

Die Reihe wird herausgegeben von Hans-Gert Roloff.

ISBN 3-425-06358-8

8. überarbeitete und erweiterte Auflage 1990

Umschlaggestaltung: Reinhard Schubert, Frankfurt am Main
Gesamtherstellung: graphoprint, Koblenz

Inhalt

Vorwort 4

1 *Die Entstehung des »Faust II«* 5

2 *Gang der Handlung* 7

Erster Akt 7
Zweiter Akt 30
Dritter Akt 60
Vierter Akt 83
Fünfter Akt 95

3 *Gedanken und Probleme* 134

3.1 Zur Methodik der Faust-Interpretation 134
3.2 Symbolik und Allegorik 136
3.3 Faust-Gestalt, Faust-Drama, Faust-Deutung 141
3.4 »Faust« – eine Tragödie? 154
3.5 Das Problem der Einheit der Faust-Dichtung 159

4 *Literaturverzeichnis* 166

Vorwort

Daß der zweite Teil des »Faust« dem Verständnis des Lesers besondere Schwierigkeiten bereitet, bedarf keiner besonderen Erörterung. Schon aus der Tatsache, daß die Literaturwissenschaft fast ein Jahrhundert gebraucht hat, um diese Dichtung zu begreifen und viele Details zu interpretieren, zeigt die Unmöglichkeit, dieses geistig und künstlerisch ungewöhnlich reiche Werk im ersten Anlauf und ohne Zuhilfenahme der Ergebnisse der Wissenschaft zu verstehen. Hinzu kommt, daß eine werkimmanente Interpretation, wie die Forschung gezeigt hat, grundsätzlich unmöglich ist.

Die Faust-II-Forschung dürfte bis heute die wesentlichen Strukturen der Dichtung enthüllt und ihre Inhalte geklärt haben. Daß die schon unübersehbar gewordene Faust-Literatur noch jährlich durch weitere Arbeiten vermehrt wird, zeigt die Unausschöpflichkeit des Werkes, das der Betrachtung immer neue, überraschende Aspekte bietet. Auch widersprüchliche Deutungen müssen nicht unbedingt ihren Grund in der Unklarheit der dichterischen Aussage oder in einem Mangel der Interpretation haben, sondern können ein Zeichen der Vielschichtigkeit und Vieldimensionalität des Werkes sein. Wenn sich die Größe einer Dichtung an der Möglichkeit der „unendlichen Interpretation" erweist, dann darf das Faust-Drama diese Größe für sich in Anspruch nehmen.

Die vorliegende Arbeit will dem Leser die jeweils verschiedenen Möglichkeiten der Interpretation an die Hand geben. Sie stützt sich dabei vor allem auf die Ergebnisse der neueren Forschung, ohne die Aussagen älterer Interpreten, soweit sie noch von Bedeutung sind, gänzlich zu übergehen. Der Bearbeiter ist sich dessen wohl bewußt, daß der Umfang des Heftes ihn gezwungen hat, manche Ergebnisse der Forschung unberücksichtigt zu lassen oder auf sie nur kurz hinzuweisen. Auch eine Kommentierung des Textes ist deshalb unterblieben; wo es unumgänglich erschien, sind kommentierende Erklärungen in den Text eingefügt worden. Zahlreiche Probleme, die der Erörterung bedürfen, sind nicht in besonderen Kapiteln behandelt, sondern werden im Zusammenhang mit der interpretierenden Darstellung des 2. Kapitels »Gang der Handlung« an den Stellen besprochen, an denen die Handlung ihre Erörterung nahelegt.

1 Die Entstehung des »Faust II«

Die Faust-Dichtung war von Goethe von vornherein auf eine Weiterführung über das Ende des ersten Teiles hinaus angelegt. Die Faust-Handlung als solche war unvollendet, die Fahrt Fausts in die große Welt stand noch aus, der Stoff der »Historia von D. Johann Fausten« legte es dem Dichter nahe, Faust noch an den Kaiserhof zu führen und ihn sich mit Helena verbinden zu lassen.

Zusammen mit der Publikation des »Faust, 1. Teil« im Jahre 1808 erschien der »Prolog im Himmel«, der sich als eine Einleitung zu beiden Teilen des Werkes versteht. Schon vorher hatte sich Goethe Gedanken über die Gestaltung des zweiten Teiles gemacht: Aus den Jahren 1797 bis 1800 stammt das bekannte Schema zum Faust-Drama (s. S. 159), das für den zweiten Teil »Tatengenuß – nach außen« und »Schöpfungsgenuß – nach innen« vorsieht. Aus diesen Jahren liegen auch einige Entwürfe und Skizzen zu den Szenen »Grablegung« bis »Mitternacht« und ein Fragment des Helena-Aktes vor (V. 8489-8802 mit Abweichungen vom endgültigen Text).

Die Arbeit hat dann offensichtlich lange geruht. Erst im Jahre 1815 scheint Goethe (nach Sulpiz Boisserées Tagebuch vom 3. August 1815) sich wieder intensiver mit dem Werk beschäftigt zu haben. Zwischen dem 16. und 20. Dezember 1816 schrieb er eine ausführliche Inhaltsangabe des zweiten Teiles für Band IV, Buch 18, von »Dichtung und Wahrheit«, die bei der endgültigen Redaktion wieder entfernt wurde. Diese Inhaltsangabe (Paralipomenon 63, abgedruckt bei Trunz, S. 431 f.) läßt den großen poetischen Reichtum des zweiten Teiles noch nicht erkennen.

Die endgültige Ausarbeitung und Gestaltung des Werkes vollzieht sich in den Jahren 1825 bis 1831. 1825 entstanden eine Skizze zum ersten Akt und wahrscheinlich Teile des fünften Aktes. 1826 vollendete Goethe den Helena-Akt und publizierte ihn 1827 unter dem Titel »Helena. Klassisch-romantische Phantasmagorie. Zwischenspiel zu Faust« im 4. Band der Ausgabe letzter Hand. 1828 stellte der Dichter den ersten Akt bis Vers 6036 fertig und ließ diesen Teil im 12. Band der Ausgabe letzter Hand drucken. Seine Vollendung erfuhr der fünfte Akt im Januar 1830. Zugleich arbeitete Goethe an der Klassischen Walpurgisnacht, die im Juni 1830 vollendet wurde. Ende 1830 und Anfang 1831 wurden die noch fehlenden Szenen des fünften Aktes (»Bergschluchten«, die Pilemon-Baucis-Szenen, Fausts Schlußmonolog) gedichtet; es folgte als letztes Stück der Dichtung der vierte Akt. Eckermann berichtet unter dem 6. Juni 1831 nach einem Gespräch über den »Faust«:

»Den noch fehlenden vierten Akt vollendete Goethe darauf in den nächsten Wochen, so daß im August der ganze zweite Teil geheftet und vollkommen fertig dalag. Dieses Ziel, wonach er so lange gestrebt, endlich erreicht zu haben, machte Goethe überaus glücklich. ›Mein ferneres Leben‹, sagte er, ›kann ich nunmehr als ein reines Geschenk ansehen, und es ist jetzt im Grunde ganz einerlei, ob und was ich noch etwa tue.‹«

Goethe versiegelte das Werk; es sollte erst nach seinem Tode veröffentlicht werden. Eckermann und Riemer legten es noch 1832 der Öffentlichkeit als Band I der »Nachgelassenen Werke« vor. Goethe war sich dessen bewußt, welche Schwierigkeiten des Verständnisses er der Nachwelt überließ. Er schreibt an Heinrich Meyer am 20. Juli 1831:

»So siegle ich's ein, und dann mag es das spezifische Gewicht meiner folgenden Bände, wie es auch damit werden mag, vermehren. Wenn es noch Probleme genug enthält, indem – der Welt- und Menschengeschichte gleich – das zuletzt aufgelöste Problem immer wieder ein neues aufzulösendes darbietet, so wird es doch gewiß denjenigen erfreuen, der sich auf Miene, Wink und leise Hindeutung versteht. Er wird sogar mehr finden, als ich geben konnte.«

Ähnlich äußert sich Goethe an Graf Reinhard am 7. und an Sulpiz Boisserée am 8. September 1831.

Goethes letzte Äußerung über den »Faust« ist sein Brief an Wilhelm von Humboldt, den er fünf Tage vor seinem Tode am 17. März 1832 geschrieben hat:

»Es sind über sechzig Jahre, daß die Konzeption des ›Faust‹ bei mir jugendlich von vorne herein klar, die ganze Reihenfolge hin weniger ausführlich vorlag. Nun hab' ich die Absicht immer sachte neben mir hergehn lassen und nur die mir gerade interessantesten Stellen einzeln durchgearbeitet, so daß im zweiten Teile Lücken blieben, durch ein gleichmäßiges Interesse mit dem übrigen zu verbinden. Hier trat nun freilich die große Schwierigkeit ein, dasjenige durch Vorsatz und Charakter zu erreichen, was eigentlich der freiwillig tätigen Natur allein zukommen sollte. Es wäre aber nicht gut, wenn es nicht auch nach einem so lang tätig nachdenkenden Leben möglich geworden wäre, und ich lasse mich keine Furcht angehen, man werde das Ältere vom Neuern, das Spätere vom Frühern unterscheiden können; welches wir dann den künftigen Lesern zu geneigter Einsicht übergeben wollen.
Ganz ohne Frage würd' es mir unendliche Freude machen, meinen werten, durchaus dankbar anerkannten, weitverteilten Freunden auch bei Lebzeiten diese sehr ernsten Scherze zu widmen, mitzuteilen und ihre Erwiderung zu vernehmen. Der Tag ist aber wirklich so absurd und konfus, daß ich mich überzeuge, meine redlichen, lange verfolgten Bemühungen um dieses seltsame Gebäu würden schlecht belohnt und an den Strand getrieben, wie ein Wrack in Trümmern daliegen und von dem Dünenschutt der Stunden zunächst überschüttet werden. Verwirrende Lehre zu verwirrtem Handel waltet über die Welt, und ich habe nichts angelegentlicher zu tun, als dasjenige, was an mir ist und geblieben ist, womöglich zu steigern und meine Eigentümlichkeiten zu kohobieren, wie Sie es, würdiger Freund, auf Ihrer Burg ja auch bewerkstelligen.«

2 Gang der Handlung

Erster Akt

ANMUTIGE GEGEND

In der Eingangsszene finden wir Faust »auf blumigen Rasen gebettet, ermüdet, unruhig, schlafsuchend«. Die Unruhe Fausts, sein Wunsch, Schlaf und im Schlaf Vergessen zu finden, erklärt sich aus dem »erlebten Graus« (V. 4625) der Gretchentragödie, der ihn mit »des Vorwurfs glühend bittren Pfeilen« (V. 4624) aufs schwerste verwundet hat. In dieser Szene des ersten Aktes ereignet sich Fausts Genesung aus der Krankheit seiner Gewissensqualen.

Daß die *Reue* als eine Art Krankheit erscheint, ist in Goethes Weltsicht begründet. Die Reue, die wie die Sorge den Menschen am Tätigsein in der Welt hindert, ist gleichsam ein Abfall von der Natur, in die der Mensch auch als geistiges und geschichtliches Wesen eingebettet ist und aus der er das Gesetz seines Lebens zu nehmen hat. Die Genesung von dieser Krankheit geschieht in der *Natur* (auf »blumigem Rasen«) und durch die Natur (deren Kräfte in *Ariel*, dem menschenfreundlichen Luftgeist aus Shakespeares »Sturm«, und in dem Elfenchor sich verkörpern). Ariel und seine Geister versetzen Faust in den natürlichen Zustand des Vergessens, den *Schlaf*.

Das Motiv des Schlafs als eines heilenden Zustands in der Existenz des Menschen begegnet bei Goethe mehrfach, so z. B. bei Egmont und Orest. Der Heilschlaf ist ein Mysterium, in dem Faust vergessen kann. »Und daß dies Vergessen nicht nachlässig, nicht frivol sei, zeigt sich darin, daß der Schläfer als ein Verwandelter aus dem Heilschlaf aufersteht« (Staiger, S. 275). Auf die heilenden Kräfte der Natur und der Kunst deutet Ariel bereits im Walpurgisnachtstraum des ersten Teils voraus (V. 4391 ff.). Nach Ansicht Schlaffers (2, S. 67) verliert Faust durch den Schlaf seine Individualität. »Von jetzt an wird Faust nicht mehr als identische Person, sondern nur noch in Rollen, in Masken erscheinen [...]. Kein individueller Wunsch mehr bestimmt sein Geschick; in wechselnden Situationen erfüllt er wechselnde Funktionen.«

Der *Schlaf* wird von Goethe aber auch als *Symbol* gebraucht, das über den Bereich des bloß Natürlichen hinausweist. »Als Bestandteile des Tragischen erweisen sich Schlaf und Lethe durch ihre furchtbare Nähe zum Schicksal und durch ihre irrational-naturhafte Lösung der Schuldfrage [...]. Der Schlaf bezeichnet eine äußerste Steigerung des Tragischen, weil in ihm ein Letztes geahnt und gewußt wird, dieses Letzte aber gerade eine volle Wachheit verweigert, da das Ende des Seins, ins Bewußtsein erhoben, das Bewußtsein zerschlüge [...]. Schlaf und Lethe sind Höchstpunkte der Tragik, weil in ihnen eine Randstellung des Menschen, eine äußerste Grenze des Seins in schärfste Bewußtheit gerückt wird, ohne doch entsetzensvoll das Bewußtsein zu zerstören oder umgekehrt selbst durch die Macht des Bewußtseins bewältigt, d. h. in ihrer tragischen Unentrinnbarkeit aufgehoben zu werden« (Emrich 2, S. 67 f.).

Daß diese Auffassung von der Unausweichlichkeit der *Tragik* sich von der des traditionellen Goethebildes sehr wesentlich unterscheidet, sei hier nur nebenbei bemerkt. Der Schlaf wird unter diesem Gesichtspunkt eine »umwendende Macht«: »Indem der Held rückschauend das ganze Feld seines Schicksals überblickt, befreit er sich von sich selbst« (Emrich 2, S. 69). Der tragische Held kann nur im Entsetzen zugrunde gehen oder aber im Schlaf vergessen. Eine ähnliche Funktion hat Goethe dem Schlaf im »Egmont« und im »Wilhelm Meister« gegeben.

Die Bedeutung des Schlafes ist damit aber auch *ästhetischer* Art. Der Schlaf, der die schuldbeladene Vergangenheit des Menschen in Vergessenheit versinken läßt und sie gleichsam vernichtet, befreit ihn von dem unmittelbaren Verhaftetsein an die Welt und hebt ihn in die höhere, leidenschaftslose Distanz zur Welt, in die Haltung des interesselosen Wohlgefallens, des Ästhetischen. Dazu sagt Emrich (2, S. 72 f.):»Es verbirgt sich hinter dem ›völligen Paralysieren und Vernichten‹ des früheren ›subjektiveren leidenschaftlicheren‹ Faust auch die andere Absicht, den Helden auf die ›hellere, leidenschaftslosere‹ Höhe der Kunstsphäre zu erheben, d. h. im Selbstvergessen und Auslöschen des ›Subjekts‹ die Wendung zur ›rein‹ anschauenden Haltung des künstlerischen Menschen zu erreichen. Das zeigt schon Goethes Andeutung, daß diese ›ersten Szenen des zweiten Teils von Faust […] ein frisches Licht auf Helena […] zurückspiegeln‹.«

Dieser Übergang in den Bereich des Ästhetischen bringt auch den Einbruch des *Musikalischen*, des *Opernhaften* in den zweiten Teil des Werkes mit sich, der sich schon in den Äolsharfen und im Gesang des Elfenchores zeigt. Die Musik ist für Goethe ein ästhetisches Element, in dem der Mensch in einen höheren Lebensbereich hinein befreit wird. Faust wird nicht nur in der Natur von der Schuld gelöst, sondern zugleich auf eine höhere Existenzebene gehoben. »Das Einschlafen Fausts im Schoß der Natur ist das Erwachen in der Oper« (Emrich 2, S. 83).

Fausts Genesungsprozeß ist mehr als ein Versinken in der Bewußtlosigkeit des bloß Natürlichen. Das zeigt der Gesang des *Elfenchores*. Die vier achtzeiligen Strophen des Gesanges, die in den ersten Entwürfen des Dichters mit den musikalischen Termini *Serenade, Notturno, Matutino, Reveille* (Abendmusik, Nachtmusik, Morgenlied, Weckruf) überschrieben waren, sind keineswegs nur stimmungshafte Untermalungen des Faustischen Schlafs. Es handelt sich vielmehr um vier fundamentale Existenzzustände Goethescher Lebensanschauung. Die vier »Pausen nächtiger Weile« (V. 4626) beschreiben Rückwendung zur Kindheit, Spiegelung, Hoffnung und Tat. Der Abend »wiegt das Herz in Kindesruh« (V. 4639). Dies bedeutet nicht eine wirkliche Kindheit, sondern einen Naturzustand ursprünglicher Reinheit, in den Faust nach seiner Verschuldung zurückkehren muß. *Kindheit* ist also nicht primär ein biologischer Zustand, sondern sie ist Gleichnis einer ewig-zeitlosen Wirklichkeit. »Die Kindheit – und ihr ›süßer Frieden‹ (V. 4638) – ist hier also nicht, wie für den Romantiker, Gegenstand der Sehnsucht, zu dem man vergebens zurücktrachtet, sondern ein Moment, das immer wieder gegenwärtig zu sein vermag« (Michelsen 2, S. 45). Goethe beschreibt auch seine Wiedergeburt in Italien und seinen Durchbruch in eine höhere, zeitlose

Kunstsphäre als ein Wiedererleben der Kindheit. Ewig-zeitlos wie die Natur wird aber auch ein durch die Kunst überhöhter geschichtlicher Bereich, wie z. B. die *Antike*, die Goethe als »zweite Natur« betrachtet:»Damit erhält Fausts Reinigungsvorgang am Anfang von Faust II eine neue Perspektive. In ihm wird auch Fausts Eintritt in die ›Antike‹ (und andere Geschichtswelten) von innen her als ein Ergreifen einer höheren Kindheit und ›Natur‹ sichtbar, wie umgekehrt von hier aus die Antike eine ganz bestimmte, verjüngende und seinsgründende Richtung erhält, die für das Verständnis der ersten drei Akte sehr wesentlich ist« (Emrich 2, S. 104).

Der Eintritt Fausts in die neue Welt des Ästhetischen, die die ersten drei Akte ausfüllt, erscheint unter diesem Gesichtspunkt zugleich als Eintritt in eine höhere, geschichtslose Welt. Eine solche geschichtslose Welt hat eschatologischen Charakter; sie ist Ziel und Gegenstand der *Hoffnung.* Der Akt des Eintritts in eine solche Welt aber ist die *Tat,* zu der Faust in der letzten Strophe des Elfenchores aufgerufen wird. Die Tat vollzieht sich als ein produktiver Vorgang, bei dem zugleich alle belastende Erinnerung abgeworfen wird.

Die Verse des *Notturno* »bringen das Phänomen der Spiegelung in höchster Symbolkraft zur Sprache« (Michelsen 2, S. 45). Gegensätze spiegeln sich; himmlische und irdische Erscheinungen schließen sich, vermittelt durch Lichtphänomene, zu einer dialektischen, harmonischen Einheit zusammen. Von Faust ist nicht die Rede, nur von einem harmonischen Naturzustand, in dem das Vergessen erst möglich wird.

Im *Matutino* ist das Vergessen vollendet (V. 4650 f.). Faust wird nun angesprochen; er konstituiert sich erneut zur Person. Das Erwachen Fausts ist eingebunden in das Erwachen der Natur, die dem Menschen Vertrauen und Hoffnung vermittelt. In der *vierten Strophe* wird Faust zur *Tat* gedrängt. Die Aufforderung, sich der Sonne zuzuwenden (V. 4659), verbindet sich erneut mit einer Naturmetaphorik: »›Schlaf ist Schale‹ (V. 4661), das heißt: im unbewußten Zustand war die Frucht herangereift, bis sie – die Schale abwerfend – zutage, ans Licht tritt. Andere Bilder in dieser Szene – der ›Frühlingsregen‹ der Blüten (V. 4613), der ›Felder grüner Segen‹ (V. 4615), die Saat, die ›der Ernte zu‹ wogt (V. 4657) – finden ihren Höhepunkt in diesem Bild der reifen Frucht: einem Bild, das schon im ›Prolog im Himmel‹ der Herr für Faust und die Wandlungen seines irdischen Ganges bereit hielt (V. 310 f.). Es symbolisiert die Neugeburt. Freilich: ist der Mensch auch den Gesetzlichkeiten organisch-vegetabilischen Lebens mit unterworfen, so drängt es ihn doch aus ihnen heraus. Das Drängen ist dabei eines, das noch die Naturelemente in ihm hervorrufen: aber sie selbst vermögen diesem Drang nicht mehr zu folgen. Die aus der Entzündung durch die Morgenröte entstehenden ›Wünsche‹ (V. 4658), das dem Erwachenden zustehende ›Sich-Erdreisten‹ (V. 4662) – das im Sinne Goethes nicht negativ, sondern als ein auf sich selbst vertrauendes Beginnen zu lesen ist [...] –, das ›Leisten‹ (V. 4664), das ›Verstehen‹ und ›rasche Ergreifen‹ (V. 4665): zu alledem können die Elementargeister wohl auffordern, da es auch in ihnen als ein dunkler Trieb angelegt ist; doch kommt es ihnen selbst nicht mehr zu. Der Aufruf zum tätigen Leben ist ihnen nur deshalb möglich, weil auch auf sie der

Ausfluß von dem ›Glanze dort‹ (V. 4659) einwirkt: der Morgenröte, der sich zum Aufgehen anschickenden Sonne« (Michelsen 2, S. 47 f.) Wie im Prolog im Himmel erscheint nun die *Sonne* mit »Getöse« (V. 4666 ff.). Dieses ist hier freilich nicht ein Ausdruck der Sphärenharmonie, sondern Teil eines mythologischen Bildes. Phöbus Apollons Ausfahrt mit dem Sonnenwagen stand Goethe wohl von Guido Renis Gemälde »Aurora« her deutlich vor Augen. Eine sehr ausführliche Analyse der *Form* der Szene gibt *Kurt May* (S. 11 ff.). May weist auf den kontrasthaften Wechsel von gesungenem und gesprochenem Wort, auf den Gegensatz zwischen trochäischen und jambischen Versen hin. Die jambischen Verse Ariels (V. 4621 ff.) nehmen schon die jambischen Sprechverse Fausts (V. 4679 ff.) vorweg. Ariel, der sowohl singt als auch spricht, »kettet formsymbolisch [...] die beiden Komplexe der Geisterszene und der Faustverse [...] ineinander« (S. 14). Während die Sprechverse Ariels einen drängenden, imperativischen Charakter haben und frei von lyrischen Stilmitteln sind, entfaltet sich in den vier Strophen der Elfen die Farbigkeit der lyrischen Sprache in ihrer ganzen Fülle. Ein klangreicher Vokalismus herrscht hier. Es sei auf das Aufblühen heller Vokalgruppen (ü, e) in der Serenade hingewiesen, auf die gegenseitige Spiegelung von hellen (i, e) und dunkleren Vokalen (a) im Notturno, auf das Emporsteigen der Vokale im Matutino, aber auch auf die reiche Verwendung von Alliterationen und Assonanzen. Die Wiederkehr von Wortfolgen und die Wortwiederholungen gestalten die Aussage intensiver; die Kraft des Verbalismus wird verstärkt durch vorangestellte Bewegungs- und Richtungspräfixe (z. B. »senkt heran«, V. 4637), durch beigefügte Richtungsadverbien (z. B. »schwebend sinkt«, V. 4614), durch das Fehlen des Objekts bei transitiven Verben (z. B. »der versteht und rasch ergreift«, V. 4665) und durch eine Fülle von substantivischen und adjektivischen Komposita (z. B. »Frühlingsregen«, V. 4613; »Nebelhüllen«, V. 4636; »Kindesruh«, V. 4639; »grünumschränkten«, V. 4635 usw.).

»Die Entwicklung von der Süße des Einschlafens bis zum Strahlen des Sonnenaufgangs ist eine der größten sprachlichen Leistungen der Goetheschen Spätzeit« (Trunz, S. 533).

Faust erwacht, nachdem die Elfen in die Natur, der sie angehören, eingetaucht sind. Sein *Terzinenmonolog* gliedert sich in vier ungleich lange Teile.

Faust, geheilt und gestärkt, gibt seinem Lebensdrang erneut Ausdruck, dem Drang, »zum höchsten Dasein immerfort zu streben« (V. 4685). »Faust ist immer noch auf der Suche nach dem Lebenssinn und tätig, erkennend zum göttlichen Urgrund aller Dinge vorzudringen, zu fassen, was die Welt im Innersten zusammenhält« (May, S. 26). Die Kraft zu seinem erneuerten Tätigkeitsdrang schöpft er aus der *Natur*, der Erde, die in ihm »ein kräftiges Beschließen« regt und rührt (V. 4684). Er selbst ist Mensch in der Natur geblieben; in seinen Worten zeigt sich das Einssein von Mensch und Natur. Er beschreibt die *anmutige* Landschaft des erwachenden Waldes (V. 4686 ff.) und die *erhabene* Natur, die ihm in »der Berge Gipfelriesen« entgegentritt (V. 4695).

Schließlich tritt die *Sonne* ganz hervor, aber Faust, vom »Flammenübermaß« (V. 4708) geblendet, kann ihren Anblick nicht aushalten. Sie ist ihm Symbol des

Unendlichen, das er nicht unmittelbar und in *einem* Augenblick erfassen kann. Er wendet sein Auge zur Erde zurück, zur erwachenden Natur, deren Nebel ihm als »jugendlichster Schleier« (V. 4714) erscheinen. Der *Schleier* ist eines der Grundsymbole Goethes, das er an vielen Stellen seines dichterischen Werkes gebraucht. Der Schleier verhüllt und macht zugleich transparent. Die schleierhafte Natur verschließt und entbirgt zugleich das Absolute. Es ist nicht unmittelbar anwesend, aber es scheint hindurch. Das Schleiersymbol weist auch hin auf den Bereich des Ästhetischen, in den Faust jetzt eintritt. Der Schleier wird zugleich zum Symbol der Kunst, die die Wahrheit des Absoluten ins poetische Bild setzt, um das Wahre nur anzudeuten und ihm den Charakter des Rätselhaften, Geheimnisvollen zu lassen. »Würde das Wahre sich entschleiert uns zeigen, so sänke es ins Wirkliche bzw. Begriffliche herab« (Emrich 2, S. 53). Fausts Blick fällt auf den »*Wassersturz*« (V. 4716 ff.), Symbol des Wechselhaften, Zeitlich-Vergänglichen der Wirklichkeit. Über dem Wasserfall aber erhebt sich der *Regenbogen:*

> »Allein wie herrlich, diesem Sturm ersprießend,
> Wölbt sich des bunten Bogens Wechseldauer,
> Bald rein gezeichnet, bald in Luft zerfließend,
> Umher verbreitend duftig kühle Schauer.
> *Der* spiegelt ab das menschliche Bestreben.
> Ihm sinne nach, und du begreifst genauer:
> Am farbigen Abglanz haben wir das Leben.« (V. 4721 ff.)

Das Wirkliche – und das ist eine Grundüberzeugung Goethes – ist der *Abglanz* des Absoluten, des Göttlichen. In seinem »Versuch einer Witterungslehre« (HA, Bd. 13, S. 305) sagt er: »Das Wahre, mit dem Göttlichen identisch, läßt sich niemals von uns direkt erkennen, wir schauen es nur im Abglanz, im Beispiel, Symbol, in einzelnen und verwandten Erscheinungen; wir werden es gewahr als unbegreifliches Leben und können dem Wunsch nicht entsagen, es dennoch zu begreifen. Dieses gilt von allen Phänomenen der faßlichen Welt.«

Die Tatsache, daß Faust sich mit dem Abglanz begnügt und nicht mehr das Absolute unmittelbar in *einem* Augenblick ergreifen will, ist von der älteren Faust-Forschung als ein Zeichen seiner *Resignation* gedeutet worden. Von Resignation spricht auch noch *Böhm* (2, S. 112), der Goethe hier am Anfang des zweiten Teiles Faust die Weisheit des Künstlers oder des Philosophen verleihen läßt, von der dieser dann jedoch einen schlechten Gebrauch mache. *Burdach* (2, S. 21) sieht im Regenbogen ein »Symbol für die Grenzen der Naturerkenntnis«, für »intellektuellen Verzicht auf unerreichbare, unmittelbare Intuition des Göttlichen aus der Natur«. Die neuere Forschung hat diese These aufgegeben. *Dorothea Lohmeyer* (1, S. 12) hält den Regenbogen für das Gesetz, das den Erscheinungen innewohnt: »Dem Sonnenbogen ist das Phänomen oder das Gesetz, das den Erscheinungen innewohnt, vergleichbar. Auch seine Wirklichkeit ist nur schwebend. An der Wirklichkeit der Erscheinungen gemessen, für die Wassertropfen Zeichen sind, erscheint das Phänomen als das Unwirkliche. Denn niemals tritt es unmittelbar in die Erscheinung, es besteht nur im Übergang, als Variante. Wie immer erst viele Tropfen zusammen den Sonnenbogen hervorzubringen vermögen, so leuchtet auch das Phänomen erst aus einer Reihe von Erscheinungen hervor. Jedoch sind die Erscheinungen dadurch gerade der Vergänglichkeit entrissen, im Wechsel dauernd.«

In diesem Sinne ist auch der farbige Abglanz keineswegs wie in der Lehre des Neuplatonismus als ein schlechteres Abbild der im Flammenübermaß der Sonne verkörperten absoluten Wahrheit zu verstehen.

Schlaffer (2, S. 67 f.) vertritt von seinem Interpretationsansatz her die Ansicht, daß »an die Stelle der unmittelbaren Natur, die er einst erkennen und erfahren wollte, ein mittelbarer, d. h. dem menschlichen Verstand zugänglicher und verfügbarer Bereich getreten ist«.

Eine umfassende Interpretation des *Iris-Symbols* liefert *Emrich* (2, S. 88 ff.). Unter Heranziehung von zahlreichen Stellen aus Goethes Dichtungen und aus seiner Farbenlehre zeigt er, daß die Farbenskala des Regenbogens die Totalität der Welt symbolisiert. Der Blick auf die in die Fülle der Erscheinungen aufgefächerte Totalität befreit den Menschen von dem Drang nach dem unmittelbaren Ergreifen des Absoluten und macht ihn frei für die Bewältigung der Welt durch die schöpferische Tat. Wenn Faust im »unbedingten Streben« tätig fortschreiten soll, muß er sich der Vielfalt der Dinge in der Welt stellen: »Die ›Bedingnisse‹, denen sich Faust plötzlich gegenübersieht, als er den Blick von dem Flammenübermaß der Sonne wegwendend auf die Vielfalt des farbigen Abglanzes richtet, ermöglichen also gerade die Realisierung eines ›Willens‹, der sich selbst überschwänglich vervielfältigt und erst dadurch unaufhörlich tätig fortschreitend ein ›unbedingtes Streben‹ erfüllt, während der frühere Faustische Drang, jedes ›Ziel‹ über alle Grenzen hinaus ins Unerreichbare zu projizieren, von dieser Warte aus als Nichttätigkeit, als unendliche Sehnsucht, niemals aber als schöpferische ›Tat‹ erscheint.[...] Das unbedingte Streben Fausts stockt nicht angesichts der vielfältig gebrochenen Welt von Bedingungen und Gleichnissen, sondern tritt erst in ihr strahlend hervor [...]« (2, S. 98 f.). Indem der Regenbogen zugleich scheinhaft und wirklich ist, indem er die Totalität im Einzelnen erfaßt, ist er auch Sinnbild der *Poesie*.

Zur *Form* des *Faust-Monologs* führt May (S. 32 ff.) aus, der besondere Charakter der *Terzine* als einer »fortlaufenden, durch den Reim verzahnten Kette« (Heusler) verleihe der Sprache etwas Strömendes, das durch die weiblichen, verschwebenden Kadenzen noch verstärkt werde. Die Sprache Fausts sei reicher als die der Geister: »Fausts Sprache ist die eines Menschengeistes, in dem das Drängende des Allebens pulst.« Elativische und superlativische Sprachgebärden zeigten ein »durchgehendes vibrato des seelischen Anteils«, das den Naturgeistern, die keine Menschenseele hätten, fehle. In Fausts Sprache zeige sich ein zunehmendes Einswerden mit der Natur, ein Gefühl der »metaphysischen Identität von Welt und Seele«.

KAISERLICHE PFALZ. SAAL DES THRONES

Unvermutet werden wir an die kaiserliche Pfalz versetzt. Wir befinden uns nicht mehr in der Natur, sondern mitten in der *Gesellschaft*. Alles, was hier geschieht und gesagt wird, vollzieht sich nach den Regeln eines gesellschaftlichen Zeremoniells. Darauf deutet schon die Anrede des Kaisers an seinen Staatsrat hin (»Ich grüße die Getreuen, Lieben«, V. 4728). Zur Repräsentation der kaiserlichen Macht gehören nicht nur der Staatsrat, sondern auch das »Hofgesinde aller Art«, der Hofnarr und der Astrolog, nicht weniger aber auch der Thronsaal, der Trompetenschall beim Eintritt des Kaisers und die zeremonielle Sprache. Der Kaiser hat den Staatsrat trotz der bevorstehenden Fastnacht einberufen müssen, weil sich das Reich in Not befindet. Die ernste Beratung dieses Gremiums ist ihm freilich wenig willkommen, denn er neigt dazu, sich mehr dem Genuß als den Pflichten seiner Regentschaft hinzugeben:

> »Doch sagt, warum in diesen Tagen,
> Wo wir der Sorgen uns entschlagen,
> Schönbärte mummenschänzlich tragen
> Und Heitres nur genießen wollten,
> Warum wir uns ratschlagend quälen sollten?« (V. 4765 ff.)

In einer »revueartigen Folge der Reden« (Emrich 2, S. 136) stellen Kanzler, Heermeister, Schatzmeister und Marschalk die Not des Reiches dar. Der Kanzler schildert den Verfall der Gerechtigkeit und des Rechtslebens (V. 4772 ff.). Der Heermeister beklagt den Schwund der Regierungsautorität (V. 4812 ff.), die Zuchtlosigkeit des Heeres (V. 4819 ff.), die Verheerung des schutzlosen Reiches (V. 4825 ff.), die Gleichgültigkeit der verbündeten Könige, die an der Aufrechterhaltung der kaiserlichen Macht interessiert sein sollten (V. 4829 f.). Der Schatzmeister berichtet von dem Ruin der Staatseinkünfte, von der Umkehrung der Besitzverhältnisse und von dem allgemeinen Egoismus, der dem Staat das Seine nicht mehr zukommen lasse (V. 4831 ff.). Allgemeine Verschwendungssucht habe, wie der Marschalk schließlich erklärt, die Verpfändung künftiger Staatseinnahmen unumgänglich gemacht (V. 4852 ff.).

Es handelt sich hierbei nicht um Vorgänge, die für die Faust-Handlung als solche wichtig sind. Was dargestellt wird, ist vielmehr ein typisches *Bild der Gesellschaft*, eine »reine Manifestation des Staates« (Emrich 2, S. 136). Die Gesellschaft, die im ersten Teil des »Faust« eine geringere Bedeutung gehabt hat, tritt nun als eigenständiger Bereich neben die Natur und bedarf als solcher auch einer besonderen Charakterisierung. Das hat bereits Friedrich Gundolf (S. 758 f.) mit aller Klarheit erkannt.

Darüber hinaus wird in dieser Szene auch zugleich ein Stück Goethescher *Geschichtsauffassung* manifest: die Geschichte der menschlichen Gesellschaft, eingebettet in den übergreifenden Zusammenhang des Naturgeschehens, erscheint als ein »naturgleich immer wiederkehrender Streit der Parteien« (Emrich 2, S. 137), der schließlich darin mündet, daß sich »alle Welt zerstückeln« (V. 4799) will.

Die *Geldnot* ist es, die in abgründiger Weise das Wesen der menschlichen Gesellschaft offenbar werden läßt. An der Geldnot wird das Wesen der Gesellschaft gezeigt. Sie bringt die verborgenen Triebe der menschlichen Seele ans Licht: es herrschen Raub und Mord, Heuchelei und Erpressung, Egoismus und Verschwendung, Parteihader und Bürgerkrieg. Die Geldnot »bedeutet die Auflösung

der Gesellschaft in ihren unsozialen Elementarzustand« (Lohmeyer 2, S. 73); der Mensch in der Gesellschaft sei als »Triebnatur« definiert (S. 72). Damit stelle Goethe die Verbindung von Gesellschaft und Natur her. In diesem Zustande der Gesellschaft findet nun *Mephistopheles* ein neues Feld der Betätigung. Er hat sich dem Kaiser als neuer Narr genähert. Er weiß – seltsam genug – einen Ausweg aus der Geldnot des Reiches: er weist hin auf den *Schatz*, der im Boden verborgen liegt (V. 4893 f.), aber auch auf die Macht, die diesen Schatz zutage fördern und die Not wenden kann: »Begabten Manns Natur- und Geisteskraft« (V. 4896). Mit diesen Worten deutet Mephisto nicht nur das Erscheinen Fausts an (der erst in der folgenden Mummenschanz-Szene und auch dort nur verkleidet auftritt), sondern er gibt sich als der Vertreter der *Aufklärung,* als der sozial Fortschrittliche gegenüber dem von dem pfäffischen Kanzler (V. 4897 ff.) vertretenen ancien régime, zu dessen Wesen das Bündnis von Thron und Kirche gehört. Als ein solcher empfiehlt er die Wendung der Not, die Hebung der verborgenen Schätze durch *produktive Arbeit* (V. 4991 f.; 5039 ff.). Das Wesen des Schatzes aber, der symbolhaft sowohl auf die Fülle der *Natur* als auch auf die Schöpferkraft des menschlichen *Genius* hinweist, verkennt der Kaiser: er will ihn gleich und unmittelbar ergreifen: »Nur gleich, nur gleich! Wie lange soll es währen!« (V. 5047)
In Mephistos Worten zeigt sich das eigentliche Wesen der *Magie* (so wie Goethe sie *jetzt* versteht) als Naturvertrauen und produktive Tätigkeit des Menschen; die niedere Magie als bloße Zauberei wird abgelehnt (V. 4977 ff.). Der Astrolog, dessen Worte von Mephisto eingeblasen sind, unterstützt diesen. Er zählt die magischen Analogien des spätmittelalterlichen Weltbildes auf, in denen die Gestirne und die diesen zugeordneten Metalle zugleich geistige Kräfte symbolisieren: Sonne – Gold – Herz; Mond – Silber – Gehirn; Venus – Kupfer – Liebe. Diese schaffen im Zusammenwirken eine »heitre Welt« (V. 4965 f.). Das wird, wie auch die zweite Rede des Astrologen (V. 5048 ff.), von der Hofgesellschaft nur als Aufforderung zum Genuß des Karneval aufgefaßt. So kann Mephisto am Schluß über die Verblendung der Höflinge sagen:

> »Wie sich Verdienst und Glück verketten,
> Das fällt den Toren niemals ein;
> Wenn sie den Stein der Weisen hätten,
> Der Weise mangelte dem Stein.« (V. 5061 ff.)

Der eigentümliche *Bruch im Charakter Mephistos* ist von jeher aufgefallen. So vermag z. B. noch der Kommentar von Buchwald (1, S. 128) in des Teufels Worten nur den Ausdruck einer ironischen Haltung zu erkennen. Emrich hingegen zeigt (2, S. 135 f.), daß die Funktion Mephistos im zweiten Teil eine andere geworden ist. Der innere Konflikt zwischen Faust und Mephisto wird hier weitgehend aufgehoben zugunsten einer *reinen Demonstration der Phänomene der Welt.* Wie die Kaiserhof-Szene das Phänomen Gesellschaft demonstriert, die Helena-Handlung das Phänomen der Schönheit aufleuchten läßt, so zeigt Mephisto hier das wahre Wesen der Magie.

Es sei noch hingewiesen auf die Bedeutung, die die *marxistisch-geschichtsphilosophischen* Faust-Interpreten der Kaiserhof-Szene als einer Darstellung der Gesellschaft beimessen. Im Rahmen ihrer Deutung erscheint der Kaiserhof als das Abbild der verfallenden feudalen Gesellschaft. Es bestehe »bei dieser Gesellschaft selbst weder die Absicht noch die Fähigkeit, die Bodenschätze zu heben. Die verfallende feudale Gesellschaft ist zu einer Entwicklung der Produktivkräfte nicht mehr fähig« (Albrecht, S. 441 f.).

Zur Interpretation der Form sind wieder die Ausführungen Kurt Mays (S. 36 ff.) heranzuziehen. Der eigentliche Faust-Vers, der alte *Madrigalvers,* ein Vers, der »rhythmische Glätte mit Stegreiffreiheit und gemäßigter Klangfreude« verbindet (Heusler), setzt sich in dieser Szene wieder durch. (Es ist nach Heusler völlig verfehlt, diesen Vers als einen »Knittelvers« zu betrachten.) Der Vers macht hier (nach May) den »Gesamteindruck von konventionell dahinplätschernder Rede«. Die Sprache ist gesättigt mit Sentenzen, Floskeln und zeremoniellen Wendungen; es handele sich um eine typische »*Hofwelt-Sprache*«: »Es fehlt ihr vollständig die Richtung in die metaphysisch-religiöse Tiefendimension, in welche die Symptome der Faustsprache so unaufhörlich wiesen« (May, S. 41). Die Antithesen (vgl. die Worte des Kaisers, V. 4728 ff.; 4761 ff.), in denen sich die Hofwelt-Sprache bewegt, seien Zeugnisse einer »*rationaldialektischen Geistigkeit*«: »Die dialektisch-antithetische Denkform bei den Menschen dieser höchsten gesellschaftlichen Schicht ist als ein [...] Hauptkennzeichen ihrer ›Bildung‹ oder vielmehr Schein-Bildung zu fassen. [...] Diese Erscheinung trägt zum Eindruck überzüchteter, andressierter, intellektueller Scheingeistigkeit und damit von Substanzlosigkeit im tieferen Sinne bei« (S. 46 f.).

Nur Mephistos Sprache (besonders V. 4985 ff.) kommt zuweilen dem hohen Ton der Faustsprache nahe; auch in der sprachlichen Stilisierung zeigt sich seine neue Rolle.

WEITLÄUFIGER SAAL MIT NEBENGEMÄCHERN

Die nun folgende *Mummenschanz* ist in ihrer Bedeutung lange von der Forschung verkannt worden (z. B. von Gundolf, S. 760 ff.; Petsch 3, S. 584; May, S. 61). Diese Geringschätzung wurde unterstützt durch die Tatsache, daß Goethe selbst wiederholt derartige Maskeraden zum Zwecke der Unterhaltung der adligen Gesellschaft eingerichtet hatte. Entscheidend aber ist für Goethe das Erlebnis des römischen Karnevals gewesen, über den er schon 1788 einen Aufsatz veröffentlicht hatte. Schon damals freilich war der Karnevalszug für ihn mehr als eine bloß oberflächliche Unterhaltung; er hat in ihm eine allegorische Darstellung des Lebens überhaupt und seiner »wichtigsten Szenen«, Zeugung, Geburt und Tod, gesehen. Im Alter stilisiert Goethe den römischen Karneval zu einem Symbol der menschlichen Gesellschaft im Ganzen, die Kunst und Natur als polare Gegensätze in sich vereine und sie synthetisch überhöhe.

Den Brauch des jährlichen Festes der Mummenschanz hat der Kaiser, wie der Herold verkündet, aus Rom mitgebracht, als er von dort seine Krone »geholt« hat (V. 5074 f.). Damit hat er sich auch »ein heitres Reich« erworben (V. 5071). Die

Gesellschaft, die sich in der vorigen Szene in Not und Zerfall präsentiert hatte, zeigt sich nun in der Freude des Festes. Die Gesellschaft wird hier »als ihr lebendes Bild« (Lohmeyer 2, S. 84) vorgeführt; sie wird gleichsam zu einer *Allegorie* ihrer selbst. »Denn was in langem Zuge anscheinend zufällig und unverknüpft in einzelnen Bildern vorüberzieht, schließt sich, genauer gesehen, zu Einem Bilde zusammen, das die Gesellschaft als ein organisches Ganzes aus sich hervortreten läßt, sich bildend aus dem Zusammenwirken von Kräften und kulminierend in der Apotheose der Tüchtigkeit [...]. Polarität und Steigerung, die Bildungsgesetze der natürlichen Organisation, bestimmen daher auch Erfindung und Folge ihrer Bilder im Ganzen wie im Einzelnen« (Lohmeyer 2, S. 84 f.).

Die zunächst aufziehenden *Charaktermasken* (V. 5088-5298) zeigen die Gesellschaft in ihrer geschlechtlichen Triebnatur (Gärtnerinnen und Gärtner; Mutter und Tochter; Fischer und Vogelsteller) und in ihrer tätigen körperlichen und geistigen Arbeit (Holzhauer, Pulcinelle, Parasiten, Trunkener; Naturdichter, Hofsänger, Nacht- und Grabdichter, Satiriker).

Es folgen die *mythologischen Masken* (V. 5299-5392), welche die die Gesellschaft konstituierenden Lebensmächte verkörpern (Grazien, Parzen, Furien).

Höhepunkt des ersten Teils des Maskenzuges ist die Erscheinung der »*Viktorie*«, der »Göttin aller Tätigkeiten« (V. 5456). Sie steht auf einem Elefanten (V. 5395 ff.), der von der »Klugheit«, die als »zierlich-zarte Frau« (V. 5399) auf seinem Nacken sitzt, geleitet wird. Zur Seite des Elefanten gehen »gekettet« zwei allegorische Frauenfiguren, die »Furcht« und die »Hoffnung«. Die Furcht lähmt die Tatkraft, die Hoffnung hindert die Menschen an einer vernünftigen Aktivität, weil sie ihnen die Erfüllung ihrer Wünsche auch ohne Tätigkeit in Aussicht stellt.

Ihnen folgt *Mephisto* in der Maske des »Zoilo-Thersites«, einer Doppelperson, zusammengesetzt aus dem Sophisten und Homer-Kritiker Zoilos und der Thersites-Gestalt, von Homer als geschwätziger und keifender Demagoge dargestellt (V. 5457-5493).

Den Masken folgt nun – wie im römischen Karneval – ein »prächtiger Wagen« (V. 5512), gezogen von vier geflügelten Rossen (V. 5521), mit dem »*Knaben Lenker*« und *Plutus*, unter dessen Maske sich *Faust* verbirgt (V. 5494-5708). Der Knabe Lenker entnimmt einer Goldkiste flammendes Gold und verteilt es unter die Menge. Faust-Plutus läßt schließlich die flammende Kiste in die Menge stellen und zieht einen Kreis darum, um diese von ihr fernzuhalten. Der *Kaiser*, in der Maske des Pan, greift aber in die Kiste, in der die Symbole der Staatsgewalt sichtbar werden. Er fängt dabei Feuer und würde beinahe verbrennen, wenn Faust-Plutus das Feuer nicht löschen würde (V. 5709-5986).

Die hohe Bedeutung der Szene ist erstmalig von *Emrich* erkannt worden (2, S. 131 ff.). Eine zusammenfassende Darstellung seiner Interpretation gibt er in dem Aufsatz »Das Rätsel der Faust-II-Dichtung« (1, S. 184 ff.):

»Der erste Akt, der den Weg von außen zu Helena darstellt, kreist um die Frage: Auf welchen Bedingungen und Urphänomenen beruht überhaupt die menschliche Gesellschaft, und wie ist in ihr schöpferische Tätigkeit, Schönheit und Kunst möglich? Der Maskenzug, in dem Faust, als Dichter und Plutus maskiert, auftritt, zeigt zunächst die gesellschaftlich modischen Vorformen der Kunst. ›Mögen bunte Phantasien für des Tages Mode blühen‹ heißt es hier. Das Problem der Mode hat Goethe zeitlebens viel beschäftigt. Für ihn war die Mode stets eine wichtige Vorstufe der Kunst, über die er viel nachdachte. Auf eine sehr hintergründige Weise hing das Problem für ihn zusammen mit dem Wesen der Frau, in der er erzieherische Möglichkeiten und Vorstufen für den Künstler erblickte. Die Frau entwickelt im Künstler den Sinn für schöne Formen, Geschmack, Maß und Schicklichkeit, die Goethe immer als wichtige Vorformen echter, ausgereifter Kunst anerkannt hat, wohlgemerkt, nur als gesellschaftliche Vorformen, nicht als innere Wesensgrundlagen. So ist das Wort der Gärtnerinnen zu erklären: ›Niedlich sind wir anzuschauen, Gärtnerinnen und galant, Denn das Naturell der Frauen ist so nah mit Kunst verwandt.‹ Im Streit zwischen den natürlichen und künstlichen Blumen wird ferner die Neigung der modischen Kunst berührt, die Natur einfach nur nachzuahmen und dadurch zu verkünsteln. Aber auch schon ein tieferes Problem wird hier angedeutet: Die künstlichen Blumen ›blühen fort das ganze Jahr‹, d. h. sie bergen im Gegensatz zu den Naturblumen eine zeitlose Dauer in sich. Diese erste Szene des Maskenzugs gipfelt in dem wichtigen Gedanken, daß in der Kunst alles zugleich zu finden ist: ›Knospe, Blätter, Blume, Frucht‹. Während in der Natur nur alles in einem zeitlichen Nacheinander abläuft, hat die Kunst die Fähigkeit, alle Entwicklungsstufen plötzlich in eins zu fassen und so gleichsam das ›Urphänomen‹ der Pflanzen, alle Stufen ihrer Entwicklung zeitlos beharrend sichtbar zu machen: ›Alle Blüten müssen vergehen, daß Früchte beglücken; Blüten und Frucht zugleich gebet ihr Musen allein‹, heißt es in einem Gedicht Goethes. Dazu kommt, daß für Goethe *der* Künstler auf der höchsten Stufe steht, der zwar nicht die Natur einfach abbildet, aber so organisch und notwendig gestaltet wie die Natur, d. h. der der Natur ihr Bildungsgesetz abgelauscht hat. Nach dieser Eröffnungsszene, in der Kunst und Gesellschaft in ihrer äußerlichen Beziehung einander konfrontiert wurden, wird nun der innere Aufbau der menschlichen Gesellschaft selbst in knapp zeichenhaften Allegorien entfaltet: Die Holzhauer schaffen die Voraussetzung für alle menschliche Natur. Sie roden die Urwälder, sie schaffen Platz, bauen Häuser. Sie stellen das Urwüchsige, Handfeste der Arbeit dar. Dann erscheinen die Pulcinelle, die den Verkehr vermitteln, überall ›aalglatt schlüpfen‹, dann die Parasiten, die überall den Rahm abschöpfen. Der Trunkene und der abschließende Chor stellen den Gipfel der Arbeit dar: das gesellige Fest. Dann folgt wieder als polare Einlage die Poesie, und zwar die modisch zeitgebundenen Formen der Dichtung, wir würden heute sagen, die vielen Ismen der Dichtung, die Moderichtungen Naturalismus, Klassizismus, Romantik usw. usw. Das letzte Wort hat bei ihnen der Satiriker, weil er allein die gesellschaftgebundene Schwäche dieser Art Dichtung durchschaut und höhnisch anzuprangern vermag. Darauf wird der innere Aufbau der Gesellschaft fortgesetzt. Die Grazien stellen die Urformen alles Handels, aller gesellschaftlichen Beziehungen dar: Geben, Empfangen, Danken. Auf diesen drei Verhaltensweisen beruht jedes wirtschaftliche Leben, aber auch jeder gesellige Verkehr zwischen den Menschen. Die Parzen lenken nun die einzelnen Lebensfäden, damit sie im Wechselverkehr zwischen den Menschen in Ordnung bleiben. Darauf erscheinen die eigentlichen Plagegeister jedes beruflichen und gemeinschaftlichen Lebens: Klatschsucht, üble Nachrede, Verleumdung und Rachsucht in den ›Furien‹. Die Szene gipfelt im Aufzug der ›Göttin aller Tätigkeiten‹. Er soll zeigen, wie es überhaupt möglich ist, im Rahmen der Gesellschaft zu wirklich fruchtbarer schöpferischer Tätigkeit zu gelangen. Im Raum der Gesellschaft wird der Tätige stets zwischen Furcht und Hoffnung hin- und hergerissen: Die Furcht vor den üblen Nachreden und Verleumdungen, vor dem Neid anderer vergiftet sein Tun, die Hoffnung auf Besserung, die allzu starke Vertrauensseligkeit gefährden gleichfalls sein Wirken. Beide, Furcht und Hoffnung, sind daher zwei der größten Menschenfeinde. Nur die Klugheit vermag sie zu meistern und anzuketten, damit sie keinen Schaden stiften. Aber selbst das geschaffene Werk ist noch bedroht: Mephisto verkleinert und schmäht in der Maske des Zoilo-Thersites die gut geratene Leistung.

So werden also hier zunächst gleichsam die äußeren Voraussetzungen, Bedingungen und Grenzen gekennzeichnet, in denen sich alles menschliche Wirken *immer* in *allen* menschlichen Gesellschaften, ob im kleinen Kreis des Dorfes, oder einer Stadt, einer Berufsgemeinschaft oder Regierung abspielt. Nach diesem Vorspiel setzt das eigentliche Thema ein: Der Genius selber erscheint, der Knabe Lenker, der einzig Faust wahrhaft zu Helena hinführen kann. Etwas Unerwartetes, Magisch-Wunderbares, Höheres tritt in die Gesellschaft ein: ›Wie von magischer Laterne Schnaubts heran mit Sturmgewalt, Platz gemacht! Mich schauderts.‹ Ein heiliger Schauer überrieselt den Herold, als diese geistigen Gestalten auf ihrem Wagen durch die Menge getragen werden, ohne doch die Menge zu teilen, weil sie etwas Unkörperlich-Ewiges sind. Dieser Knabe Lenker, der den Dichter Faust-Plutus lenkt, ist, wie erwähnt, der Genius der Poesie selbst. Er hat sehr viel Ähnlichkeit mit Mignon aus dem Wilhelm-Meister-Roman. Auch Mignon ist ja dort Genius der Poesie. Der Knabe Lenker ist wie Mignon halb Knabe, halb Mädchen. ›Man könnte dich ein Mädchen schelten.‹ Er hat wie Mignon etwas Rätselhaft-Nächtliches. ›Hier ist das Rätsel‹, so lautet das erste Wort Philines, als sie Wilhelm Mignon vorstellt. ›Erfinde dir des Rätsels heitres Wort‹, sagt der Knabe Lenker von sich selbst. Wie Mignon von Wilhelm in einer erschütternd feierlichen Szene an Kindesstatt angenommen wird, so nennt Faust den Knaben Lenker in einer religiös ergriffenen Sprache seinen lieben Sohn. Ursprünglich hieß der Knabe Lenker Euphorion. D. h. er war identisch mit Fausts und Helenas Sohn aus dem 3. Akt. Goethe strich in der Handschrift dann diese Bezeichnung und schrieb Knabe Lenker darüber, aber nur aus dem äußeren Grund, weil es dem Publikum doch etwas zu viel zugemutet sei, wenn im ersten Akt eine Gestalt auftrete, die erst im 3. Akt geboren werde. Aber von innen her sind die beiden Gestalten identisch. Sie stellen den zeitlosen, immer erscheinenden Genius der Poesie dar. Und auch Euphorion zeigt Züge Mignons. Wie Mignon in einem rastlosen Drang ins Unendliche, Ewige, Neigung hat, über Berge und Gipfel zu spazieren und stets auf Bäume und Dächer klettert, so springt auch Euphorion rastlos immer höher und höher, ja fliegt bis ins Unendliche, bis er abstürzt. Und wie Euphorion flammendes Gold als Zeichen genialischer Geisteskraft aus Grüften hervorholt und versprüht, so entnimmt auch der Knabe Lenker einer geheimnisvollen Goldkiste dieses flammende Gold und verteilt es unter die Menge, die gierig danach hascht, aber nur materiellen Reichtum in ihm sieht und darum durch diese Flammen gebrannt wird, während nur bei wenigen die Flämmchen, die geniale dichterische Begabung, haften bleiben und weiterleuchten. Und so fühlt sich auch der Knabe Lenker in dieser wirren menschlichen Gesellschaft, diesem gierigen Treiben und Haschen nach äußerem Glück nicht wohl. Er entweicht wieder in die Einsamkeit, wo der wahre Genius der Poesie allein wirken und atmen kann.

Nun aber setzt wohl die gewaltigste, unheimlichste und tiefsinnigste Szene des ganzen Maskenzuges ein: Faust läßt die geheimnisvoll flammende Goldkiste in die Mitte stellen und einen Kreis darum ziehen, um sie vor dem gierigen Zugriff der Menge zu schützen. Der Kaiser aber, als Pan, als Symbol der ganzen Welt verkleidet, durchbricht den Kreis und greift gierig in die flammende Kiste, in der u. a. Kronen, Ketten, Ringe, Symbole also der Staatsgewalt, sichtbar werden. In diesem Augenblick fängt er Feuer. Das All der Welt droht mit seinem ganzen Hofstaat durch die Gier nach Gold zu verbrennen, bis der Dichter Faust-Plutus das Feuer löscht.

Dieser Szene liegen tiefsinnige Zusammenhänge zugrunde. Für Goethe war nämlich schon in vielen früheren Dichtungen das feurig flüssige Gold Symbol höchster Lebens- und Geisteskraft, ja alles Guten, aber auch alles Bösen in der Welt. Aus ihm entwickelte er geradezu

die Entstehung von Gut und Böse. Dieses höchste, edelste Metall, heißt es, kann sich in alles wandeln. Bereits in dem symbolischen Märchen von 1794 hat Goethe im Gold die geheimnisvolle Geistes- und Lebenskraft symbolisiert, deren richtige Anwendung die Wiedergeburt der Welt und die Befreiung schöpferischer Kräfte bewirkt. In den unausgeführten Skizzen zur Walpurgisnacht auf dem Blocksberg im 1. Teil schildert Goethe einen gigantischen, höllischen Reichstag, in dem die ganze Welt, alle Könige, Minister, Schriftsteller, Männer und Frauen dem Satan huldigen. Der Teufel verführt sie durch das flammende Gold, das in zwei Formen erscheint: erstens als Geldgier, als Mammon, in dessen goldener Glut der ganze Berg unheimlich düster leuchtet, und zweitens als Gier nach geschlechtlicher Liebe, nach irdischer Unsterblichkeit durch biologische Fortpflanzung. Das Gold repräsentiert die elementare Lebens- und Liebeskraft des Menschen, die zunächst weder Gut noch Böse ist. Will der Mensch diese Kraft nur besitzen, nur zum eigenen Lebensgenuß erniedrigen, so wird sie zum Quell alles Bösen, zur Geldgier und egoistischen Sexualität, den eigentlichen Elementen des Bösen. Gebraucht sie der Mensch heiter und unbefangen, im selbstlosen Streben nach dem Göttlichen, so wird sie zum Quell alles Genialischen, Schönen und Guten, zur eigentlich schöpferischen Macht. So ist dieses Gold in den Händen des Knaben Lenker die genialische Schöpferkraft selbst. In den Händen Mephistos aber, der hier im Maskenzug im Gegensatz zum innerlich reichen und verschwenderisch schenkenden, selbstlosen Dichter Plutus als dürrer, alles besitzen wollender Geiz erscheint, wird es zum Symbol niedriger Sexualität. Mephisto als Geiz entwürdigt und verzerrt diese höchste Liebes- und Geisteskraft ins Niedrige, Böse. Entsprechend entfacht der Kaiser, als Pan verkleidet, durch die Gier nach dem Mammon, nach Kronen, Ketten, Ringen, d. h. nach Macht, die eigentliche Weltkatastrophe, den Untergang alles Staats- und Gemeinschaftslebens. Zugleich aber war diese Berührung des Kaisers mit dem flüssigen Gold, dieser Urkraft alles Lebens, nicht nur etwas Negatives, sondern auch etwas Positives. Er erhielt eine Ahnung von den elementaren Gesetzen und geheimen Untergründen alles politischen Lebens. In der folgenden Szene unmittelbar nach dem Maskenzug schildert der Kaiser etwas sehr Merkwürdiges. Er habe sich, als die Flammen auf ihn eindrangen, im Untergrund der Welt, im Reich Plutos befunden. Er selbst sei dort Fürst und Herr des Feuers gewesen. Ich ›sah bewegt der Völker lange Zeilen durch fernen Raum gewundner Feuersäulen‹. Alle Völker huldigten ihm. Er steht im Zentrum der menschlichen Geschichte. Derjenige also, der Herr über diese Urkraft des Lebens, dieses feurig flüssige Gold wird, der sich nicht durch es bezwingen läßt, sondern ihm standhält und es selbstlos recht benutzt, wird Überwinder auch alles negativ staatlich-politischen Lebens, ja er steht im positiven Sinne souverän, heiter und überlegen in dem gesamten irdischen Dasein. Denn weiter wird nun geschildert, wie der Kaiser in gleicher Weise Herr über Wasser, Luft und Erde werden könne, Herr über alle vier Elemente, über den gesamten irdischen Kosmos, dann nämlich, wenn er es wage, sich furchtlos diesen Urgewalten zu stellen, mitten in sie hinein zu springen unter Opferung seiner selbst: ›Gehorsam Feuer hast du nun erprobt, Wirf dich ins Meer, wo es am wildsten tobt [...]. Da spielen farbig goldbeschuppte Drachen, Der Haifisch klafft, du lachst ihm in den Rachen.‹ Tod und Wiedergeburt, Katastrophe und Erneuerung des irdischen Seins, die äußersten Spannungen des Lebens hat hier Goethe in großartig eindringlicher Symbolik gestaltet.
Goethe ist also hier nicht vor der Auseinandersetzung mit der politischen sogenannten großen Welt geflohen, sondern hat sie nur in eine unendlich viel tiefere, zeitüberlegene Schicht projiziert. Er fragt nach dem Urquell und Ursprung alles Bösen, aller Katastrophen und Kriege: ›Doch bringen wir das Gold zutag‹, sagen die Gnomen, ›damit man stehlen und kuppeln mag, nicht Eisen fehle dem starken Mann, der allgemeinen Mord ersann. Und wer die drei Gebot veracht, sich auch nichts aus den andern macht. Das alles ist nicht unsre Schuld,

drum habt so fort wie wir Geduld.‹ Die innersten, ewigen Ursachen aller Kriege will hier Goethe symbolisch erfassen.«

Während Emrich das Verhältnis von Gesellschaft und Kunst in den Mittelpunkt seiner Interpretation der Mummenschanz stellt, betont *Dorothea Lohmeyer* mehr die Darstellung der natürlichen Bildungsgesetze der Gesellschaft. So stellt sie fest, daß die Mummenschanz sich zu *einem* Bilde zusammenfügt, das die Gesellschaft als ein organisches Ganzes hervortreten lasse.»Polarität und Steigerung, die Bildungsgesetze der natürlichen Organisation, bestimmen daher auch Erfindung und Folge ihrer Bilder im Ganzen wie im Einzelnen« (2, S. 85). In der Darstellung der erotischen Kräfte in der Gesellschaft zeige sich eine Verbindung von Kunst und Natur (ebd.). Viktorie sei eine Apotheose menschlicher Tüchtigkeit (2, S. 89); Poesie sei das»Sich-selber Fühlen der Fülle« des Lebens (2, S. 94). Poesie, verkörpert in dem Knaben Lenker, werde hier noch angesehen als aus dem Element geselligen Lebens entsprungen (2, S. 96).»Gebildet aus dem besonderen Lebensstoff der Phantasie, dem Stoff der menschlichen Träume (V. 5592), geboren aus der Fülle des Lebens (V. 5699), frei von allen realen Bedingungen des Dichters (V. 5689), weiß diese Poesie noch nichts vom Dichten als Bilden der Schönheit nach Analogie der Natur, weshalb Faust zu den Müttern gehen muß [...]« (ebd.). Faust-Plutus verkörpere den»Reichtum als Ziel und Erfüllung der tätigen Gesellschaft« (2, S. 109).»Es ist die Idee von einer neuen Erfüllung, die damit in die nach Genuß begehrende moderne Gesellschaft eintritt: Realisierung des Lebens in seinem Reichtum als wirtschaftlicher Wohlstand, als geistige Kultur. Sie stellt sich an die Stelle der früheren, christlich-mittelalterlichen Idee vom Gottesstaat, die den Kaiser als Statthalter Gottes dachte« (ebd.). Auch der Kaiser sei hier eine noch gleichsam naive Figur: seine leidenschaftliche und gierige Unmäßigkeit führten zu der Katastrophe, in der er beinahe verbrenne. Sein Unmaß sei jugendlich-naturhafte Ungeordnetheit (2, S. 106); der Entwurf seines Lebens in den Traum »Zeichen seines jugendlich-unbewußten, selbstbezogen-genießenden Zustands« (2, S. 107). Faust-Plutus repräsentiere dagegen»die große bewußte Geisteskraft«, die mit Einsatz der Magie (V. 5986) die Elemente und die Triebnatur beherrsche (2, S. 107 f.). Arrangeur des ganzen Spiels sei Faust in der Maske des Plutus,»in der Maske, die den Reichtum als Gott personifizierte, das heißt: in der Idealität seines Wesens; Reichtum als Ziel und Erfüllung der tätigen Gesellschaft, der in der Hand des Kaisers der ›ganzen Welt‹ zugute kommt« (2, S. 109).

Ein besonderes Interesse für die Mummenschanz haben besonders diejenigen Interpreten entwickelt, die von historisch-materialistischen oder literatursoziologischen Ansätzen ausgehen. *Metscher* betrachtet die Szene als»eine Selbstdarstellung der feudalen Gesellschaft« in allegorischer Form (S. 49). Plutus demonstriere »die Allmacht des Goldes über die ›Menge‹«, während die als Gnomen verkleideten Bergarbeiter die Werte schafften (S. 75). Der Knabe Lenker, die Poesie, sei hier noch dem Plutus dienstbar.»Der innere Reichtum der Poesie wird verschwendet im Dienst, in der Funktion für die höfische Gesellschaft. [...] Kunst dient der Unterhaltung der höfischen Gesellschaft, und zugleich ist sie Glorifizierung,

Ornament der sozialen und politischen Macht des Adels« (S. 100). Das Hauptthema des Dialogs zwischen Plutus und dem Knaben Lenker (V. 5612 ff.) sei »das Problem Ästhetizismus und Klassizismus im Rahmen der höfisch-feudalen Kultur« (S. 101). Ein Schritt auf die Emanzipation der Kunst zur Autonomie hin werde zwar getan, aber die Kunst werde damit zur Einsamkeit und politischen Wirkungslosigkeit verdammt (V. 5696). »Im Kern dürfte es sich hier um die Darstellung der Rolle einer bereits bürgerlichen Kunst innerhalb einer noch vorwiegend aristokratischen Kultur handeln« (S. 101).

Gerhart Pickerodt, der in der Mummenschanz sowohl ein »karnevalistische[s] Verkleidungsspiel der Gesellschaft« als auch eine Darstellung der »wesentlichen Inhalte des gesellschaftlichen Lebens« sieht (S. 762), weist darauf hin, daß sich die Distanz zwischen Maskenzug und Publikum immer mehr einebne. »In immer höherem Maße greift die Menge, vor der die Masken zuvor defilierten, in das Spiel ein« (S. 763). So löse sich das Bild statischer Ordnung immer mehr in ein »modernes Saturnal« auf; die alte gesellschaftliche Ordnung werde umgestülpt (s. V. 5467 ff.). In der Maske des Plutus symbolisiere die Poesie ihre Autonomie, die sie im bürgerlichen Zeitalter gewinne. Plutus als Gott des Reichtums sei zugleich materieller und ideeller Natur; er fungiere »als Korrektiv bürgerlichen Besitzes wie auch feudaler Konsumtion« (S. 767). Der brennende Kaiser sei Symbol der Selbstvernichtung des ancien régime, die eintrete, wenn der Repräsentant des Systems selbst der Gier nach materiellem Besitz verfalle. »Die *Mummenschanz*-Szene entfaltet einen historischen Prozeß, dem auf eine bestimmte Weise gedeutete geschichtliche Erfahrungen Goethes zugrunde liegen. [...] Der Kern des dargestellten Prozesses liegt in der Auflösung der feudalen Gesellschafts- und Herrschaftsordnung, repräsentiert durch das höfische Maskenfest, in Chaos, Anarchie und Vernichtung aufgrund einer allgemeinen kulturellen Regression. Diese hat zur Grundlage die Gier nach Besitz, sei es zum Zweck feudaler Konsumtion, sei es als Inhalt bürgerlicher Akkumulation. Die szenische und figurale Unterscheidung zwischen Besitz und Reichtum markiert deutlich dessen idealistisch gefaßten Begriff: Reichtum ist nicht Produkt materieller Wertschöpfung, sondern deren Gegenteil. Er entzieht sich in seiner symbolischen Gestalt jeglicher materieller Aneignung, ist Inbegriff einer praxisfernen, immateriell verstandenen *Kultur*« (S. 770).

Heinz Schlaffer stellt die Bedeutung des Ästhetischen im historisch-gesellschaftlichen Kontext in den Mittelpunkt seiner Interpretation. So weist er darauf hin, daß schon beim Auftritt der Gärtnerinnen (V. 5088 ff.) die Ästhetik in den Dienst außerästhetischer Interessen gestellt wird. Die Natur werde hier gänzlich durch Künstlichkeit verdrängt; der »Putz« sei »Reklame« für den Verkauf ihrer Waren. Die Gärtnerinnen würden Attribut der Waren (2, S. 72). Die Figuren dienten allgemein »der Illustration von Abstrakta«. Die künstlichen Gegenstände würden daher auch selbst zu redenden Personen (2, S. 73). Der Knabe Lenker sei die Allegorie der Poesie. Zunächst stehe er in Plutus' Dienst, später werde er von diesem in die Einsamkeit freigestellt (V. 5689-5696). »Es bietet sich an, diesen Unterschied historisch zu deuten: als Übergang von der schmückenden Funktion der Kunst im höfischen Zeitalter zu ihrer ›autonomen‹ Position im bürgerlichen« (2, S. 77). Im ganzen zeige die Mummenschanz die feudale Gesellschaft im Zustande des Zerfalls (2, S. 79). Die neue Gesellschaft werde vom Privatinteresse geleitet, weil sie auf dem Privateigentum aufbaue. Der höfischen Gesellschaft fehle das Geld, das die bürgerliche Klasse besitze. Die Mummenschanz-Allegorie zeige die Wesensmerkmale der bürgerlichen Gesellschaft: Ware, Geld, Arbeit, Kapital (2, S. 82). Sie sei als Marktszene eingerichtet; die Waren seien ästhetisch aufgemacht (2, S. 84). Auch die Schriftsteller vermarkteten ihre Produkte (2, S. 85). In den Gärtnern, Holzhauern, Gnomen, Fischern und Vogelstellern würden die Bereiche der Volkswirtschaft nach damaliger Vorstellung vorgeführt: Landwirtschaft, Forstbau, Bergbau und Fischerei (2, S. 86). Die Viktoria-Gruppe verkörpere eine Phänomenologie der Arbeit, die hier als differenziert in geistige und körperliche Arbeit erscheine (2, S. 88). In Faust-Plutus vereine sich Reichtum und Macht (2, S. 91 ff.).

Der Kaiser, Repräsentant des ancien régime, der in der Maske eines Gottes der alten Welt (Pan) auftrete, verbrenne an der neuen Geldquelle. »Was in der Mummenschanz entfesselt wurde, die allegorischen Verhältnisse der neuen bürgerlichen Welt, bedeutet zugleich das Ende der feudalen Welt« (2, S. 96). Zugleich aber, so meint Schlaffer, zeige Goethe auch die Grenzen und Krisen der expandierenden bürgerlichen Welt: Parzen, Furien, der Geiz und Zoilo-Thersites nennten das, was sich der ökonomischen Prosperität entziehe: Unzufriedenheit, Zwietracht, Reue, Tod. Hier werde schon auf die vier grauen Weiber des fünften Aktes vorausgewiesen (2, S. 97).

Eine besonders interessante Figur der Mummenschanz ist der »*Trunkne*« (V. 5263-5294). Zu ihr sagt Schlaffer (2, S. 87): »Eine einzige Figur bricht aus diesen wohlverteilten gesellschaftlich-ökonomischen Funktionen aus: der ›Trunkne‹. Er tritt, ungewöhnlich genug, als Einzelner inmitten von Gruppen und Gattungswesen auf. Er lallt ›unbewußt‹:

> Sei mir heute nichts zuwider!
> Fühle mich so frank und frei;
> Frische Lust und heitre Lieder,
> Holt' ich selbst sie doch herbei.
> Und so trink' ich! Trinke, trinke!
> Stoßet an, ihr! Tinke, Tinke! (5263 ff.)

Schon darin mag der ›Trunkne‹ von den übrigen abweichen, daß er wohl nicht die Maske eines Trunkenen gewählt hat, sondern wirklich betrunken ist, also nichts darstellt als sein wahres, obgleich ›unbewußtes‹ Wesen. Daher darf er sich ›frank und frei‹ fühlen. Unter all den Masken, welche Gesellschaftsrollen übernommen haben, ist der Trunkene der einzige, der aus der Rolle fällt und für sich existiert. Er, den sein Weib ›einen Maskenstock‹ (5274) gescholten hatte, leidet als einziger an seiner Maskenrolle: ›ich mag nicht länger stehn‹ (5290). Im privaten Rausch wird die allgemeine Verkehrung noch einmal verkehrt und dadurch aufgehoben. Alles, was die Allegorie der Mummenschanz aussperrt, kehrt im Rausch – und *nur* im Rausch – des Einzelnen zurück: Freiheit, Individualität, Identität, Brüderlichkeit, Gleichgültigkeit gegen das Geld (›Borgt der Wirt nicht, borgt die Wirtin, / Und am Ende borgt die Magd‹, 5281 f.). Doch bleibt diese trunkene Individualität notwendig illusionär, da sie in den allegorischen Verkehrsformen des ›Weitläufigen Saals‹ keinen Halt finden kann. Das individuelle Desinteresse am Geld kann dennoch die allgemeine Geltung des Geldprinzips nicht außer Kraft setzen; noch in der Negation erkennt selbst der ›Trunkne‹ es an, indem er ›borgt‹. ›Frische Lust und heitre Lieder‹ muß er ›selbst‹ herbeiholen; seine Trinksprüche gelten einer imaginären Gesellschaft von Freunden. Am Ende liegt er ›unterm Tisch‹; er wird aus dem allegorischen Spiel genommn; ›dem ist's getan‹ (5294), ruft der ›Chor‹ ihm nach.«

LUSTGARTEN

Nachdem der Kaiser im Traum als Herr der Feuerelemente sich symbolhaft im Zentrum der Macht über Leben, Welt und Geschichte befunden hat (V. 5989 ff.), fordert ihn Mephisto auf, sich den toddrohenden Gefahren des Meeresreiches auszusetzen (V. 6006 ff.) und dann sich auf den »Sitz« des »Olymps« zu schwingen (V. 6027). Erst wenn er sich den Elementen der Natur ausgesetzt hat und in ihnen weilend sie beherrscht, kann der Kaiser ein wahrer Herr über die Welt werden. Erst wer die Urphänomene des Natürlichen erlebt und erkannt hat, kann Herr auch über die Geschichte sein, die, nach Goethes Überzeugung, ihren Ursprung im Elementarischen und ihre Struktur aus der Natur hat.

Das Idealbild der Herrschaft jedoch bleibt bloßer Traum; die Worte Mephistos (die weder ironisch noch als Versuchung gemeint sind) bleiben unverstanden (V. 6028). Der Kaiser bleibt dem Hier und Jetzt verhaftet. Unfähig, das wahre Wesen des *Schatzes*, der ihm angeboten ist, zu erkennen, verharrt er in der Welt des *Scheins*. Mephisto reagiert darauf mit scheinhafter Hilfe: er beseitigt scheinbar die Not des Staates, indem er das Papiergeld erfindet und einen inflatorischen Wirtschaftsbetrug inszeniert. Erneut treten die Würdenträger des Reiches auf und berichten von den Wundern, die das Papiergeld verrichtet hat. »Ebenso wie früher die Geldnot, wird nun die Geldfülle von einer ganzen Reihe von Sprechern berichtet, damit wiederum die ganze Gesellschaft lebendig werde« (Trunz, S. 543). Faust setzt an, um noch einmal auf die Schätze im Boden und die Fähigkeiten des menschlichen Geistes hinzuweisen, die die Scheinblüte in eine echte Blüte verwandeln könnten (V. 6111 ff.), aber Mephisto, die Aussichtslosigkeit dieses Beginnens erkennend, zeigt der Gesellschaft nur noch die angenehmen Seiten der Inflation und beschwichtigt alle Zweifel (V. 6119 ff.). Angesichts des törichten Gebrauches, den die Hofgesellschaft von dem unerwarteten Reichtum macht, muß selbst der Kaiser, in dem noch ein Funke menschlicher Tatkraft lebendig ist (V. 6151), resignieren. Am Schluß der Szene zeigt sich, daß der Narr, der sein Geld in Grundbesitz anlegt (V. 6171), der einzige Vernünftige unter so vielen Toren ist (Mephisto: »Wer zweifelt noch an unsres Narren Witz!«, V. 6172).

»Scheinhaft ist der Reichtum, den das Papiergeld bezeichnet, grundsätzlich; in verhängnisvoller Weise scheinhaft aber ist er für die höfisch-feudale Gesellschaft. [...] Es ist ein ironisches Unterfangen Fausts und Mephistos, den Hof durch das Mittel retten zu wollen, das ihm – da er unfähig ist, den neuen Geldverhältnissen neue Produktionsverhältnisse vorzulagern – zum Verderben ausschlagen muß. Seine Machtstellung beruhte auf dem Grundbesitz;

mit dem Papiergeld, einer äußersten Abstraktion der bürgerlichen Warenwirtschaft, dringt ein zersetzender Fremdkörper in seinen Organismus ein« (Schlaffer 2, S. 95).

Binswanger erklärt, mit der Papiergeldschöpfung habe Goethe die Ablösung der Subsistenz- oder Versorgungswirtschaft, in der Natur und Arbeit dominieren (sie werde verkörpert durch Philemon und Baucis), durch die moderne Erwerbswirtschaft, in der Geld und Kapital die entscheidende Rolle spielen, erkannt. »Die Subsistenz- oder Versorgungswirtschaft hat daher endliche Zwecke. Die Erwerbswirtschaft dagegen zielt auf die imaginären Bedürfnisse, die durch die Phantasie des Menschen stets ausgeweitet werden können; sie sind unersättlich. Der Erwerbswirtschaft wohnt daher ein unendliches Streben inne. Sie folgt aus dem Geldstreben, weil das Geld durch die Geldschöpfung (Papiergeld!) schneller und leichter vermehrbar ist als die Güter, die mühsam aus dem Material der Welt gewonnen werden müssen. Daher besteht die Tendenz, zuerst Geld zu produzieren und dann, durch den Geldgewinn verlockt oder angelockt, diesem Geld als Geldkapital durch entsprechende Ausweitung des imaginären Bedarfs und der dazugehörigen Güterproduktion zusätzlich Geltung zu verschaffen. Die Vision einer immer besseren – immer noch besseren – Zukunft ist ein notwendiger Bestandteil der Geld- und Erwerbswirtschaft. Alles, was sie daran hindert, was Begrenzung vermuten läßt, muß beseitigt werden. Durch die Beseitigung dieser inneren Grenzen des Wirtschaftens nimmt die Wirtschaft immer mehr überhand und schlägt die ganze Welt in ihren Bann« (1, S. 134 f.).

FINSTERE GALERIE

Nach der Überwindung der Notlage des Staates wollen der Kaiser und die Hofgesellschaft amüsiert sein (V. 6190 f.). Der Kaiser will Helena und Paris, »das Musterbild der Männer so der Frauen«, leibhaftig vor sich sehen (V. 6184 f.). Faust, der in zunehmendem Maße aktiv wird, fordert von Mephisto die Verwirklichung des kaiserlichen Wunsches, die er diesem bereits versprochen habe (V. 6187). Mephisto jedoch erklärt dieses Versprechen Fausts für Leichtsinn (V. 6188). Er könne die beiden Gestalten nicht herbeischaffen, da er als christlicher Teufel für das heidnische Altertum nicht zuständig sei:

»Das Heidenvolk geht mich nichts an,
Es haust in seiner eignen Hölle« (V. 6209 f.).

Er ist aber in der Lage, Faust den Weg zu weisen, auf dem Helena und Paris in die Welt gebracht werden könnten: Zu den *Müttern* müsse er sich begeben. Diese seien *Göttinnen*, thronend »hehr in Einsamkeit«, in einem raum- und zeitlosen Bereich (V. 6213 ff.), im »Grenzenlosen« (V. 6240) angesiedelt, im Nichts (V. 6248). Nur durch Negationen kann Mephisto den Ort der Mütter beschreiben (V. 6239 ff.), so daß Faust ihn den »ersten aller Mystagogen« nennt (V. 6249). Den Weg zu den Müttern werde ihm ein goldener *Schlüssel* zeigen, den ihm Mephisto übergibt (V. 6259 ff.). Ein glühender *Dreifuß* werde ihm im allertiefsten Grunde den Sitz der Mütter bezeichnen:

»Bei seinem Schein wirst du die Mütter sehn,
Die einen sitzen, andre stehn und gehn,
Wie's eben kommt. Gestaltung, Umgestaltung,
Des ewigen Sinnes ewige Unterhaltung.

Umschwebt von Bildern aller Kreatur;
Sie sehn dich nicht, denn Schemen sehn sie nur.
Da faß ein Herz, denn die Gefahr ist groß,
Und gehe grad' auf jenen Dreifuß los,
Berühr ihn mit dem Schlüssel!« (V. 6285 ff.)

Faust, der beim Klang des Namens »Mütter« wiederholt von einem *Schauder* ergriffen wird (bes. V. 6265 ff.), nimmt den Schlüssel, stampft auf den Boden und versinkt (V. 6304).

Wenige Szenen der Faust-Dichtung haben der Forschung so viele Rätsel aufgegeben wie die Mütterszene. »Die Szene ›Finstere Galerie‹ gehört zu den schwierigsten Stellen der ganzen Faustdichtung«, stellt Robert Petsch (2, S. 226) fest.

Goethes eigene Aussagen über die Bedeutung der Mütter sind wenig aufschlußreich. Zu Eckermann sagte er nach einer Vorlesung der Szene am 10. Januar 1830: »Ich kann Ihnen weiter nichts verraten, [...] als daß ich beim Plutarch gefunden, daß im griechischen Altertum von *Müttern* als Gottheiten die Rede gewesen. Dies ist alles, was ich der Überlieferung verdanke, das übrige ist meine eigene Erfindung.« Die Anregung hat Goethe aus Plutarchs »Marcellus«, wo es in Kap. 20 heißt: »Es gibt in Sizilien eine Stadt Engyion, nicht groß, aber sehr alt und durch die Erscheinungen von Göttinnen berühmt, die man ›Mütter‹ nennt.« Diese Nachricht hat Goethe offensichtlich mit einer anderen Stelle in Plutarchs moralischen Schriften (Kap. 22 »Über den Verfall der Orakel«) in Zusammenhang gebracht, wo die platonischen Ideen im Inneren eines Dreiecks im Zentrum der Welt lokalisiert werden, das das »Feld der Wahrheit« heißt: »In ihm liegen unbeweglich die Entwürfe (lógoi), Formen und Urbilder alles dessen, was geschehen ist und geschehen wird, und von der Ewigkeit, die sie umgibt, fließt gleichsam die Zeit ab.«

Daher haben auch zahlreiche ältere Forscher das Reich der Mütter als die Region der platonischen Ideen gedeutet (so z. B. Bielschowsky, S. 652; Erich Schmidt, S. 320; Hildebrandt, S. 527). *Franz Koch* (1, S. 54) sieht in den Bildern aller Kreatur, von denen die Mütter umschwebt werden, nicht platonische Ideen, sondern eher Individualtypen im Sinne Plotins oder Monaden im Sinne von Leibniz. Auch Hertz (2, S. 320) lehnt die platonische Deutung des Müttermythos ab und hält den Bereich der Mütter für eine Zwischenregion zwischen Idee und Erscheinung. Sie seien Urphänomene zwischen Transzendenz und Erscheinung und stellten die obersten Gruppenentelechien der Naturreiche Urtier, Urpflanze und Urgestein dar.

Andere Forscher rücken von einer philosophischen Interpretation des Müttermythos weitgehend ab. *Harold Jantz* erklärt jeden Versuch einer solchen abstrakten Deutung von vornherein für verfehlt, weil er dem Wesen Goethescher Dichtung widerspreche (S. 3 und 23). »Gestaltung, Umgestaltung« (V. 6287) sind nach Ansicht von Jantz die Schlüsselworte nicht nur der Szene, sondern von Goethes Dichtung und Wissenschaft überhaupt. In ihnen drücke sich das Wesen der Natur und des Seienden überhaupt aus, und die Mütter seien im Zentrum der natürlichen Schöpfungskraft angesiedelte Wesenheiten, die, wie die anderen weiblichen Gestalten des Werkes, das weibliche Prinzip von Natur und Welt repräsentierten (S. 59). Ähnlich betrachtet *Danckert* (S. 553 f.) das Mütterreich als »metaphysischen Ort von Tod und Geburt«, als »Erweckungssphäre von Schöpferkräften«.

Wiederum andere Interpreten sehen im Mütterreich den *Ursprungsort von Natur und Kunst*, ja vor allem die *Sphäre künstlerischer Konzeption*. Für *Petsch* (2, S. 231 ff.) ist Fausts Gang zu den Müttern das Erleben der Vision, dessen der Künstler bedarf, um schöpferisch zu gestalten. Das Reich der Mütter sei der Bereich der ästhetischen Ideen.

D. Lohmeyer hält die Mütter für das »Reich der Urformen der Natur« (2, S. 128). Mit dem Schlüssel (d. h. mit seiner erschließenden Anschauungskraft) solle Faust die Fülle der sich verwandelnden Formen der Natur »als Metamorphosen der gemeinsamen Urform« erkennen (2, S. 135). Der Dreifuß meine die Form »als innerstes Prinzip der Natur«, »das geistige Bildeprinzip der Natur«, das Faust benötige, um Schönheit zu bilden (2, S. 138). Für *Benno v. Wiese* ist das Mütterreich der *Ursprungsbereich schlechthin* (S. 149). Das Urbild könne Gestalt gewinnen (im Hinblick auf die Verse 6435 f.) in der Metamorphose der Natur oder in der Metamorphose der Kunst (durch das Priester-Magier-Dichtertum). Ähnlich sieht auch *Schadewaldt* (S. 185 f.) in den Müttern das metaphysische Symbol für das in gleichen Gesetzmäßigkeiten gründende Kommunizieren von Natur und Kunst. Für *Emrich* (2, S. 221 f.) ist das Mütterreich die Sphäre des »grenzenlos Ungeheuren«, aus der die Schönheit erwachse.

Im Gegensatz zu den meisten Interpreten vertritt *Schlaffer* unter Berufung auf quellengeschichtliche Untersuchungen von Jantz die Auffassung, »daß die Mütter das Archiv der Zeit verwalten«. Sie seien eine »Allegorie der Geschichte« (2, S. 104). Die »Bilder aller Kreatur« (V. 6289) seien die Inhalte des historischen Bewußtseins. Aus diesem Raum des historischen Bewußtseins hole Faust Helena und Paris herauf.

Diener nennt die schemenhaften »Bilder aller Kreatur« – freilich wieder recht platonistisch – »die noch nicht verwirklichten gedanklichen Entwürfe Gottes«, die »ewigen allgemeinen Musterbilder« (S. 118), die »durch ›magisches Behandeln‹, durch künstlerisches Bilden in die sinnlich-geistige Form eines Kunstwerks einzufangen« sind (S. 121).

Die Mütterregion erscheint also als ein abgründiger Urbereich der Natur, in dem, rational nicht greifbar, die Urbilder des Schönen wie überhaupt alles natürlichen Seienden angesiedelt sind. Nur durch Negationen ist dieser Bereich zu beschreiben. Nicht der begrifflichen Erfassung sind die dort anwesenden Urbilder des Seienden zugänglich, sondern nur der magischen Beschwörung. *Magie* aber, nun bar jedes Zauberwesens, erweist sich als die schöpferische Kraft des Künstlers, der die verborgenen Urphänomene in der produktiven Phantasie sichtbar macht.

Die Kraft, deren sich der magische Künstler Faust bedient, wird symbolisiert durch den *flammenden Goldschlüssel*, der die Geheimnisse des Mütterreiches aufschließt. Er vereint symbolisch in sich Lebens- und Geisteskraft und schöpferische Phantasie des Künstlers. Keineswegs ist der Schlüssel begreifender Verstand; er »wittert« nur die »rechte Stelle« (V. 6263). Was er erschließt, bleibt vorrational, im Nebel des Gefühls; daher ergreift Faust ein *Schaudern* (V. 6272) vor der erhabenen Größe dieses Urreichs.

Als ein Symbolgegenstand befindet sich im Zentrum des Mütterreichs ein *glühender Dreifuß* (V. 6283 ff.). Dieser folgt, vom Schlüssel berührt, dem emporsteigenden Faust und fördert die Gestaltwerdung von Paris und Helena (V. 6423 ff.). Der Dreifuß erscheint im antiken Orakelwesen als Vermittler höherer Weisheit; die Dreizahl ist ein geheimnisvolles Symbol der Alchimisten. Der Dreifuß ist Symbol der göttlichen Weisheit im Zentrum des Urgrundes der Natur; von dem flammenden Goldschlüssel als dem Träger künstlerischer Schöpferkraft berührt, steigt er empor in die reale Welt und hilft bei der künstlerischen Produktion, in der sich die Genialität des Dichters mit göttlicher Weisheit vereint.

Sprache und *Metrik* der Szene untersucht Kurt May (S. 81 ff.). Er weist auf die

Erschütterung, auf das anschwellende und lang anhaltende Pathos, auf die Wortgesten und die starke Expressivität von Mephistos Sprache hin, die sich in Ausrufen, in der Massierung von Verben am Versanfang, in Lautwiederholungen und Vokalsymbolik zu erkennen gibt. Freilich sei es keine echte Erschütterung, aus der heraus Mephisto spreche. »Mephisto [...] erweist sich jetzt wiederum nur als Meister der Verwandlung, mit neuer Einfühlung in Faust. Wie er sich dem wechselnden geistigen Stand der höfischen Personen anzupassen wußte, so stimmt er sich jetzt um und ein in das faustische Verhalten, das er gerade jetzt erzeugen und bestärken will. Er nimmt den kommenden faustischen Ausdruck damit selber vorweg« (S. 82).

HELL ERLEUCHTETE SÄLE

Der tiefgründigen und schwergewichtigen Mütterszene ist von Goethe die leichte Episode »Hell erleuchtete Säle« als Gegenstück dialektisch hinzukomponiert worden. Als eine Pause der Entspannung führt sie zurück in das oberflächliche Leben der Gesellschaft. Der »Öd' und Einsamkeit« des Mütterreiches ist das gesellige Treiben der Hofwelt (»in Bewegung«) gegenübergestellt, der Finsternis der Galerie kontrastiert die Helle der Säle, der leidenschaftlichen Expressivität der Sprache der Mütterszene die von Witz und Schlagfertigkeit geprägte Hofweltsprache (dazu May, S. 87).

RITTERSAAL

Am Beginn der Szene kündigt der Herold, wie es sein »alt Geschäft« gebietet, das folgende *Schauspiel* an (V. 6377). Die Szenerie baut sich von selbst auf (V. 6394 ff.); das Publikum, die Hofgesellschaft, ordnet sich gleichsam spontan »im Runde« (V. 6385). Der Einfluß des aus dem Mütterreich zurückkehrenden Faust wird bereits spürbar in »der Geister heimlich Walten« (V. 6378), das sich der Herold nicht zu erklären weiß. *Magie* ist nach Ansicht des Astrologen im Spiele (V. 6393), die auch hier schöpferische künstlerische Phantasie ist. Der Astrolog, der dem Magischen und Dämonischen nähersteht, übernimmt vom Herold die Rolle des Kommentators (V. 6391 ff.), freilich zunächst wiederum unter dem Einfluß der Einbläsereien Mephistos (V. 6400).
Ein frühgriechisch-archaischer *Tempel* baut sich auf (V. 6404 ff.). Ein antiker Tempel, der »den Gott im Menschen konzentriert« (»Maximen und Reflexionen«, JA 35, S. 328), ist der geeignete Schauplatz für das Sichzeigen der idealen Schönheit in der Erscheinung. »Der Tempel ist [...] ein Sinnbild künstlerischer Harmonie, die auch in einem inneren Bezug zu seelischer Ausgewogenheit, staatlicher Eintracht, ja sogar zur Sphärenharmonie im Kosmos steht« (Diener, S. 150). In den Einwänden des Architekten, der der gotischen Baukunst den Vorzug gibt, kündigt sich bereits der Gegensatz zwischen der klassischen und der romantischen Kunst an. Romantisch auch erscheint die Deutung, die der Astrolog der kommenden Erscheinung gibt, die in »sterngegönnter Stunde« mit »Ehrfurcht« empfangen werden soll (V. 6415): Bindung der Vernunft durch das magische Wort des Dich-

ters, Entfesselung der Phantasie und Glaube an das Unmögliche (V. 6416 ff.) sind für Goethe Kennzeichen romantischer Kunst. In diesem Sinne erscheint Faust dem Astrologen auch als ein »Wundermann« (V. 6421). Lösung der dichterischen Phantasie von der leitenden und bändigenden Vernunft aber entspricht keineswegs Goethes Auffassung vom Wesen der Kunst, wie Diener (S. 158 f.) gezeigt hat. Der Astrolog sagt, was Mephisto ihm einbläst; dieser beginnt schon hier die Rolle eines Vertreters der romantisch-modernen Welt, die er in der Klassischen Walpurgisnacht spielen wird, zu übernehmen. Romantisch schließlich erscheint auch die Verwandlung des Nebels und der Wolken, die symbolhaft als Schleier der Wahrheit die Erscheinung der Schönheit vorbereiten, und des Tempels in Gebilde, die Musik erklingen lassen (V. 6444 ff.). *Musik* ist für Goethe die moderne romantische Kunst schlechthin, die die Innerlichkeit des Menschen am reinsten ausdrückt. Sie ist auch die höchste Kunst, die andere Künste zu überhöhen die Aufgabe hat. Aus dieser sich schichtenweise selbst aufbauenden Kunstsphäre treten nun *Paris* und *Helena* hervor, nachdem »der kühne Magier« Faust, noch erfüllt vom Erleben des Mütterreichs, mit dem glühenden Schlüssel (Symbol dichterischer Schöpfungskraft) die in den Dreifuß eingelassene Schale (Symbol göttlicher, sich in der Natur offenbarender Weisheit) berührt hat (V. 6439).

In einem *pantomimischen Spiel* (wie Goethe es liebte) stellen sich die Geister Helena und Paris der *Hofgesellschaft* dar. Deren Reaktion (V. 6453 ff.) zeigt, »daß Schönheit und Kunst im gesellschaftlichen Leben stets mißverstanden werden müssen. Jeder wollte die Kunst zu sich selber herabziehen, statt sich in hartem Ringen zu ihr zu erheben. So wollen die Männer Helena nur besitzen, die Frauen den schönen Paris. Ein echter Zugang zur Kunst ist noch nicht gefunden« (Emrich 1, S. 188). »Der Dichter stellt gelassen fest, welche Leidenschaft den Menschen zur Kunst treibt: die Neugier; und daß er sich gegenüber dem Vollkommenen durch Mäkeln sicherstellt. Dabei erliegt er doch, freilich ohne Gefahr, der geschlechtlichen Anziehung, die sich mit den Wirkungen der Kunst für alle Zeiten unauflöslich verbunden hat. Die Herren, gegen Paris unerbittlich, schmelzen vor Helena, die Damen umgekehrt. [...] Ihre Glossen haben viele Töne: nörglerisch, kennerhaft, geil, neckisch, abgebrüht, hochnäsig, dichterisch, weise, gouvernantenhaft« (Kommerell, S. 56).

»Bei aller individuellen Verschiedenheit ihrer Einstellung zu den Geistererscheinungen zeichnen sich aber auch gewisse allgemeine Maßstäbe ab: so ist das wenigstens vor den Augen der Welt vertretene Mannes-›Ideal‹ der Männer von der höfischen und ritterlichen Persona, das weibliche ›Ideal‹ der Frauen von moralischen und gesellschaftlichen Tugenden wie Schamhaftigkeit, Zurückhaltung und einer untadeligen Vergangenheit geprägt. Das unbefangen Natürliche gesteht man nur den anziehenden Vertreter des anderen Geschlechtes zu. [...] Beide Gruppen aber sehen in Paris und Helena vor allem Wesen aus Fleisch und Blut, deren Vorzüge und Schwächen auch nach menschlichen, allzu menschlichen Normen gemessen werden können, nicht aber Schöpfungen der künstlerischen Einbildungskraft, in denen das Urphänomen der Schönheit (als Offenbarung des Urbildes) sichtbar wird« (Diener, S. 177).

Mephisto hat inzwischen wieder die Rolle des nordischen Teufels übernommen, der zwar lüstern ist, aber keinen Gefallen an klassischen Schönheiten findet (V. 6479 f.). Dadurch wird auch der Astrolog von seinem Einfluß befreit, der nun – ein Sprachbild und den Tonfall der Bibel gebrauchend (1. Kor. 13,1) – die leibhaftige Erscheinung der »Schöne« (d. h. der Schönheit) preist (V. 6481 ff.). *Faust* aber, der sich nun nach dem Durchschreiten des Urreichs der Mütter und seiner Einweihung in dessen Mysterien vom Neuling (»Neophyten«, V. 6250) zum *Priester* geweiht fühlt (V. 6491), will den Genuß des Schönen von den Mächten des Schicksals *auf einmal* erzwingen. »Die ›Schöne‹ [hat], auch wenn sie in urphänomenalem Scheine aus dem Glanz der Idee hervortritt, eine so starke sinnliche Ausstrahlungskraft, daß die von Faust, dem leidenschaftlichen Künstler und in seinem Lebensdrang noch ungesättigten Menschen, der Schönheit entgegengebrachten heftigen Empfindungen, über die er als der weise Magier Herr zu sein glaubt, allmählich ihre dämonisch-elementare Seite hervorkehren und ihm den Sinn zu verwirren drohen« (Diener, S. 193). Seine *Leidenschaft,* die er Helena, dem erscheinenden »*Urbild der Schönheit*« (Beutler, S. LXIV) schuldig zu sein glaubt, steigert sich über *Neigung, Liebe* und *Anbetung* bis zum *Wahnsinn* (V. 6498 ff.). Er verwechselt die *Wirklichkeit* des Kunstgebildes, das er als magischer Künstler ans Licht gebracht hat, mit der Wirklichkeit der historischen Person. Diese Verwechslung aber entspringt dem Wesen des Künstlers, der wie Pygmalion das Produkt seiner künstlerischen Phantasie in erotischer Liebe verwirklichen will. »Die gleiche Gewalt der erotischen Sehnsucht, die ebenso die körperliche Nähe wie die ›ideelle Erhebung‹ sucht, begehrt auch in Faust schon jetzt nach der ›wahrhaft lebendigen‹ Helena, der ›einzigsten Gestalt‹« (Diener, S. 203). Höchste Verwirrung hat nicht nur Faust ergriffen, sondern auch die Gesellschaft. Diese erfährt die Schönheit als eine Wirkung der Natur, d. h. als geschlechtliche Anziehungskraft. Die Höflinge sehen in dem Auftritt ein Schäferspiel (Endymion und Luna, V. 6509); Mephisto bezeichnet, um Faust zur Nüchternheit zurückzurufen, die Pantomime fälschlich als ein gespenstisches »Fratzengeisterspiel« (V. 6546); der Astrolog hält sie für eine dramatische Aufführung des Raubes der Helena (V. 6541 ff.). Faust aber, durch das Stichwort »Raub« (V. 6549) gänzlich in Wahn verfallend, versucht die Gestalt Helenas gewaltsam in die Wirklichkeit zu ziehen (V. 6560 f.). Von einer »Explosion« niedergeschmettert, versinkt er in *Schlaf* und *Traum,* indes Paris und Helena, in ihrem Wesen von allen verkannt, sich »in Dunst« auflösen und in das Mütterreich zurücksinken.

In der Pantomime sieht D. *Lohmeyer* (2, S. 148 ff.) »eine ganze Ontologie der Schönheit« verborgen. Die Pantomime erzähle nicht vom Raub der Helena, sondern deute ihn. Die eigentliche Vorlage sei die Geschichte von Endymion und Luna. Helena in der Rolle der Luna sei die Schönheit im urphänomenalen Sinne; im Monde sei der Glanz des Sonnenlichts zum Schein gemildert. Helena erwecke in Paris das Verlangen nach dem Schönen; die Schönheit verführe zur Vereinigung mit dem Polar-Getrennten, die Goethe auch in der Natur sehe. Faust (in Analogie zu Paris) werde durch den Versuch des Raubes der Schönheit zum Künstler.
Die marxistisch orientierte Faust-Interpretation sieht den Grund von Fausts Scheitern vor

allem in der Unmöglichkeit, das Wesen der Schönheit in der feudalen Gesellschaft zu verwirklichen: »Er will die reine Idee der Schönheit unter den höfischen Bedingungen für sich zu einer Realität machen. Doch dies ist unmöglich. [...] Seine Versuche, innerhalb der feudalen Gesellschaft mit gemeingültiger Tätigkeit eine Möglichkeit, sich zu entfalten und damit einen Weg der Höherentwicklung der Menschheit zu finden, sind gescheitert« (Albrecht, S. 444).

Zur Deutung der Faust-Helena-Handlung im ersten Akt sagt *Emrich*: »Der niederschmetternde Schlag, der Faust bei der Umarmung trifft, ist die Antwort auf den verwegenen Entschluß, unmittelbar aus dem ›ungeheuren‹ Bereich der Idee ohne Stufen der Reifung, Entwicklung und Ausformung die Blüte der Schönheit über den Abgrund der Zeiten hinweg zu ergreifen« (2, S. 222 f.). »Der Drang, das Schöne ins ›Wirkliche‹ zu ziehen, es real zu umarmen, ist eine naturalistische bzw. idealistische Verwirrung des Schönen, die Goethe immer wieder an seiner Zeit – auch der romantischen – tadelt« (2, S. 224 f.).

Zweiter Akt

Fausts Versuch, Schönheit unmittelbar und auf einmal in die Wirklichkeit zu ziehen, ist gescheitert. Er selbst hat sich seinem Vorhaben nicht gewachsen gezeigt. Auch die Gesellschaft ist – so erwies es sich – der Aufnahme der Schönheit und der Kunst (als deren Symbolgestalt Helena zu verstehen ist) in keiner Weise fähig gewesen. Der Weg, den Goethe im ersten Akt gezeichnet hat, scheint ein Irrweg gewesen zu sein. Er ist aber eine Möglichkeit, die durchdacht, durchgespielt werden mußte, die vielleicht in bestimmten geschichtlichen Konstellationen mit dem Charakter »sterngegönnter Stunden« auch verwirklicht werden kann.
»Der *erste Akt* zeigt den Weg, der *von außen* her zu Helena führt. Helena wird am Kaiserhof beschworen. Hier geht es um das Problem: Wie ist es möglich, im Rahmen der menschlichen Gesellschaft und der politischen Welt zu einer zeitlosen, schöpferischen Kultur zu gelangen? Dieser Versuch von außen her scheitert. Die Helenabeschwörung am Kaiserhof endet mit einer Katastrophe. Der zweite Akt zeigt den Weg, der *von innen* her zu Helena führt. Es ist der *organisch-naturhafte, genetische* Weg. Von Helenas eigenem Ursprung her wird in der Klassischen Walpurgisnacht der Zugang zu ihr gesucht. Dieser Versuch gelingt« (Emrich 1, S. 184; Hervorhebungen H. K.). Beide Akte sind Vorbereitungen, Vorstufen des dritten Aktes, des Helena-Aktes. Goethe hat sie deshalb »*Antezedenzien der Helena*« genannt (Tagebuch vom 17. und 21. Dezember 1826; WA III, 10. Bd., S. 283 f.).

HOCHGEWÖLBTES ENGES GOTISCHES ZIMMER

Wie bei mehreren Szenen des »Faust II«, so handelt es sich auch bei dieser um die *Spiegelung* einer Szene aus dem ersten Teil (»Studierzimmer« II). Sie findet auch, wie D. Lohmeyer bemerkt (2, S. 156), ihre Kontrastszene im folgenden »Laboratorium«. Beide Szenen seien hier symbolische Räume, in denen sich der produktive christlich-nördliche Geist differenziere: als spekulativer Geist und als naturwissenschaftlich-experimentierender Geist (2, S. 165). Die Situation Fausts am Anfang des zweiten Aktes ähnelt der bei Beginn des ersten. Wieder ist Faust »paralysiert«, wieder ist er in einen tiefen *Schlaf* verfallen. Nach der Deutung Dieners ist Faust jetzt getroffen durch den Schmerz, die Schönheit entbehren zu müssen, die er aus dem Mütterreich selbst heraufgeholt habe. »Faust, der im Anblick und im erhofften Besitz der höchsten ›Schöne‹ von frischem Geist und neuem Daseinsgefühl durchglüht war, wurde nun jäh zurückgeworfen in die freudlos stickende *Innenwelt* und in die beschränkte, verstaubte *Umwelt* seines alten Ich, dem er sich längst entwachsen glaubte« (Diener, S. 223). Fausts *Schlaf* ist auch hier wieder Übergang in einen neuen Anfang. Es verwandelt sich jedoch nicht nur Faust, sondern die Welt, in der Faust lebt, und die Personen, die in dieser Welt zu Faust in Beziehung stehen, machen ebenfalls eine Metamorphose durch. Die gesamte dramatische Personen- und Handlungsaufteilung erhält eine besondere Tiefe durch den Einfall, »Faust in seiner eigenen Vorwelt, in seiner erstarrt stehengebliebenen Vergangenheit (aus Faust I) schlafend niederzulegen und diese schreckhaft im Raum beharrende, vergilbte Faust-I-Welt unterirdisch mit der kommenden Vorwelt der Antike (durch Homunculus) in kontrapunktischen Zusammenhang zu bringen« (Emrich 2, S. 248). Überhaupt gehe es Goethe – so Emrich – im zweiten Akt um die Lösung eines seiner wesentlichsten Schaffensprobleme: um das Problem der *Verjüngung* und des *»Neuen« in der Geschichte.* Kontrapunktisch stünden sich die pessimistische Auffassung, daß in der Geschichte alles beim alten bleibe (Mephisto), und die optimistische Verjüngungslehre, die in der Geschichte immer Neues aufsteigen sieht, gegenüber. Das werde auch in der Mephisto-Baccalaureus-Szene deutlich.

Während Faust in seinen Tiefschlaf versenkt ist, bereitet Mephisto seine Umwelt für die nun darzustellende echte Aufnahme der antiken Schönheit durch ihn vor. In der Rückversetzung in Fausts alte, »unveränderte« Studierstube und in den in dieser Szene auftretenden Personen werden Gefahren bewußt gemacht, die Faust seine eigentliche Aufgabe verfehlen zu lassen drohen. Eine dieser Gefahren ist der Rückfall in die sterile Gelehrtenexistenz, die durch das Insektenvolk, die »Zikaden, Käfer und Farfarellen«, ironisiert wird. Ironisch behandelt wird auch die bescheiden-ängstliche Zurückhaltung des *Famulus,* der zwar »auch ein gelehrter Mann« (V. 6638) genannt wird, aber sich doch nur ein »mäßig Kartenhaus« des Wissens aufbaut (V. 6640). Der ehrfurchtslose Mephisto muß ihm wie ein »Riese« (V. 6628) erscheinen, der die Grundfesten einer gefügten Welt erschüttert. Der ehemalige Famulus *Wagner* ist nun eine wissenschaftliche Kapazität geworden, eine Kathederautorität.

Der junge *Baccalaureus* hingegen repräsentiert »in nuce alle Richtungen des modernen Subjektivismus vom Sturm und Drang bis tief in das 19. Jahrhundert hinein; in ihm ist gleichsam die gemeinsame psychologische Wurzel freigelegt, die sich einerseits zum übersteigerten philosophischen Idealismus, andererseits zum naturwissenschaftlichen Materialismus entfaltet« (Diener, S. 237). »So erhellen die Gespräche im Studierzimmer und das symbolische Opus im Laboratorium als objektives Geschehen die geschichtlichen und geistigen Mächte in der Umwelt

Fausts und Goethes vor dem Aufbruch in die antike Welt und spiegeln zugleich den Kampf entgegengesetzter Denkweisen und die Geburt des befreienden Genius in Fausts eigener Seele« (Diener, S. 226 f.).

Schlaffer (2, S. 109 f.) sieht in dem gotischen Zimmer einen Raum toter Vergangenheit mit musealem Charakter; er zeige die Fragwürdigkeit und die Widersprüche jeder Rückkehr zum Gewesenen. Mephisto betrachte die Vergangenheit nur noch mit den Augen eines Historikers.

LABORATORIUM

Das entscheidende Ereignis der Szene »Laboratorium« ist die Erschaffung des *Homunculus*. Das Werk seiner Kreation vollendet sich unter den Händen *Wagners* in einer Sternstunde (V. 6832); es ist von symbolhaften Licht- und Klangerscheinungen begleitet (V. 6823 ff.; 6871). Die wissenschaftlich-technische Prozedur, die uns als etwas durch und durch Modernes erscheinen möchte, stellt Goethe von seiner Sicht der Natur und der Naturwissenschaft her als ein Ereignis »im Sinne des Mittelalters« dar, hervorgebracht mit »weitläufigen, unbehülflichen Apparaten zu phantastischen Zwecken« (Regieanweisung). Die Mittel, deren sich Wagner bedient, sind alchimistischen Charakters und insofern den Auffassungen Goethes und seiner Zeit von Natur und Naturwissenschaft durchaus widersprechend. In den Begriffen »organisieren« und »kristallisieren« (V. 6859 f.) stellt sich der Gegensatz zwischen Goethes Naturanschauung und der seines Geschöpfes Wagner dar. Das Wesen des Natürlichen begriff Goethe mit den Kategorien des *Organischen*; Kristallisation hingegen war für ihn ein Prozeß nur äußerlicher Zusammenfügung.

Homunculus zeigt Eigenschaften, die sich zunächst kaum zum Bilde einer Person zu runden scheinen. Er ist seinem Wesen nach *knabenhaft* und zugleich *hermaphroditisch* und auch *ohne Körperlichkeit;* er besitzt *Leuchtkraft;* er hat die Fähigkeit, *Träume zu lesen;* er ist von einem *dämonischen Tätigkeitsdrang* erfüllt. Für seine Künstlichkeit und Unkörperlichkeit bedarf er auch der *Abgeschiedenheit* von der Welt (im Glaskolben):

> »Das ist die Eigenschaft der Dinge:
> Natürlichem genügt das Weltall kaum,
> Was künstlich ist, verlangt geschloßnen Raum.« (V. 6882 ff.)

Homunculus ist gleichsam noch *reine Idee*, die erst zur Verwirklichung als Natur und in der Welt gelangen muß; er ist eine *Entelechie* im Goetheschen Sinne als ein Wesen, das als reiner Geist nach organischer Ganzheit strebt.

In einer von Riemer am 30. März 1833 aufgezeichneten Äußerung Eckermanns (nach Hertz 3, S. 143) heißt es, Goethe habe in der Gestalt des Homunculus »die reine Entelechie darstellen wollen«. Diener sagt (S. 277) zusammenfassend zum Entelechie-Begriff im Hinblick auf Homunculus:»Aus den vielen Stellen seines Werkes, in denen Goethe über die Entelechie des Menschen spricht, ergibt sich etwa folgendes Bild: Die ›entelechische Monade‹, d. h. die das Ziel (télos) ihrer Entwicklung als Anlage in sich tragende Lebenseinheit ist ein geistiges

›selbständiges Wesen‹, ein zielstrebiges ›Individuum‹, das alles ›abschüttelt‹, was ihm nicht gemäß ist‹ (Eckermann, 3. März 1830), das über ›die paar Jahre‹ hinaus, die es ›mit dem irdischen Körper verbunden ist‹ und in denen es diesen belebend durchdringt, selbst ›ein Stück Ewigkeit‹ darstellt (Eckermann, 11. März 1828); die Entelechie ist also im Gegensatz zum Leibe ›unzerstörbarer Natur‹ (unverwüstlich) und sichert sich in ›rastloser Tätigkeit‹ ›Beschäftigung‹ ›in Ewigkeit‹ (an Zelter, 19. März 1827).«

Als reine Entelechie ist Homunculus also reine und ständige *Produktivität, Tätigseinmüssen*: »Dieweil ich bin, muß ich auch tätig sein.« (V. 6888) Als schöpferisch-tätiger Genius ist er *Dämon* (so Goethe zu Eckermann am 16. Dezember 1829), der Mensch werden will. Als solcher fühlt er sich auch Mephistopheles, dem negativen Geist dieser Welt, verwandt (V. 6885), obwohl dieser, nach Goethes Bemerkung zu Eckermann am 2. März 1831, der dämonischen Züge entbehrt. Wirkenwollen in der Welt bedeutet ein Sicheinlassen mit deren negativen Kräften. Die Fähigkeit, hier zu wirken, setzt aber voraus, daß Homunculus erst einmal zum Weltwesen wird. Zunächst nur reine Idee, bloßer Geist, bedarf er der Körperlichkeit, des Eingehens in den Bereich des biologischen Lebens, des »Entstehens«. Dieses kann er nur finden in einer frühen geschichtlichen, naturnahen Region, die ihm biologische und geschichtliche Entwicklung ermöglicht. Diese Region ist die Epoche des frühesten Griechentums, die sich in der *Klassischen Walpurgisnacht* immer erneut ereignet.

Wirkenwollen und Tätigkeitsdrang lassen ihn schließlich auch als einen *Genius der Kunst* erscheinen; Goethe spricht ihm in einer Bemerkung (Gräf, Nr. 1755) eine »Tendenz zum Schönen« zu. Der Eintritt in die frühgriechische Geschichtsepoche und in die Natur ist zugleich ein Eintritt in den Urbereich des Schönen und der Kunst. Als Genius der Kunst ist er ein »allerliebster Knabe« (V. 6902); wie bei dem Knaben Lenker und Euphorion verbinden sich in der Vorstellung des Dichters Knabenhaftigkeit und Genialität. Als Knabe und Kunstgenius ist er hermaphroditischen Wesens (wie später Thales in der Klassischen Walpurgisnacht, V. 8255, bemerkt). Hermaphroditische Kindergestalten spielen in der Dichtung Goethes mehrfach eine Rolle (z. B. Mignon).

Zu einzelnen Wesenszügen des Homunculus führen einzelne Interpreten Folgendes aus: Zu seiner *Knabenhaftigkeit* sagen *C. G. Jung* und *Karl Kerényi*, es handele sich bei ihm um die archetypische Gestalt des hermaphroditischen »göttlichen Kindes«, das als »konflikt-überwindender Heilbringer« zwischen den Antagonismen der Natur vermittle, aber auch eine Brücke schlage zwischen dem gespaltenen Bewußtsein der Gegenwart und der unbewußten Ganzheit der Vorzeit (S. 134 ff.). Insofern habe Homunculus auch die Fähigkeit, in die Tiefen des Unterbewußten und Vorbewußten einzutauchen und Fausts Traum zu erkennen und mitzuteilen (s. V. 6903 ff.).

Emrich sagt zum *Tätigkeitsdrang* und zur *Weltabgeschlossenheit* des Homunculus: »Das Tätige im künstlerischen Sinne ist zugleich das Weltabgeschlossene [...]. Die Homunculuserzeugung im Glas ist nicht nur ein Einfall, der dem Dichter von der Paracelsus- und Prätoriusquelle her kam, sondern entstammt kunstgenetischen Überzeugungen Goethes [...]. Die Reinheit der Idee, die ›geistige Klarheit‹ dieser Daimongestalt verlangte die gläserne Mauer, verlangte ein ›noch nicht durch eine vollkommene Menschwerdung verdüstertes und beschränktes‹ Dasein. Homunculus ist wie Euphorion und Mignon reine geniale Möglichkeit ohne Verwirklichung, woraus bei allen dreien ihre ›Flamme‹, ihre ungestillte ›Sehnsucht‹, Doppelgeschlechtlichkeit [...] und ihre Schwerelosigkeit entspringen« (2, S. 254). Emrich faßt zusammen (2, S. 257): »Daimon, Genius, Entelechie, stilles Reifen und Wachsen und Sternstunde, sämtlich Möglichkeiten, die zur lebendigen Kunst und zu Helena führen, sind prägnant in dieser Homunculusgestalt vereint.«

Auch *Diener* stellt eine Verbindung von *Kunstgenius* und *Weltabgeschlossenheit* fest (S. 260): »Die ›gläsernen Mauern‹ der Kunst deuten auf Verzicht und Vorzug im Schaffen des künstlerischen Genius: Einschränkung der sinnlichen Freuden aus Scheu vor dem Einbruch des Elementaren; Sicherung der Welt des Schönen gegen die ›zerstörende Kraft‹ der Natur. Als Genius der Kunst bedarf also Homunculus dieser gläsernen Beschränkung; als reine Geisteskraft, die sich nach menschlicher Ganzheit sehnt, will er das Glas zersprengen, um gerade durch Hingabe an das Elementare mit dem organischen Wachstum zu beginnen.«

Das *Verhältnis des Homunculus zur Faust-Gestalt* wird von *Benno v. Wiese* betrachtet (S. 152): »Erst als wechselseitig aufeinander bezogene Spiegelbilder werden Faust und Homunculus verständlich [...]. Was will Homunculus? Er sucht den glücklichen Sternenaugenblick der Verwandlung, in dem das reine dämonische Geistwesen in einem selbständigen Akt als Lebewesen beginnt und in den Gesamtvorgang der Weltwerdung mit eingeht. Sein Schicksal ist durch Eros und Metamorphose bestimmt. Was will Faust? In der gleichen Sternenstunde, in der das sonst nicht Vereinigte sich vereinigt und das Unmögliche möglich wird, verlangt er nach dem geistigen Urbild der Schönheit, das ihm zum wirklichen Besitz werden soll. Homunculus ist Faust überlegen, weil er im geistigen Bereich der Ideen zu Hause ist, wenn er sich auch dafür der stofflichen, wirklichen Welt hilflos ausgeliefert sieht. Faust ist Homunculus überlegen, weil sein strebender Geist bereits ein hohes Maß an Weltstoff durchdrungen hat und seiner ›geeinten Zwienatur‹ Stoff und Geist als untrennbare Einheit erscheint.«

Eine *historisch-soziologische* Deutung der Homunculus-Gestalt liefert *Hellmut Döring* (S. 185 ff.). Die Schöpfung des Homunculus entspringe aus Goethes Auseinandersetzung mit der sozialen und geistesgeschichtlichen Situation seiner Zeit. Der Homunculus sei noch kein richtiger Mensch (homo); es fehle ihm noch an dem nötigen Selbstbewußtsein. Das Glas, in das er eingeschlossen ist, symbolisiere die beschränkte Stubengelehrsamkeit des deutschen Bildungsbürgertums der Zeit, seine politische Wirkungslosigkeit.«

Das Urbild der Schönheit wirkt in Faust während seines Tiefschlafs im *Traum* weiter. Er träumt von Leda und der Zeugung Helenas durch Zeus, der sich in Gestalt eines Schwans der Geliebten nähert (V. 6903 ff.). Der Traum stellt nicht nur die Kontinuität von Fausts Ausgerichtetsein auf die Idee der Schönheit her, er erhält insofern auch nicht nur die Identität der Person über das Vergessen im Schlafe hinweg, sondern er hat zugleich auch »prognostischen Sinn« (Diener, S. 265). Er läßt die im Biologischen wurzelnde Genese der Schönheit, wie sie sich in der Klassischen Walpurgisnacht entfaltet, vorausahnen. Zugleich offenbart »der antike Mythus von Leda und dem Schwan [...] eine naive Bejahung der sinnlichen Sphäre, welche die Unschuld der Natur noch nicht verloren hat, die sogar den Glanz des Göttlichen ausstrahlt: Leda, der sich Zeus als Schwan verbindet, stammt ›aus höchstem Helden-, wohl aus Götterstamme‹ (V. 6907)« (Diener, S. 265).

Mephisto repräsentiert für Homunculus die Gegenwelt: Er gehört dem christlichen *Norden* an, der historisch zugeordnet ist dem »Nebelalter« (d. h. dem Mittelalter) mit seinem »Wust von Rittertum und Pfäfferei« und mit seiner gotischen Baukunst (V. 6923 ff.). Der *Süden* hingegen ist der Bereich des Klassischen, Heiteren, Hellen, Sinnlichen, für den Mephisto jedes Verständnis fehlt (»Ich sehe nichts –«, V. 6923). Der Gegensatz erweist sich zugleich als der des *Romantischen* (»romantisch« ist im Sprachgebrauch der Zeit die ganze nachantike Kunst) und des *Klassischen* (V. 6946 f.). Mephisto übernimmt die Rolle des Vertreters der Romantik.

Etwas anders sieht *Katharina Mommsen* (2, S. 110) den Zustand Fausts und die Rolle Mephistos. Sie hält die Hybris Fausts, der die Schönheit in einem Augenblick ergreifen will, für eine *seelische Erkrankung*, die der Heilung bedarf. »Hier werden wir nun die Aufmerksamkeit zu lenken haben auf etwas, das die Faustinterpretation nicht genügsam beachtete. Das Motiv von der seelischen Erkrankung Fausts bestimmt von jetzt ab das Geschehen. Was Faust erleben wird, ist eine *psychische Kur*. Die Heilung wird dadurch zustande gebracht, daß man ihn seine Wunschträume erleben läßt, indem man diese Träume bis zu einem gewissen Grade realisiert. [...] Schöpfer dieser Zauberhandlung ist im großen und ganzen natürlich Mephistopheles.« Die thessalischen Hexen seien keineswegs nur Mittel, um den nordischen Teufel in den antiken Süden zu locken; sie, denen die Sage die Fähigkeit zuschreibt, Tote zu erwecken, seien Mittler zwischen der Moderne und der toten Welt der Antike (2, S. 112).

KLASSISCHE WALPURGISNACHT

Die *Klassische Walpurgisnacht,* »mit ihren 1483 Versen fast ein Drama im Drama« (Trunz, S. 556), stellt die »*biologisch-geschichtliche Genesis der Schönheit*« (Emrich 2, S. 226) dar; sie ist die »Wiedergeburt Helenas auf biologisch-natürlicher Grundlage« (ebd., S. 247). Die Erzeugung Helenas, von Faust im Traum vorweggenommen, entfaltet sich in der Handlung der Walpurgisnacht als ein biologisch-mythologisches Märchen. Die mythologischen Vorstellungen, deren sich Goethe bedient, sind allerdings nicht die der klassischen griechischen Mythologie, sondern dem Chthonischen entsprungene und dem Vegetativ-Biologischen nahestehende Bilder und Figuren eines *vorklassischen Mythos*, den Goethe aus der romantischen Mythenforschung seiner Zeit kannte und mit dem er überdies völlig frei umgeht. Die Klassische Walpurgisnacht ist daher nicht im spezifischen Sinne »klassisch«, sondern ein vom Dichter willkürlich konzipiertes Symbolsystem zur Darstellung seiner Gedanken.

»Anwesend sind in dieser Nacht nicht die olympischen Götter, sondern die mythischen Geister, sofern sie es mit der Elementarnatur zu tun haben. In ihnen präsentiert sich die mythische als eine göttlich-bildende Natur. Daß heißt einmal: die griechische Natur erscheint hier unter dem Aspekt der Schönheit; ihre geistige Gesetzlichkeit offenbart sie in den Geistern sinnlich gestalthaft. Und das heißt zum anderen: die mythischen Geister chiffrieren in ihrem Tun gesetzliche Bildungsprozesse; durch ihr Wirken wird die griechische zu einer das Gesetzliche sinnlich bildenden, zu einer Formen bildenden Natur« (Lohmeyer 2, S. 202 f.).

Zum Begriff des *Klassischen* führt Emrich (2, S. 259) aus: »Das ›Antike‹ wird [...] Vorzeichen, Name für gänzlich andere Goethesche Inhalte. Es bietet Relikte von Gewesenem, mythologisch-historische Gestalten und Anklänge, deren eigenmächtig-produktive Aushöhlung und Umformung durch Goethe soweit geht, daß erstens nur noch die Stimmung – z. B. jenes schwebend ›schaudernde‹ Geheimnis der Antike – zurückbleibt und daß zweitens die mythologischen Gestalten ihren eigentlichen historischen Hintergrund vollends verlieren und gänzlich in die ureigene Goethesche Symbolwelt eingehen [...]. ›Klassisch‹ ist also diese Nacht weniger auf Grund ihrer Orientierung an Hellas [...] als vielmehr auf Grund einer totalen Entfaltung alles dessen, was ›vorzüglich‹, ›groß‹, ›bedeutend‹, ›ungeheuer‹ in Goethes Altersbewußtsein ist. Im ›Fabelreich‹ dieser Antike spielen sich elementare, ewig gegenwärtige ›Wirklichkeiten‹ geologischer, biologischer, geschichtlicher und künstlerischer Zeugungsvorgänge ab.«

Wesentlich ist für Goethe das moderne kunstgenetische und historische *Problem, wie Großes, Klassisches (auch das der Antike) in späteren Epochen wieder erscheinen und wieder lebendig werden könne.* »Wie kann eine Norm, eine Höchstform von Schönheit und Kunst, die einst geschichtlich erschien, wieder erscheinen?« (Emrich 2, S. 231). Sie kann wieder Wirklichkeit werden als Ergebnis einer neuen *biologischen und historischen Entwicklung* (Weg des Homunculus); sie kann auch wiedererscheinen in der *Gestaltung durch die Kunst* (auch dazu bedarf es eines Reifwerdens, dem sich Faust unterzieht, um die »einzigste Gestalt« Helenas ins Leben zu ziehen). Auch das Schöne entspringt aus dem Natürlichen, die Natur steigert sich zum Schönen, wie es im ägäischen Fest dargestellt wird. Das Schöne enthält in sich polar Natürliches und Geistiges. Die Gestaltung des Natürlichen im Kunstwerk aber ist nur möglich in einem glückhaften *Augenblick*, der sich freilich wiederholen kann wie die Klassische Walpurgisnacht selbst.

D. Lohmeyer konstatiert eine *Simultaneität der Ereignisse* der Nacht: »Als ein glückliches Gelingen der griechischen Natur wollen alle Prozesse der Walpurgisnacht zu Einem Augenblick zusammengedacht werden« (2, S. 206). »Es ist alles ein Zugleich: die beiden Hälften folgen nicht zeitlich aufeinander, sondern treten in Analogie zueinander; die drei Abenteuer, die sich in ihnen ereignen, nicht minder« (2, S. 207).

Zum Aufbau führt D. Lohmeyer (2, S. 208 f.) aus:

»Jedes Abenteuer zerfällt durch den Szenenwechsel in zwei gleiche Teile:

> Faust: ›oberer Peneios‹ – ›unterer Peneios‹,
> Homunculus: ›oberer Peneios wie zuvor‹ – ›Felsbuchten‹,
> Mephisto: ›oberer Peneios‹ – ›oberer Peneios wie zuvor‹,

die durch jeweils drei Begegnungen bezeichnet sind:

Faust begegnet am ›oberen Peneios‹:
> 1. der Gruppe des vorheroischen Mythos,
> 2. den Sphinxen,
> 3. den Sirenen;

und am ›unteren Peneios‹:
> 1. Peneios und den Nymphen,
> 2. Chiron,
> 3. Manto.

Homunculus begegnet am ›oberen Peneios wie zuvor‹:
1. Mephisto,
2. Anaxagoras,
3. Thales,

und in den ›Felsbuchten des Ägäischen Meeres‹:
1. Nereus,
2. Proteus,
3. Galatea.

Mephisto begegnet am ›oberen Peneios‹:
1. der Gruppe der Greife, Sphinxe und Sirenen,
2. Faust,
3. den Stymphalischen Vögeln und den Köpfen der Lernäischen Schlange;

und am ›oberen Peneios wie zuvor‹:
1. den Lamien,
2. Homunculus,
3. den Phorkyaden.

Jedes Abenteuer gliedert sich in eine vorbereitende Szene, die mit einer Versuchung endet:
Faust: vor den Sirenen,
Homunculus: vor Anaxagoras und seinem Vorschlag, König der Pygmäen zu werden,
Mephisto: vor den Stymphalischen Vögeln und den Köpfen der Lernäischen Schlange,

und in eine solche, in der sich das Eingehen ins Element ereignet [...]. Das bedeutet: auch die drei Abenteuer ereignen sich nicht in der Zeit und nacheinander, sondern treten in der Art der Reihe, nebeneinander und erläutern sich gegenseitig.«

Der Eintritt in die Klassische Walpurgisnacht bedurfte der Leitung durch einen überlegenen, wissenden Geist wie den *Homunculus*. Was in Faust nur traumhaft, in den Tiefen des Unterbewußtseins latent lebendig ist, mußte durch ihn ins Bewußtsein gehoben, ins Ziel gesetzt werden. Die Klassische Walpurgisnacht muß von ihrer Idee her biologisch-natürliche, historisch-gesellschaftliche und kunstgenetisch-ästhetische Partien haben, die aber wiederum im Symbol und im Symbolzusammenhang in eins geschaut werden, gemäß der Auffassung Goethes von der *Verwurzelung des Geschichtlichen und des Schönen im Natürlichen*. Sie entwirft ein Bild der Natur, in dem diese sich unter den Kategorien der Polarität und der Steigerung offenbart. Sie zeigt ebenso die ewigen, unzerstörbaren Naturgesetze wie auch das sich ständig Wandelnde, Metamorphosenhafte. Sie zeigt das Eruptive, Gewaltsame in Natur und Geschichte, um es zugleich, gesehen im Gesamthorizont der Weltentwicklung, als etwas Unwesentliches und Scheinhaftes zu erweisen. Die drei Hellasfahrer gehen getrennte Wege durch die Klassische Walpurgisnacht (diese sollen auch getrennt dargestellt werden).
Fausts Weg führt in den Hades, aus dem er Helena von Persephone losbitten soll. Sein Gang in die Tiefen der Unterwelt wird von Forschern, die sich an der Tiefenpsychologie orientieren, als ein Weg in die Introversion gedeutet (z. B. von

Diener, S. 11 und 384 ff.; nach dem Vorgang von C. G. Jung). Faust wird vertraut gemacht mit Helenas antiker Lebenswelt, die in die Welt des Naturhaften eingebettet ist. Er begegnet den Symbolgestalten der unerschütterlichen Gesetzmäßigkeit in Natur und Geschichte (den Sphinxen) und den personal gestalteten Urtrieben in beiden Bereichen (Sammeln, Greifen, Bewahren); er tritt in die Geschichte und das heroische Zeitalter ein (Chiron), und er wird schließlich durch die Erfahrung des Ewigen und Übergeschichtlichen in der Zeit (Manto) für das Erwecken der Schönheit reif gemacht. Für ihn, der Schönheit und Kunst erwachen lassen will, ist die Klassische Walpurgisnacht ein »*Fabelreich*« (V. 7055).

Katharina Mommsen deutet den Weg Fausts durch die Walpurgisnacht – wie schon erwähnt – als eine »*psychische Kur*« (vgl. V. 7487). Faust sei durch den Anblick des Helena-Phantoms liebeskrank geworden; »die Heilung wird dadurch zustande gebracht, daß man ihn seine Wunschträume erleben läßt, indem man diese Träume bis zu einem gewissen Grade realisiert« (2, S. 110). Faust sei der einzige der drei Wanderer, der das Geschehen nicht für gespenstisch, sondern für real halte; das gehöre zu seiner Kur (2, S. 124). Er bedürfe des Arztes Chiron und der Asklepiostochter Manto zu seiner Genesung.

Mephisto irrt ziellos durch die Nacht, bis er durch Identifikation mit den Phorkyaden der Vertreter des Häßlichen und des Chaos wird. Als Kontrastfigur zu Faust kann er in der antiken Welt nicht mehr das Böse repräsentieren, sondern er muß in der Welt des Schönen das Häßliche und Chaotische vertreten. Außerdem bereitet er sich für seine Rolle im Helena-Akt vor. Schließlich wird er Repräsentant der modernen romantischen Welt und Vermittler zwischen ihr und der Klassik.

Homunculus als rein-geistige Entelechie sucht die Verwirklichung im naturhaften Sein. Er vertraut sich den Geistern der Natur (Nereus, Proteus) und dem Vertreter der neptunistischen Naturphilosophie (Thales) an und findet die Möglichkeit des Entstehens schließlich im Eingehen in die elementare Natur, deren Eros auch ihn ergreift.

K. Mommsen (1; 2) hat gezeigt, daß Goethe bei der Gestaltung der Klassischen Walpurgisnacht stark von den orientalischen Märchen in *1001 Nacht*, mit denen er sich in den Jahren 1824/25 beschäftigt hat, beeinflußt worden ist: Faust und Homunculus, die die Nacht als Märchenhelden durchwandern, werden »von einem ratenden und helfenden Geist zum anderen gewiesen« (2, S. 15), aber auch Versuchungen ausgesetzt (Nymphen; Anaxagoras), bis sie schließlich die geliebte Geisterfürstin (Helena; Galatee) erreichen.

Die *Landschaft* der Walpurgisnacht entspricht dem Symbolzusammenhang. *Thessalien* ist *mythologische* Landschaft (Hexen); es ist Landschaft, die *polare Elemente der Natur* in sich enthält (Gebirge – Ebene; Fluß – Meer; Vulkanismus – Neptunismus); es ist schließlich auch *historische* Landschaft (Pharsalus; Pydna). Das einmalige, wenn auch zwanghaft wiederholte Geschichtliche weicht (am Ende der Eingangsszene) dem Mythologischen, in dem sich das Allgemeine, Typische (auch des Historischen) darstellt.

Die Bewegung des nächtlichen Festes folgt dem Lauf des *Peneios*; sie fällt vom Gebirgigen, Trockenen, Vulkanischen, Anorganischen zum Flachen, Feuchten, Organischen; sie geht von der vulkanisch-eruptiven Zerstörung zur milde sich steigernden Evolution der Natur im heilbringenden Element des Feuchten, in dem das Wesen der Natur sich als Eros offenbart; sie strebt vom Dunklen ins Helle (Mond). Die Wesen, die uns in den unteren Regionen und am Ägäischen Meere begegnen, sind solche, die der *Steigerung ins Geistige* fähig sind.

Dazu sagt *Schadewaldt* (S. 189):»Indem aber das Geschehen als eine Suche auf den drei getrennten und wieder miteinander verschlungenen Wegen des Faust, Mephisto, Homunculus vorwärts strebt, vollzieht sich zugleich etwas umfassend Wunderbares. Im Fortschreiten von Greifen, Sphinxen, Arimaspen, zu Lamien, Phorkyaden, Chiron, den beiden Naturphilosophen, Peneios, Proteus, Psyllen, Marsen, Doriden, Nereus, Galatea bewegen wir uns – bewegt sich diese ganze Welt mit uns von den urtümlichen, halbtierischen, tüchtig-widerwärtigen zu immer reineren, höheren, edleren, schöneren, geistigeren Gestalten, und dieser Gesamtweg, der alle Einzelwege in sich aufnimmt, ist zugleich der Weg den Peneiosstrom hinab bis zu den Buchten des Ägäischen Meeres, ist ein Weg an den immer wachsenden Wassern entlang zum großen Wasser.«

Es ist darauf hinzuweisen, daß Goethe die Landschaft des Peneiostales keineswegs willkürlich aus der Phantasie gestaltet hat. Er hat sich vielmehr genau an der Schilderung zeitgenössischer Reisebeschreibungen orientiert (besonders an E. Dodwell,»A classical and topographical Tour through Greece«, London 1819). Seine Hauptquelle für die Mythologie war B. Hederich,»Gründliches Lexicon mythologicum«, Leipzig 1724, 2. Auflage 1770. Zu vielen Einzelheiten hat sich der Dichter auch von Werken der bildenden Kunst inspirieren lassen.

Metrik und *Sprache* der Klassischen Walpurgisnacht, die May (S. 111 ff.) eingehend untersucht hat, sind von einer in der Literatur fast einmaligen Vielgestaltigkeit. Sie passen sich jeweils dem Inhalt, dem Sprachton und der Stimmung an. Dabei wächst der nordisch-deutsche Vers allmählich in antikisierende Versmaße und in antikisierenden Sprachton hinüber (neben dem Erichtho-Monolog z. B. V. 7263-7270; 8275-8284; 8289-8302; 8402 f.; 8464-8479). May führt (S. 115) dazu aus:»Die klassische Walpurgisnacht wird also metrisch-rhythmisch keineswegs im reinen, vollen Gegensatz zur nordisch-romantischen gestaltet, sondern so, daß aus der erst nach dem Ende zu wachsenden Durchdringung der vertrauten nordisch-faustischen mit neu-antikischer Gestaltweise sich diese allmählich vorherrschend herauslöst, um in III, 1 allein zu regieren. Auch im metrischen Bereich gibt es also einen sehr langsam ansteigenden Weg zu Helena hin.«

Umgekehrt aber sprechen die antiken Gespenster z. T. in madrigalischen Versen, um sich auf ihre»neunordischen Gäste einzustimmen« (May, S. 115). Auch »Nachwirkungen der nordischen Hof- und Gesellschaftswelt in der Sprache der antiken Gestalten« sind dort zu spüren,»wo diese sich den nordischen Wanderern zugewandt haben« (May, S. 128; z. B. V. 7295 ff.). Oft auch sprechen sie zu den Wanderern mit ironischer Herablassung und schließen sich damit den Sprachgewohnheiten Mephistos an (z. B. V. 7142 ff.; 7426 ff.; 7446 ff.). Von überwältigender Klangfülle ist die Sprache bei der Darstellung der Landschaft (besonders V. 7249 ff.; 7523 ff. u. ö.) und am Ende des ägäischen Festes.

Der Schluß der Klassischen Walpurgisnacht ist als *Opernlibretto* gestaltet. Auf das Vorbild der großen italienischen Barockoper und des zeitgenössischen Kantatenstils hat schon Karl Reinhardt (S. 133 f.) hingewiesen. Die hymnische Schlußfeier steigert den Bereich des Realistisch-Dramatischen ins Religiöse. Die *Musik* hielt

Goethe für allen anderen Künsten überlegen, weil sie einerseits in die Sphäre des Dämonisch-Elementaren reiche, andererseits Kunstmittel äußerster Verklärung und Vergeistigung sei. Da am Schluß der hymnischen Feier das Göttliche im Elementaren erscheint, ist für Goethe die Oper die angemessene künstlerische Form. Das Dramatische wird daher von ihm an entscheidenden Stellen des »Faust II« ins Opernhafte überhöht (vgl. die Eingangsszene des I. Aktes, die Mummenschanz, die Helena-Paris-Pantomime, die Euphorionszene, die Schlußszene des Gesamtwerkes!). Diese Zusammenhänge aufgedeckt zu haben, ist das Verdienst Emrichs (2, bes. S. 72 ff.; 79 f.; 82 ff.; 249).

Hermann Fähnrich (S. 256 ff.) legt dar, daß das ganze Faust-Werk mit musikalischen und opernhaften Strukturelementen gestaltet sei (Leitmotivtechnik, Durchführung von Themen, kontrapunktische Führung der einzelnen Personen, Oratorienstil). Mit seiner Vorstellung von der Überhöhung der Tragödie durch die Oper habe Goethe Richard Wagners Idee des Gesamtkunstwerkes vorausgenommen (S. 261).

Tatsächlich scheint Goethe auch an eine Vertonung der Faust-Tragödie gedacht zu haben. Am 12. Februar 1829 sagt er zu Eckermann: »Die Musik müßte im Charakter des Don Juan sein; Mozart hätte den Faust komponieren müssen. Meyerbeer wäre vielleicht dazu fähig, allein der wird sich auf so etwas nicht einlassen; er ist zu sehr mit italienischen Theatern verflochten.« Bekanntere Vertonungen von Teilen des »Faust II« sind die von *Robert Schumann* (»Szenen aus dem zweiten Teil von Goethes Faust«, 1844), *Franz Liszts* »Faust-Symphonie« (1854, mit chorischem Schlußteil über den »Chorus mysticus«, 1857) und der zweite Teil der 8. Sinfonie von *Gustav Mahler* (1907).

PHARSALISCHE FELDER

Dem Eintreffen der drei Hellasfahrer in Thessalien geht die Ankündigung der Klassischen Walpurgisnacht durch die Hexe *Erichtho* voraus. Diese hatte Pompejus über den Ausgang der Entscheidungsschlacht befragt (Lucan, Pharsalia VI, 419 ff.).

In *Finsternis* gehüllt ist das Schlachtfeld, auf dem sich alljährlich im August das Ereignis der Schlacht gespenstisch wiederholt (V. 7012 f.). Nur in einer solchen Nacht kann Erichtho, die als dem Licht und dem Leben feindliche und in Gräbern hausende Hexe von den »leidigen Dichtern« im Übermaß verlästert worden ist (V. 7007 f.), in die Welt treten. Im Vers der griechischen Tragödie, dem *jambischen Trimeter*, berichtet sie von dem spukhaften Geschehen, dem eigentliche Wirklichkeit nicht zukommt (»der Zelten Trug«, V. 7033).

Die Schlacht von Pharsalus, die sich gespenstisch »ins Ewige« wiederholt (V. 7013), ist ein »großes Beispiel« (V. 7018) für den sich immer erneut abspielenden Kampf in Natur und Geschichte, »wie sich Gewalt Gewaltigerem entgegenstellt« (V. 7019). Die Geschichte selbst erscheint als Naturereignis, und die geschichtlich Handelnden erweisen sich als triebbesessen (»jeder, der sein innres Selbst / Nicht zu regieren weiß«, V. 7015 f.).

Diese naturhafte Geschichtswelt des sinnlosen und sich ewig wiederholenden Parteienkampfes (als einer »Urform politischen Daseins«, Emrich 2, S. 258) muß aber in den *Mythos* eingeschmolzen werden, der das Eigentliche in den Ereignissen, das

Allgemeine, Musterhafte und Menschliche in der Geschichte enthüllt. Diese Welt des Mythischen wird angezeigt durch den *Mond*, der sich erhebt, »zwar unvollkommen, aber leuchtend hell« (V. 7031), und von nun an das Geschehen der Klassischen Walpurgisnacht überstrahlt. Der Mond läßt »der Zelten Trug« verschwinden und den Glanz der rotglühenden Wachfeuer ins Blaue verblassen (V. 7033). Das Bedeutende in Natur und Geschichte ereignet sich im mythologischen »Fabelreich« (V. 7055), das der Dichter, der das Allgemeine im Besonderen sieht, erschafft.

Mit der Konstitution des Mythischen, aber auch durch das Nahen lebendiger Wesen ist die Stunde Erichthos vorbei (»Ich wittre Leben«, V. 7036). Als ein Meteor zuerst, dann als ein »körperlicher Ball« (V. 7034 f.) erscheinen ihr die ankommenden Luftfahrer.

In leichten, alternierenden Versen beschreiben Homunculus und Mephisto das, was sie sehen (V. 7040 ff.). *Faust* erwacht aus seinem Traume erst jetzt, antiken Boden berührend. »Wo ist sie? –« ist seine erste Frage (V. 7056). »Es ist von besonderer Bedeutung, daß Faust sein erstes, zweimal wie im Traum aus ihm hervorbrechendes Wort: ›Wo ist sie?‹ erst spricht, als er den ›Boden‹ der Pharsalischen Felder ›berührt‹. Hier erst ›kehrt ihm das Leben wieder, denn er sucht's im Fabelreich‹ (V. 7054 f.). Und ebenso wichtig ist es, daß dieser Boden erst betreten wird, als das gespenstische ›Nachtgesicht‹ der ›immer fort ins Ewige sich wiederholenden‹ Parteienkämpfe (zwischen Caesareanern und Pompejanern) verschwindet und der ›Mond‹ aufgeht. Der echte Zugang zur Antike, zu ihrer ewig lebendigen Ursprünglichkeit, liegt in der Ursprungsgewalt des ›Bodens‹ und im großartig vereinfachenden, monumentalisierenden Licht des ›Mondes‹« (Emrich 2, S. 257). »In dem folgenden Monologe (V. 7070 ff.) gibt sich *Faust*, nachdem er zunächst einmal die ungestüme, nach außen *und* nach innen gerichtete Frage nach Helenas ›einzigster Gestalt‹ zurückgestellt hat, ganz dem beglückenden Bewußtsein hin, in Helenas Lebens- und Sprachraum zu stehen; die vier Elemente (›Scholle‹, ›Welle‹, ›Luft‹, ›Flammen‹) [...] und die ganze Atmosphäre, die Faust ›hier in Griechenland‹ atmen darf, sind nicht nur von Erinnerungen an Helenas früheres Dasein, sondern gleichsam noch dem frischen ›Hauch‹ (V. 6475) ihrer Jugendblüte erfüllt« (Diener, S. 298).

Von Hellas' Geist »frisch durchglüht«, wie der Riese Antäus in seinem »Gemüte« durch den Boden der (geistigen) Heimat gestärkt, fühlt sich Faust nun befähigt, »dies Labyrinth der Flammen« zu durchforschen (V. 7076 ff.).

Gemäß Mephistos Vorschlag trennen sich die drei Hellasfahrer, um ihre eigenen Wege durch die Klassische Walpurgisnacht zu suchen:

> »Doch wüßt' ich Bessres nicht zu unserm Heil,
> Als: jeder möge durch die Feuer
> Versuchen sich sein eigen Abenteuer.« (V. 7063 ff.)

D. Lohmeyer deutet die Walpurgisnacht insgesamt (2, S. 209): »In der Walpurgisnacht tritt der abendländische Mensch wieder in das Gesamt der Natur ein; er reiht sich wieder in den kosmischen Zusammenhang. Die Geisternacht ist der glückliche Augenblick, wo es den Formkräften der griechischen Natur gelingt, ihn in eine schöpferisch-lebendige Individualität zu verwandeln. Es ist eine Verwandlung, die zugleich den Beginn einer neuen geschichtlichen Geistesepoche bedeutet. Sie betrifft den abendländischen Menschen in seiner Dreiheit. Faust, Homunculus und Mephisto repräsentieren Anteile des menschlichen Prinzips. In ihnen gliedert es sich in ein schöpferisch-entelechisches (Faust), ein biologisch-animalisches (Homunculus) und ein geschichtlich-epochales Prinzip (Mephisto).«

AM OBEREN PENEIOS / AM UNTERN PENEIOS / AM OBERN PENEIOS WIE ZUVOR / FELSBUCHTEN DES ÄGÄISCHEN MEERES

Faust

Die Faust-Handlung ist eigentümlich kurz; in den verschiedenen Konzeptionen der Klassischen Walpurgisnacht hat Goethe sie immer mehr zurücktreten lassen, während die Mephisto- und besonders die Homunculus-Handlung einen immer breiteren Raum eingenommen haben. Eine geplante große Unterredung Fausts mit den Sphinxen, Greifen und Ameisen ist von Goethe schließlich ebensowenig ausgeführt worden wie der Abstieg in den Hades, bei dem Faust dem Haupt der Gorgo begegnen und zu dem »unabsehbaren, von Gestalt um Gestalt überdrängten Hoflager der Proserpina« gelangen sollte. Hier sollte Manto (bzw. Faust) eine Rede halten, durch die die Königin, »bis zu Tränen gerührt«, der Wiederbelebung Helenas zustimmen sollte (Zweiter Entwurf zu einer Ankündigung der »Helena« vom Dezember 1826; Eckermann am 15. Januar 1827).
Der Wegfall dieser Szenen und die Kürzung der Faustrolle in der Klassischen Walpurgisnacht ist jedoch kein Zufall. »Faust geht den schlichten, biologisch-traumhaften Weg zur ›Schönheit‹« (Emrich 2, S. 275). Sein Weg ist, der letzten Konzeption des Dichters zufolge, ein *unbewußt-organischer Weg.* Daraus ergab sich für Goethe, daß die weltanschaulichen Problematiken, die ausgetragen werden mußten, sich auf die anderen beiden Gestalten, besonders auf *Mephisto* verlagerten.
Fausts Auftreten am *oberen Peneios* ist nur von kurzer Dauer (V. 7181-7213). Wie in der nordischen Walpurgisnacht begnügt er sich zunächst mit dem »Anschaun«, das in ihm das Gefühl, etwas Wunderbares zu erleben, erweckt (V. 7181). Dieses Gefühl drückt sich auch in der feierlichen Getragenheit des Verses aus, die von der vorausgehenden Sprechweise Mephistos deutlich abgesetzt ist. Das Fremdartige und Häßliche dieser Gespensterwelt stößt ihn nicht ab, sondern er entdeckt auch »im Widerwärtigen große, tüchtige Züge« (V. 7182), d. h. »auch in dem ›Häßlich-Wunderbaren‹ sieht Faust schon die Züge echter Klassik vorgebildet, die Goethe als ›gesund und tüchtig‹, als ›stark, frisch, froh‹ charakterisiert (Eckermann, 2. 4. 1829)« (Diener, S. 327). Ödipus und Ulyß, aber auch die sparenden Ameisen und die bewahrenden Greifen (V. 7185 ff.) stellen sich ihm als Beispiele solcher Tüchtigkeit dar, die auch ihn mit »frischem Geiste« erfüllen (V. 7189).
In dieser Welt, in der er klassische Tüchtigkeit schon vorgebildet sieht, glaubt Faust Helena, »das höchste Gebild der Schönheit«, finden zu können, und so stellt er den Sphinxen die Frage:

»Ihr Frauenbilder müßt mir Rede stehn:
Hat eins der Euren Helena gesehn?« (V. 7195 f.)

Die Sphinxe freilich können eine Antwort nicht geben:

»Wir reichen nicht hinauf zu ihren Tagen,
Die letztesten hat Herkules erschlagen.« (V. 7197 f.)

Die Sphinxe als Symbole der Unerschütterlichkeit und des Gesetzmäßigen in der Natur und der Geschichte (s.u.) gehören einer noch im eigentlichen Sinne geschichtslosen Vorzeit an, in der ein Gebilde der Schönheit noch nicht entwickelt sein konnte. Helena gehört einem »gebildeten Zeitalter« (Paralipomenon Nr. 89; WA II, Bd. 15, S. 48) an, das das Ergebnis erst einer geschichtlichen Entwicklung sein konnte. Dieses erste »gebildete Zeitalter« ist das heroische Zeitalter, das durch Herkules eingeleitet worden ist. Die Sphinxe verweisen deshalb Faust an den Kentauren *Chiron* (V. 7199), der nicht nur durch Wissen und Weisheit ausgezeichnet ist, sondern als Zwitterwesen, halb Mensch, halb Tier, den Kampf und Sieg des Geistes über den Trieb symbolisiert. Als ständig Umhertreibender ist er zugleich Sinnbild der Unruhe der geschichtlichen Zeit. Er, der also bereits einen neuen Geist repräsentiert, könne Faust auf seiner Suche nach Helena weiterhelfen.

»Chiron ist also Sinnbild für den *Beginn des geschichtlichen Daseins,* das durch Ringen zwischen Geist und Trieb gekennzeichnet ist [...]. Die zeitlosen Sphinxe verweisen Faust auf der Suche nach Helena an den *Genius der Zeit,* die der weise Kentaur durch Ausbildung der ersten historischen Individuen heraufgeführt hat und deren ununterbrochene Bewegung vorwärts und im Kreise er nun selbst – umhersprengend (V. 7200) – zur Anschauung bringt« (Diener, S. 331).

Ähnlich hat auch schon Reinhardt (S. 106) die Gestalt Chirons gedeutet. K. Mommsen (2, S. 124) weist auf die Arztrolle Chirons hin. Innerhalb der psychischen Kur zeige Chirons ärztliche Weisheit den Weg der Heilung an.

Am *untern Peneios* finden wir Faust wieder. Das Inaktive, Pflanzenhaft-Vegetabilische, das sich in dieser unteren Flußregion darstellt und in den Worten des Flußgottes zum Ausdruck kommt (V. 7249 ff.), bildet ebenso wie die Aufforderung der Flußnymphen zum Ausruhen (V. 7264 ff.) ein gegen Fausts neuerwachte Aktivität gerichtetes hemmendes Moment. Die *Versuchungen,* denen Faust nun ausgesetzt ist, kommen, seit Mephisto die Rolle des Versuchers nicht mehr spielt, von den bewußtseinseinschläfernden Mächten der Natur her, von den Sirenen am oberen Peneios (V. 7202 ff.), hier von den Nymphen. Faust aber, der den Schlaf und Traum hinter sich geworfen hat, ist sich seines wachen Bewußtseins gewiß: »Ich wache ja!« (V. 7270). Nur scheinbar wiederholt sich der Leda-Traum noch einmal. Was Traum gewesen ist, ist jetzt Erinnerung (V. 7275); was in der Tiefe des Unbewußten sich selbst entwickelt hat, ist nun bewußte Gestaltung durch die Phantasie. Die lebenerzeugende Feuchte der unteren Peneiosregion regt Faust dazu an, in der erinnernden Phantasie die künstlerische Erzeugung der Schönheit im Bereich der Entstehung des Lebens zu vollziehen. Die »unvergleichlichen Gestalten« (V. 7271) fallen ihm nicht von selbst zu, sondern sein Auge »schickt« sie in die Landschaft der Gewässer (V. 7272).

Von den Nymphen angekündigt (V. 7313 ff.), erscheint sehr schnell der stets eilende und nie rastende (V. 7332) *Chiron.* Faust hält ihn zunächst für einen »Reuter«, erkennt ihn dann aber sofort als den mit »Geist und Mut begabten« (d. h. Kräfte der Vernunft und des Gemütes in sich vereinenden) berühmten Sohn der Okeanos-Tochter Philyra (V. 7325 ff.). Die Verwirrung, die Faust angesichts der Eile und des unerwarteten Erscheinens des Kentauren ergreift, kommt im Stocken des Sprachrhythmus zum Ausdruck (V. 7321 ff.). Faust, der, der Aufforderung Chirons folgend, aufgesessen ist, rühmt den Kentauren (und stellt ihn dabei dem Publikum gleichsam vor) als »großen Mann«, »edlen Pädagogen«, »Arzt« und schließlich als Halbgott (V. 7337 ff.).

Glaubte Faust schon »im Widerwärtigen« der vorgeschichtlichen Gespensterwelt »große, tüchtige Züge« zu entdecken (V. 7182), so ist er um so mehr von der »*Tüchtigkeit*« der großen Männer des heroischen Zeitalters überzeugt, denen seine Frage an Chiron gilt:

> »Doch unter den heroischen Gestalten
> Wen hast du für den Tüchtigsten gehalten?« (V. 7363 f.)

Chiron zählt die Helden des Argonautenkreises auf, in dem jeder »brav nach seiner eigenen Weise« gewesen ist (V. 7366). Tüchtigkeit, Bravheit erscheint in verschiedener Gestaltung, und erst das »gesellige« (V. 7379) Zusammenspiel vielfältiger heroischer Tugenden fügt sich zu einem Bild der Tüchtigkeit der Argonauten zusammen. Zu ihm gehört die jugendliche Kraft der Dioskuren, die Entschlußkraft der Boreaden, die Besonnenheit Jasons, die innere Sammlung in dem Künstlertum des Orpheus, die Scharfsicht des Lynkeus (V. 7365 ff.). In einer Gestalt allerdings haben sich alle heroischen Tugenden vereint, die Chiron, um nicht von schmerzlicher Sehnsucht ergriffen zu werden, nicht genannt hat: in *Herkules* (V. 7381 ff.). Dieser erscheint als Idealbild der Männlichkeit, nach dem der Kentaur sich sehnt, so wie Faust von der Sehnsucht nach dem Idealbild der Frauenschönheit Helena ergriffen ist. Pessimistisch ist er sich dessen bewußt, daß diese Welt heroischer Tüchtigkeit unwiederbringlich vergangen ist (V. 7391).

Die Erwähnung des Herkules veranlaßt Faust zu der Frage, die er schon längst auf den Lippen getragen hat:

> »Vom schönsten Mann hast du gesprochen,
> Nun sprich auch von der schönsten Frau!« (V. 7397 f.)

Etwas unmutig antwortet Chiron:

> »Was! . . . Frauenschönheit will nichts heißen,
> Ist gar zu oft ein starres Bild;
> Nur solch ein Wesen kann ich preisen,
> Das froh und lebenslustig quillt.
> Die Schöne bleibt sich selber selig;
> Die Anmut macht unwiderstehlich,
> Wie Helena, da ich sie trug.« (V. 7399 ff.)

Die Forschung ist sich darin einig, daß Goethe Chiron keineswegs etwa Schillersche Kunsttheorie in den Mund legt. Reinhardt (S. 116 f.) stellt fest, daß es sich hier nicht um Schillers von der Ästhetik der Aufklärung beeinflußten Gegensatz zwischen Schönheit und Grazie handelt, sondern um den zwischen dem »Starren« und dem »Quellenden«, Lebendig-Jugendlichen. Es handelt sich, wie Schadewaldt (S. 171 f.) dargelegt hat, um die griechische Unterscheidung von Kallos und Charis. Während Faust, von fast jünglingshafter Schwärmerei ergriffen, Chiron zu berichten drängt (V. 7410 ff.), genießt der Alte (»des Alten Lust«, V. 7425) humorvoll erzählend aus dem Abstand heraus die Erinnerung an die jugendliche Helena. Er hält Faust, der immer noch am Bilde der wirklichen Helena hängt (»Erst zehen Jahr!«, V. 7426), entgegen, daß es sich bei dieser nicht um einen konkreten Menschen, sondern um eine »mythologische Frau« handele, ein Geschöpf der Dichtung (V. 7428 f.), zeitlos und im Ideellen beheimatet. Er spricht damit auch in Faust den *Künstler* an, der nun erkennt, daß außerhalb der geschichtlichen Zeit und »gegen das Geschick« die ideale Gestalt durch die »eigene Kraft des liebenden Poeten« (Diener, S. 361) konkrete Gestalt gewinnen kann (V. 7434 ff.). Als Beispiel führt Faust die Liebesvereinigung der gestorbenen Helena mit Achill an, die er nicht, wie die Sage berichtet, auf der Insel Leuke, sondern »auf Pherä« (V. 7435) stattfinden läßt.

Während die Forschung allgemein hier von einer Verwechslung Goethes spricht (so noch Reinhardt, S. 117; Diener, S. 362), legt *K. Mommsen* (2, S. 130 ff.) erstmalig dar, daß es sich hier um eine bewußte Kontamination der Achill-Helena-Sage mit der Alkestis-Sage handelt (in Pherä in Thessalien hat Admet Alkestis aus der Unterwelt zurückerhalten; es ist also dort bereits Ähnliches geschehen). Goethe schaltet, wie K. Mommsen zeigt, auch sonst völlig frei mit dem griechischen Mythos; er führe uns »mit voller Absicht hinein in eine Sphäre des ganz fessellosen mythischen Fabulierens«.

Mit »sehnsüchtigster Gewalt« will Faust die »*einzigste Gestalt*« Helenas »ins Leben ziehen« (V. 7438 f.).

Lohmeyer sieht in Chiron den der Natur innewohnenden Geist des Mythos (2, S. 241). Indem Faust ausruft: »So sei auch sie durch keine Zeit gebunden!« (V. 7434), wachse er über Chiron hinaus und werde selbst zum Poeten, der Helena ins zeitlose Leben der Kunst ziehen wolle (2, S. 245). Indem Faust mit Mantos Hilfe in den Hades (d. h. in das Element der Erde) hinabsteige, werde er der schöpferischen Kräfte dieses Elements teilhaftig: »Er wird zum neuen Schöpfer der Helena« (2, S. 249).

Das Vorhaben Fausts erklärt Chiron für »verrückt«:

> »Mein fremder Mann! als Mensch bist du entzückt;
> Doch unter Geistern scheinst du wohl verrückt.« (V. 7446 f.)

Die Entzückung, eine Gestimmtheit, die Grundlage des Strebens über sich selbst hinaus sein kann, ist unter lebendigen Wesen möglich, nicht aber unter Geistern, die der Lebendigkeit entrückt sind. Chiron muß daher, von seiner Sicht her, Faust für krank halten und weist ihn an die Seherin *Manto*, die Goethe von einer Tochter des Teiresias zu einer Tochter des Heilgottes Asklepios macht. Als solche ist

Manto nicht nur Heilende, sondern auch Heilbringerin. Tempelschlaf und Weissagung aus dem Traum heraus (V. 7470 ff.) sind Attribute antiker Seherinnen. Manto soll den kranken Faust »asklepischer Kur« unterziehen (V. 7487). Angesichts des Schauplatzes der Schlacht von Pydna (V. 7465; Sinnbild historischer Vergänglichkeit) übergibt der Kentaur Faust der Sibylle, die im Gegensatz zu ihm im heiligen Bezirk beharrt (V. 7481). Als Beharrende und Dauerhafte ist sie zwar in der Zeit, aber dem Ewigen verhaftet. »In Manto begegnen sich das *Zeitliche* und das *Ewige* im Menschen und in der Menschheitsgeschichte« (Diener, S. 378). In den Bereich des Zeitlosen aber muß Faust eintreten, wenn er das Schöne in der Zeit wirklich werden lassen will. Diesen »Weg ins Überzeitliche, in die Unterwelt« (Trunz, S. 567) kann nur Manto weisen, die der Zeit und der Ewigkeit verhaftet ist. Sie liebt daher auch den, der (im Zeitlichen) »Unmögliches begehrt« (V. 7488).

Dazu führt Diener (S. 383) aus: »Fausts Begehren nach dem ›Unmöglichen‹ ist im Rahmen der ausschließlich heidnischen, klassischen, antiken Welt nicht voll begreiflich; dieses sehnsüchtige Verlangen nach dem Unendlichen [...] fordert die Ergänzung der *heidnischen* Sinnenfreude durch *christliche* Innerlichkeit; der *klassischen* Einstellung auf das Objektive, das greifbar Wirkliche und Natürliche, durch *romantisches* Streben nach dem Subjektiven, dem Idealen, dem Übernatürlichen; des *antiken* Maßes durch den Aufschwung des *modernen* Geistes ins ›Grenzenlose‹. [...] Die Sibylle Manto schlägt als Seherin und Führerin durch das Jenseits die Brücke von der heidnisch-antiken in die christlich-romantische Ära, in der die Sehnsucht nach dem Heile nie allein im Irdischen Erfüllung findet, sondern auf das Transzendente, Ewige gerichtet ist.«

Mephistopheles

Der Weg Mephistos durch die Klassische Walpurgisnacht ist der Weg zur Phorkyade. Als nordisch-christlicher Teufel fühlt er sich in dem neuen Milieu »ganz und gar entfremdet« (V. 7081). Erschien Mephisto in der christlichen Welt des ersten Teiles als der zum flachen, sinnlichen Genuß Verführende, so verwandelt er sich in der antiken Welt des zweiten Teiles in immer stärkerem Maße zum Vertreter des Gegenprinzips dieser Welt, und Züge der Prüderie treten in seinem Verhalten immer mehr in den Vordergrund (V. 7087).

Höflich-ironisch begrüßt Mephisto die *Greifen*, die ihm am oberen Peneios zuerst begegnenden Fabelwesen (V. 7091 f.). Mit seinem scheinbaren Versprechen (»Greisen« statt Greifen, V. 7092) gibt er schon einen Wesenszug dieser Gestalten an: sie sind dem uralten Gesetz der Natur, ihrem Beharren, ihrer scheinbaren Unveränderlichkeit zugeordnet. Daß Goethe auch in der den schnarrenden Greifen in den Mund gelegten Scheinetymologie (V. 7096) einen geheimen semantischen Zusammenhang gesehen hat, ist wohl kaum zu bezweifeln. Die Greife, die sich nun selbst als die Greifenden vorstellen (V. 7100 ff.), repräsentieren einen natürlichen und geschichtlichen Urtrieb, der sowohl negative als auch positive Seiten hat. Das Zugreifen ist einerseits Zeichen von Tüchtigkeit, andererseits aber auch von rücksichtsloser Besitzgier und Ursache ewigen Streites. So hören wir auch von der Auseinandersetzung der Greife mit den *Ameisen* um das *Gold*

(V. 7104 ff.; das Motiv stammt von Herodot III, 102; 116; IV, 27), das für Goethe Quell des Bösen, der Geldgier und der Sexualität, aber auch Symbol aller positiven Lebenskraft und schöpferischer Genialität ist (vgl. die Mummenschanz). Greife, Ameisen und Arimaspen sind also nicht nur Wesen der Natur, sondern sie weisen zugleich hin auf Gegensätze in der *sozialen Welt,* in der die oberen Stände (Greife) ihre Hand auf den Erwerb der arbeitenden Stände (Ameisen) legen, um Besitz zu gewinnen und zu wahren oder, wie die Arimaspen (nach Herodot einäugige Menschen), das Erworbene in einer »freien Jubelnacht« (V. 7109) durchzubringen. Ein Naturereignis wird hier zugleich umgedeutet in ein soziales Phänomen, wie dies in der Klassischen Walpurgisnacht öfter geschieht (Pygmäen, Kraniche, Vulkanismus!). Es zeigt sich auch daran Goethes Grundauffassung von der Einbettung der Geschichte in die Natur; beide sind letztlich mit denselben Kategorien zu begreifen.

Diese natürlichen und geschichtlichen Urtriebe, die nicht nur erhaltend, sondern auch zerstörend wirken, empfindet Mephisto keineswegs als fremd (V. 7112 f.). Zu keinem Verständnis aber kommt es bei den *Sphinxen.* Diese sind aus Granit, und wie der Granit in Goethes Naturphilosophie sind sie Symbole des *Ursprungs* von Natur und Geschichte und der *zeitlosen* Dauerhaftigkeit:

> »Sitzen vor den Pyramiden,
> Zu der Völker Hochgericht;
> Überschwemmung, Krieg und Frieden –
> Und verziehen kein Gesicht.« (V. 7245 ff.)

»Den Wirbel der Geschichte halten sie unerschütterlich aus« (Emrich 2, S. 264). Sie werden später (V. 7523 ff.) mit überlegener Ruhe den vulkanischen, revolutionären Anstrengungen des Seismos zusehen.

Die Sphinxe sind Rätselwesen, und insofern ist Mephisto, dem die klassische Welt fremd bleibt und der sich »instinkt- und ziellos« (Diener, S. 314) in der Klassischen Walpurgisnacht herumtreibt, die Erkenntnis ihres Wesens verschlossen. Die Sphinxe stellen sich im Rätsel vor (V. 7114 f.; von Buchwald, zit. nach Trunz, S. 564, gedeutet: »Anspielung auf das Rätsel der Sphinx, das Ödipus *verkörpert,* weil die Lösung ›Der Mensch‹ lautet; so auch im folgenden Rätsel mit der Lösung ›Der Teufel‹«). Sie fordern auch Mephisto zur Vorstellung auf (V. 7116). Dieser weist auf die Vielfalt der Namen hin, unter denen er bekannt ist (V. 7117), und in humorvoller Anspielung auf die Reiselust der Briten benennt er sich selbst mit dem euphemistischen Namen des Bösen im altenglischen Theater »Old Iniquity« (V. 7122 f.). Verständnislos fragen die Sphinxe weiter, müssen aber erleben, daß Mephisto für den Stern der Stunde keinerlei Gespür hat (V. 7127 ff.); diese Nacht »ist für ihn nicht wie für die beiden anderen Wanderer eine seltene Wundernacht [...], eine glückliche Stunde, in der sich körperliche und seelische Metamorphose und Steigerung geheimnisvoll vollziehen, sondern eine Folge von Abenteuern, aus denen der Teufel ganz *wesenlos* und unverwandelt hervorgeht« (Diener, S. 314). Das folgende Rätsel, das die Sphinxe Mephisto zu seiner Charakterisierung aufgeben, ist nicht nur Wesensbestimmung, sondern auch Entlarvung.

Trunz (S. 564) sagt zu der Stelle: »Eine der drei Stellen, in denen das Wesen Mephistos in Worte gefaßt wird, wie 338-343 und 1338-1344, und ebenso wie dort als Gegenkraft, von Gott (*Zeus*) gewollt, weil die Welt Polarität sein muß und also ohne das Böse kein Gutes wäre. Dem Frommen ist er ein Stichleder, an dem dieser übt, den Degen der Askese gut zu führen; dem Bösen ein Helfer bei seinen Taten.«

In einem umfassenden Zusammenhang sieht *Diener* (S. 315 ff.) das Verhältnis Mephistos zu den Sphinxen: » Im nordisch-mittelalterlich-christlichen Weltbild hat der Teufel *personale* Bedeutung. Er ist ein leibhaftiger Dämon, ein Widersacher Gottes, der die Menschen zum Bösen verführt, das nach jener Auffassung ›alt‹ ist, d. h. zur Natur des Menschen seit dem Sündenfall gehört. Die alte Sphinx-Natur aber weiß nichts von einer großen Rolle, die das Böse als persönliche Macht von jeher im Welttheater gespielt haben soll, so daß auch die Rolle der old iniquity im altenglischen Bühnenstück befremdend auf sie wirkt. [...] Und nun haben die Sphinxe auf einmal die fragwürdige Existenz dieses scheinbaren Widersachers Gottes erkannt. Auflösung des Rätsels Mephisto ist beinahe schon Auflösung, d. h. Ver- flüchtigung seines Schein-Wesens [...]. Der Teufel ist für die Sphinxe ein bloßes Übungs- objekt, [...] mit dem man den vom Christentum gebotenen Kampf gegen das Laster ein- üben kann [...]. Für die Sphinxe gibt es also nicht *den* Bösen (als Widersacher Gottes) [...]. So wird Mephisto aus dem christlichen Repräsentanten des Bösen im Rahmen der Heiden- welt ein *Prinzip des Häßlichen;* ›der Garstige‹ wird er von den Greifen genannt.«

Von daher ist also die Ablehnung, die Mephisto erfahren muß (V. 7138 f.), zu ver- stehen wie auch die ironisch-nachsichtige Milde der Sphinxe (V. 7142 ff.). »In wohlgestimmten Tönen« (V. 7159) fallen die *Sirenen* »präludierend« in das Gespräch zwischen Mephisto und den Sphinxen ein. Diese verspotten sie und wei- sen auf die »Habichtskrallen« hin, die sie verborgen halten (V. 7163). Mephisto freilich erkennt die »Neuigkeit« ihres Gesanges und spürt, wie dieser sein Gefühl affiziert, wenn er auch nicht zum Herzen dringe (V. 7172 ff.). Eine überzeugende Deutung der Symbolwelt der Sirenen hat Emrich (2, S. 269 ff.) geliefert: Sie lasse mitten »in dem Häßlich-Wunderbaren [...] wohlgestimmte Töne« erklingen. Hier zeige sich deutlich, daß der Gegensatz zwischen dem Klassischen und dem Modernen quer durch die Walpurgisnacht laufe und sich langsam bis zum dritten Akt steigere (2, S. 270). Die *neue Musik* werde als Ein- bruch einer neuen Gefühlswelt erkannt, die »von Herzen« gehe (wie es Mephisto- Phorkyas dann in V. 9685 ausspricht). »Das ›Vomherzengehen‹ ist nach der klassi- schen Kunstlehre erstes Charakteristikum der Neuzeit.« Mephistos Hauptfunk- tion sei es, »extremer Verfechter der Moderne zu sein«. Er erkenne das Wesen der modernen Kunst, wenn er selbst auch nicht fähig sei, sie sich zu Herzen gehen zu lassen (V. 7177 f.). »Er ist im Raum der modern-romantisch-christlichen Welt der einzig Herzlose [...], durchschaut aber vielleicht gerade dadurch den herzlichen Charakter ihrer Musik. Er ist Verneiner und Verkünder der christlich-romanti- schen Welt ineins« (2, S. 270). »Und darum steht er radikal außerhalb der Antike« (2, S. 271). Die *Sirenen* aber haben auf Grund ihres Gesanges »die nächste und innerste Beziehung zu den nordischen Wanderern« (ebd.). Sie haben eine darstel- lende und bewußtmachende Funktion; sie durchschauen die lebenspendende Fähigkeit des Wassers (z. B. V. 7499); sie vertreten das »organisch still Wach- sende, Reifende, das ewig lebendige Gesetz alles Wirkens und Schaffens« (2,

S. 272); sie leiten die große Schlußapotheose des ägäischen Festes ein. »Sie sind die beherrschende, aufhellende, ›heiter‹ alles verbindende und einigende Mitte des ganzen großen Schlußteils der Klassischen Walpurgisnacht. Unzweideutig hat Goethe in ihnen gezeigt, was das Ganze sollte und soll: eine Demonstration der Wiedergeburt von Schönheit und Kunst. Als Sängerinnen stehen die Sirenen im Bereich der Poesie, als singende, deutende, klärende und hymnisch beschwingte Verkünderinnen der Schönheit weisen sie unausgesetzt auf das Thema der ganzen Walpurgisnacht« (2, S. 273).

In dieser Funktion sind sie Mephisto fremd; Mephisto ist es auch ihnen. Seine Aufmerksamkeit wird in Anspruch genommen von den häßlichen und entwicklungsunfähigen Wesen der Vorzeit, den Stymphaliden und den Köpfen der lernäischen Schlange, oder von den seine Sinnlichkeit reizenden Lamien, mit denen er in der zweiten Szene am oberen Peneios näher zu tun haben wird (V. 7214 ff.).

In der zweiten Szene »Am obern Peneios wie zuvor« (V. 7495 ff.) tritt *Mephisto* erneut auf. Es ist kennzeichnend, daß er in die unteren Regionen des Peneios oder etwa gar an das Ägäische Meer überhaupt nicht gelangt. Er bleibt dem unfreundlichen, vulkanischen Bereich verhaftet und dem lebenerzeugenden Elemente des Wassers fern, wie auch nur ein Teil der Dämonen den Heilsweg zum Meere beschreitet.

Vor seinem zweiten Auftreten jedoch geschieht ein *Erdbeben*, von dem von Goethe erfundenen titanischen Feuerdämon *Seismos* verursacht. Dieser schiebt einen Berg gewaltsam aus der Ebene empor (V. 7519 ff.). Die *Sphinxe*, Repräsentanten des Uralt-Beständigen, berichten verdrießlich den jähen, katastrophalen Vorgang (V. 7530 ff.), nicht ohne zum Ausdruck zu bringen, daß der Kraft des vulkanischen Dämons Grenzen gesetzt sind (V. 7548 f.). Seinem großsprecherischen Gerede (V. 7550 ff.) setzen die Sphinxe die Gewißheit entgegen, daß organisches Wachsen (»bebuschter Wald«, V. 7578) das Ergebnis des unorganisch-revolutionären Geschehens überdecken wird.

Auch *Gold* kommt bei dem gewaltigen Kraftakt des Seismos zum Vorschein; die *Greife* erspähen es sogleich (V. 7582 ff.), lassen es die *Ameisen* aufsammeln (V. 7586 ff.) und »legen« ihre »Klauen drauf« (V. 7603).

Das Goldsymbol spielt vom Bereich der Natur in den des *Politischen* und des *Sozialen* hinüber. Der *Vulkanismus*, als natürliches Phänomen nach Goethes naturphilosophischen Auffassungen der langsamen organischen Evolution der Natur untergeordnet, ist zugleich Symbol des jähen *revolutionären Umsturzes* in der Geschichte. Goethe hat das Eruptiv-Dynamische in der Natur und das Revolutionär-Gewaltsame in der Geschichte keineswegs als etwas Nichtiges oder Verwerfliches abgelehnt; es vermag aber »das große ruhige Atmen der Natur nicht zu zerstören und [bleibt] ohne gründende, aufbauende Wirkung« (Emrich 2, S. 287).

Die Seismos-Revolte bringt neue Wesen ans Tageslicht: die *Pygmäen*. Diese Zwerge, die ohne Herkommen und Emporkömmlinge sind (V. 7606 ff.), zeigen ausgesprochen kleinbürgerliche Züge (bes. V. 7610-7615). Als kleinbürgerliche Parvenus tyrannisieren sie die noch Kleineren (*Daktyle* und *Imsen*) und beuten sie aus (V. 7628; 7634 ff.); diese wiederum hoffen, wenn die Zeit reif ist, in einer proletarischen Revolution sich befreien zu können (V. 7654 ff.). Unter Führung des Pygmäen-Generalissimus (V. 7644 ff.) treten sie gegen die *Kraniche* und *Reiher*, die die Aristokratie verkörpern, vernichtend zum Kampfe an (V. 7660 ff.). Während die edlen Reiher dem Angriff zum Opfer fallen, rüsten sich die Kraniche (als Dämonen der Rache »Kraniche des Ibykus« genannt) zur Vergeltung an den verachteten »Fettbauch-Krummbein-Schelmen« (V. 7669).

Mephisto hat dem vulkanischen Schauspiel nur als Beobachter beigewohnt; er spürt jedoch, daß er hier den sicheren Boden immer mehr unter den Füßen verliert, und lobt sich seinen Harz, der ein natürlich gewachsenes und dauerhaftes Gebilde ist (V. 7676 ff.). Trotz allem aber erkennt er die Scheinhaftigkeit und Unbedeutendheit dieses plötzlich entstandenen vulkanischen Berges (V. 7688). Für Augenblicke sehnt er sich nach den uralten und dauerhaften Sphinxen zurück (V. 7689), läßt sich aber in seiner Lüsternheit gleich darauf mit anderen Scheinweltwesen ein, den *Lamien*. Diese, vampirische Wesen voll von Gier nach Menschenfleisch, die in Gestalt junger, schöner Frauen mit entblößten Brüsten ihre Opfer verlocken, ziehen Mephisto hinter sich her (V. 7696 ff.). Er sieht sich von ihnen genarrt (V. 7710 ff.) und erkennt bald die Scheinhaftigkeit ihres anziehenden Äußeren (V. 7717; 7756 ff.). In das Spiel der Lamien dringt die *Empuse* ein (V. 7732 ff.), ein weibliches Gespenst, das einen Eselsfuß hat und der Verwandlung fähig ist. Sie, die der pferdefüßige Mephisto gleich als Verwandte empfindet (V. 7740 ff.), zeigt sich in ihrer ganzen Häßlichkeit (mit Eselskopf, V. 7747) und trägt so zur Entlarvung der Lamien bei. Diese bleiben schließlich, ihr wahres Wesen zeigend, als »dürrer Besen«, als »Thyrsusstange«, als platzender »Bovist« in des Teufels Händen zurück oder entflattern als vampirhafte Fledermäuse (V. 7770 ff.). Mephisto erkennt nun endgültig den Scheincharakter der Lamienwelt (»Mummenschanz«, »Sinnentanz«, »Maskenzüge«, V. 7795 ff.) und wendet sich schaudernd ab. Wie in den Schlußszenen des Werkes beim Erscheinen der Engel, so ist er auch hier der durch seine eigene Sinnlichkeit betrogene Teufel. Seine Rationalität wird immer wieder durch seine Triebhaftigkeit überwältigt. Unfähig zu erkennen, was in der Klassischen Walpurgisnacht sich ereignet, verwirft er skeptizistisch alles, was er bisher erfahren hat:

> »Viel klüger, scheint es, bin ich nicht geworden;
> Absurd ist's hier, absurd im Norden« (V. 7791 f.).

Die Welt der Lamien ist ebenso wie die Welt des Vulkanismus eine Scheinwelt; beide repräsentieren das Nichtige und Scheinhafte des »Welttheaters« (Emrich 2, S. 266). Dieser Scheinwelt stehen jedoch die naturhaften Mächte der Beharrung und der Ordnung gegenüber: Sphinxe und Naturfels (Harz, V. 7676 ff.; Oreas, V. 7811 ff.). Als Besen, schlangenhaft sich entziehende Lacerte, Thyrsusstange, platzender Bovist symbolisieren die Lamien das »leblos Unfruchtbare«, das »Vergängliche«, »das ganz und gar Gehaltlose« (Diener, S. 429). Indem sich Mephisto mit diesen ebenso lebensfeindlichen wie häßlichen Wesen einläßt, geht er konsequent den Weg zur verkörperten Häßlichkeit, den Phorkyaden. »Verführung durch die vampirischen Lamien schließt jede Möglichkeit aus, den Weg zu Helena zu finden. Das Lamienhafte ist im Gegensatz zum Sirenenhaften von jeder echten Metamorphose und Steigerung ausgeschlossen« (Diener, S. 431).

Eine andere Funktion teilt *Katharina Mommsen* (2, S. 154 ff.) der Lamienszene zu. Sie betrachtet diese Szene wie auch Teile des Gespräches mit den Sphinxen als Vorbereitung zu *Mephistos »Bühnenautorschaft«*. Der Helena-Akt sei wesentlich eine Dichtung, ein Bühnenspiel Mephistos. Seine Hinweise auf das alte englische Bühnenspiel (»Old Iniquity«, V. 7123), die Mummenschanzwelt der Lamien und schließlich der Eselskopf der Empuse (vgl. Shakespeares »Sommernachtstraum«) bilden nach Ansicht der Autorin ein Sicheinstimmen Mephistos in seine kommende poetische Aufgabe. Er befasse sich mit dem »Verhältnis zwischen Maske und Wesen«, für das der Dichter besonders hellsichtig sei (vgl. die Aussage des Knaben Lenker, V. 5606 ff.). Bei den Phorkyaden erscheine an Mephisto schon die Gesinnung des Dichters (Übertragung des eigenen Selbst auf andere, V. 8013).

Nach kurzer Begrüßung des ihm begegnenden Homunculus (V. 7828 ff.) erscheint Mephisto erst wieder auf der Szenerie, nachdem dieser sich mit Thales zum »heitern Meeresfeste« entfernt hat (V. 7951 ff.). Die Baumnymphe Dryas weist ihn an die *Phorkyaden* (uralte Töchter des greisen Meergottes Phorkys), die er in einer Höhle »bei schwachem Licht, sich dreifach hingekauert« (V. 7966) erblickt. Ein »Dreigetüm« (V. 7975) nennt er sie; Grauen verbreiten sie um sich (V. 7977); »Fledermaus-Vampyren« (V. 7981) sind sie ähnlich (wie die Lamien). Gemeinsam haben sie nur ein Auge und nur einen Zahn (V. 8014). Mephisto, »des Chaos vielgeliebter Sohn« (V. 8027), erkennt in ihnen »des Chaos Töchter« (V. 8028; 7990); sie selbst empfinden sich als Wesen, »versenkt in Einsamkeit und stillste Nacht« (V. 8000), »in Nacht geboren, Nächtlichem verwandt« (V. 8010). Wie »Juno, Pallas, Venus« (V. 7999) sind sie eine Götterdreiheit, und insofern ist es nicht nur Ironie, mit der Mephisto sie anspricht (V. 7995 ff.). Als Dreiheit völlig undifferenziert (im Gegensatz zur olympischen Göttertrias und auch zur christlichen Trinität), könnten sie eine ihrer Gestalten Mephisto überlassen; dieser aber, durch den Einwand der einen sich seiner Verwandtschaft und Ähnlichkeit besinnend, verwandelt sich selbst zur Phorkyas, indem er ein Auge zudrückt, einen Raffzahn nur sehen läßt und dem Beschauer das Profil zuwendet (V. 8022 ff.). Die Verwandlung zum Sohn des Chaos ist vollkommen; zugleich ist Mephisto zum *Hermaphroditen* geworden (V. 8029).

Die *Phorkyaden* verkörpern das *Urphänomen des Häßlichen* (so wie Helena das Urphänomen des Schönen). Sie sind dem *Chaos* verbunden, dem Zustande des undifferenzierten *Uranfangs* und dem Prinzip der Ordnungslosigkeit und Disharmonie. Insofern haben sie *göttlichen* Rang und den Charakter des *Erhabenen*. Aus dem Chaotisch-Häßlichen geht das Kosmisch-Schöne hervor; umgekehrt kann auch das Schöne wieder in das Chaotische zurücksinken. Die Phorkyaden gehören zu den Urmächten des Lebens und der Natur, die aber selbst im Dunkeln bleiben, der Enthüllung widerstreben und der künstlerischen Gestaltung unfähig sind (dies erkennen sie selbst, vgl. V. 7995-8011).

Wenn *Mephisto* die Rolle der Phorkyas übernimmt, hat er seine der antiken Welt angemessene Funktion erreicht: Wie er in der nordisch-christlichen Welt (u. a.) Prinzip des Bösen war, so ist er in der antiken von der Polarität Schönheit-Häßlichkeit erfüllten Welt zur Verkörperung des Häßlichen geworden. Da nach den kunsttheoretischen Ansichten Goethes das Schöne aus dem Chaotisch-Häßlichen hervorgeht, wird er zugleich *Vermittler* zwischen beiden Welten. Dies zeigt sich auch in seinem Hermaphroditismus. Als zweigeschlechtliches Wesen wird er Symbol der Vermittlung der Gegensätze, Symbol auch des Genialisch-Dämonischen (wie Euphorion, Mignon und andere Gestalten Goethes). Indem er von den Phorkyaden den Charakter des *Uralten* und deren *Würde* und *Erhabenheit* übernimmt, stellt er sich außerhalb der Geschichte und wird auch zum Vermittler des antiken und des modernen Geistes, der antiken und der modernen (der klassischen und der romantischen) Kunst. Auf seine Erkenntnis der Sentimentalität der modernen Kunst ist schon hingewiesen worden. Mephisto hat mit der Verwandlung zur Phorkyas die Stellung gewonnen, die ihn das Geschehen des dritten Aktes tragen läßt.

Diese Zusammenhänge aufgewiesen zu haben, ist im wesentlichen das Verdienst Emrichs. Er sagt (2, S. 284) zusammenfassend: »Daß Schönheit nicht ohne Häßlichkeit, nicht ohne Chaos, nicht ohne ungeheure Vorzeit, Musik, vergeistigte Würde, Erhabenheit und das heißt für das klassische Denken nicht ohne Moderne und Romantik mehr sein kann, ist die Lehre, die Goethe in der Phorkyasverwandlung für sich selber und sein lebenslanges Ringen zwischen antik und nordisch darstellen und aufzeichnen wollte. Daß Mephisto und nicht Faust diese Lehre verkörpert, verwandelte ihn fast in sein eigenes Widerspiel, in einen Götter verehrenden, aufs Göttliche weisenden Geist. Mephisto beugt sich der Kunst. Dies ist der tiefste Sinn seiner Rolle.«

Eine weitergehende Auslegung der Phorkyaden-Szene liefert *K. Mommsen* (2, S. 159 ff.): Entsprechend seiner Rolle im dritten Akt spiele Mephisto auch bei der Gewinnung Helenas aus dem Hades die entscheidende Rolle. Daß er sich anschließend auch in die Unterwelt begebe, zeigten die von ihm gesprochenen letzten Verse:

> »Vor aller Augen muß ich mich verstecken,
> Im Höllenpfuhl die Teufel zu erschrecken.« (V. 8032 f.)

Um in die Hölle des Heidenvolkes zu gelangen, brauche er das Bündnis mit den Phorkyaden, die am Eingang des Hades hockten. Die Szene evoziere die Perseussage. Perseus hatte den Phorkyaden Auge und Zahn geraubt, um von ihnen den Aufenthaltsort der Gorgonen zu erfahren. So wie Perseus das Haupt der Medusa, so wolle Mephisto Helena aus dem Hades holen; er werde also gleichsam zum »*neuen Perseus*«. Außerdem bereite er sich durch die Übernahme der Phorkyas-Rolle auf seine Funktion als Schauspieler-Dichter im dritten Akt vor. In der Szene werde also der dritte Akt exponiert.

Homunculus

Wie Faust und Mephisto, so irrt auch *Homunculus* durch die Walpurgisnacht »und möchte gern im besten Sinn entstehn« (V. 7831).

Gottfried Wilhelm Hertz (3, S. 143 ff.) hat unter Berufung auf die Aufzeichnung Riemers vom 30. März 1833 (»Auf meine Frage, was Goethe unter dem Homunculus gedacht, erwiderte mir Eckermann: Goethe habe damit die reine Entelechie darstellen wollen, den Verstand, den Geist, wie er vor aller Erfahrung ins Leben tritt«) und auf die Aufzeichnung Eckermanns vom 6. Januar 1830 (»Gespräche über den Homunculus. Entelechie und Unsterblichkeit«) überzeugend dargelegt, daß es sich bei Homunculus um eine »*reine Entelechie*« *im präexistentiellen Zustande* handelt, die zur Menschwerdung, zur Verkörperung gelangen will. Diese Auffassung ist heute allgemein anerkannt; ältere Theorien (die Homunculus-Handlung sei eine Gelehrten-Satire, eine Satire auf die Aufklärung u. a.) dürfen als überholt gelten. Was Homunculus fehlt, ist die biologische Körperlichkeit; diese freilich ist mit einer Trübung der uneingeschränkten Geistigkeit und mit einer Fixierung an eine bestimmte geschichtliche Situation verbunden. Was Homunculus nach seinem Eingehen in die biologische Natur als Ziel bevorsteht, ist die Menschwerdung im Griechenland des Zeitalters des Thales, das so viele »wackre Männer« hervorgebracht hat (V. 8334). Er geht damit den umgekehrten Weg wie Faust, dessen irdische »Flocken« in seiner Postexistenz erst noch von ihm abgelöst werden müssen (V. 11985). Homunculus ist »voll Ungeduld, [sein] Glas entzweizuschlagen« (V. 7832); *Sehnsucht* und *Streben* sind ihm als einer bedeutenden Entelechie eigen wie der großen entelechischen Monade Faust. Da er nach biologischer Verkörperung trachtet, will er in die Natur, ins naturhafte Sein (V. 7837) eingehen und, reiner Geist, wie er ist, will er sich an zwei reine Theoretiker halten, denen er auf der Spur ist, an die Naturphilosophen *Thales* und *Anaxagoras*.

Thales ist Vertreter des *Neptunismus*: Anaxagoras wird von Goethe (in Abweichung von der geschichtlichen Wirklichkeit) zum Vertreter des *Vulkanismus* gemacht. Beide Theorien lagen zu Goethes Zeit miteinander im Streite. Goethe selbst neigte dem evolutionären Neptunismus zu, war aber bereit, einem gemäßigten Vulkanismus Zugeständnisse zu machen.

Homunculus drängt sich zwischen die beiden Philosophen (V. 7857 f.), die über die von ihnen vertretenen Theorien streiten (V. 7851 ff.). Die vulkanische Entstehung des Berges scheint Anaxagoras recht zu geben (V. 7859 f.). Thales kann die Existenz des Berges nicht bestreiten, ist aber der Ansicht, daß sie zur Weiterentwicklung der Natur nichts beiträgt (V. 7869 f.). Anaxagoras wiederum wendet ein, daß der Auftürmung des Berges ja gleich seine Bewohner folgten (V. 7873). Dem Homunculus schlägt er vor, sogleich die Königsherrschaft über das kleine Volk anzutreten, indem er dessen Eingeschlossensein in sein Glas als Selbstbeschränkung deutet (V. 7877 ff.). Es zeigt sich hierbei erneut die Doppelfunktion des Vulkanismus als einer naturwissenschaftlichen und einer soziologisch-historischen Theorie. Anaxagoras läßt nicht nur die Natur, sondern auch die Geschichte in Sprüngen sich vollziehen. Thales rät dem Homunculus von der Übernahme der Herrschaft über die Kleinen ab, da sich Großes nur in allmählicher Evolution entwickle (V. 7881 ff.). Die Sinnlosigkeit der sozialen Revolution zeigt Thales an dem Rachezug der Kraniche, denen die aufständischen Kleinen zum Opfer fallen (V. 7884 ff.). Anaxagoras, der sein Prinzip der Revolution nicht unterliegen lassen will, wendet sich in einem Gebet (»nach einer Pause feierlich«) an die dreinamigdreigestaltete Mondgöttin (die für ihn nicht nur die Innige, sondern wie die dämonische Rachegöttin Hekate auch die Gewaltsame ist, V. 7907) um Hilfe für die Daktylen und Imsen. Als die Natur ihn zu widerlegen scheint, will er sich der

Mächte der *Magie* bedienen (V. 7921). Er will nicht nur die Revolution »von unten«, sondern gegebenenfalls auch »von oben« (V. 7944). Er glaubt, daß in einem magischen Akt die Mondgöttin sich selbst herabstürze (V. 7920 ff.). Tatsächlich aber geschieht nur ein natürliches Ereignis: das Niedergehen eines Meteors, der nun freilich »so Freund als Feind gequetscht, erschlagen« (V. 7941). Thales kann die phantasievolle Deutung des Geschehens durch Anaxagoras nicht nachempfinden; er hält alles nur für Theorie (»Es war nur gedacht«, V. 7946). Homunculus aber kann sich der Einsicht, daß auch hier »schöpferische« Kräfte am Werke gewesen sind, nicht verschließen (V. 7943).

Vulkanismustheorie und Meteorsturz sind für Homunculus eine Versuchung: »Homunculus muß erst durch Anaxagoras versucht werden, ehe er reif wird für Thales« (Emrich 2, S. 285). Er kann jetzt mit Thales den Weg »zum heitern Meeresfeste« (V. 7949) antreten.

Es zeigt sich erneut, daß Goethe beide Theorien, wenn sie radikal vertreten werden, für einseitig hält. Die umgreifenden Zusammenhänge in Natur und Geschichte konstituieren sich neptunistisch und evolutionär, aber die revolutionären, irrationalen, dämonischen Kräfte sind wirksam und unter Umständen auch heilsam, wirken aber wiederum auch wie der Meteor oft wahllos zerstörerisch. In dem Auftreten Napoleons sah Goethe eine revolutionäre, dämonische Macht »von oben«, die in der Geschichte produktiv gewirkt hat.

Das *Fest* in den Felsbuchten des Ägäischen Meeres findet statt in einem *Kairos*, einem gesegneten Zeitpunkt. Darauf deutet schon hin, daß der nun volle *Mond* im Zenit verharrt. Das Stillstehen des Mondes zeigt, daß hier gleichsam die Zeit stillsteht, daß dieser Augenblick aus dem Lauf der Geschichte herausgehoben ist.

Die *Sirenen*, die den Weg bis zum Meere gefunden haben, kommentieren das festliche Ereignis. Sie wissen, daß sich das »Mysterium des Zeugens, Entstehens, Sichwandelns« (Diener, S. 489) unter dem Schutz der *weiblichen* Luna-Göttin vollzieht (V. 8043; 8079 ff.).

Die Sirenen erläutern auch die Aufgabe, die die *Nereiden* (Töchter des Meergottes Nereus) und die *Tritonen* (Meerdämonen mit Delphinleib) übernehmen: Als ein »Volk der Tiefe« (V. 8046) kommen sie, die »vor des Sturmes grausen Schlünden« in die »stillsten Gründe« des Meeres sich zurückgezogen haben, von dem Gesang der Sirenen angelockt (V. 8047 ff.), hervor, um von der Halbinsel Samothrake die Kabiren-Götter zu holen. Sie sollen dabei beweisen, daß sie »mehr als Fische« sind (V. 8063; 8069); d. h. indem sie die göttlichen Kabiren herbeibringen, sollen sie sich aus ihrer nur tierhaft-unbewußten Existenz herausentwickeln. So werden sich diese Wesen während der Verrichtung ihrer Aufgabe dieser immer mehr bewußt. Indem die Nereiden und Tritonen das Göttliche in das Meeresfest einführen, zeigen sie die enge *Verbindung des Natürlich-Elementaren und des Göttlichen*, in der nach Goethes Auffassung auch der *Ursprung der Kunst* wurzelt.

Dazu sagt Emrich (2, S. 292 f.): »Die Tiere also bringen die Götter herbei. Sie, die im Element des Wassers spielen, sind Wegbereiter und Träger nicht des Menschlichen, sondern des Göttlichen; ja sie erscheinen bei ihrer Ankunft wie ›verklärte Meeresfrauen‹, d. h. ihr ›Ideelles‹ bricht aus ihnen heraus mit dem Göttlichen, das sie herbeiführen. [...] Das Göttliche mitten im Element, das Elementar-Tierische als Träger des Göttlichen, das ist, auf eine kurze Formel gebracht, der Gegenstand dieser Anfangsszene der großen hymnischen Schlußfeier. Nicht langsam evolutionistisch, sondern unmittelbar und sofort führte Goethe den Ursprung des Göttlichen herauf. [...] Die zwei äußersten Pole, zwischen denen sich durchgehend bei Goethe echte Kunstschöpfung abspielt, das Göttliche und das Elementare, werden sofort zu Beginn gesetzt, um sich dann im folgenden mit konkreterem Inhalt zu füllen.«

Die *Kabiren* sind (nach Herodot II, 51) auf der Insel Samothrake verehrte phallische Fruchtbarkeits- und Heilsgötter; sie gelten auch als Retter von Schiffbrüchigen (V. 8176 f.; 8183 ff.) und als Beruhiger des Meeres (V. 8180 f.). Goethe kannte sie aus zwei (historisch verfehlten) zeitgenössischen Schriften, *Schellings* Abhandlung »Über die Gottheiten von Samothrake« (1815) und *Creuzers* »Symbolik und Mythologie der alten Völker« (1810-1812), von denen er auch die seltsamen Eigenschaften der Kabiren in seine Dichtung übernommen hat.

Die »hohen Kabiren« werden zunächst von den Sirenen vorgestellt:

> »Sind Götter! Wundersam eigen,
> Die sich immerfort selbst erzeugen
> Und niemals wissen, was sie sind.« (V. 8075 ff.)

Die Verse deuten auf den Charakter der Kabiren als Zeugungsgötter hin; das immerwährende Sichselbsterzeugen zeigt, daß sie wohl die Ewigkeit des Lebens verbürgen, aber »zunächst keiner Metamorphose und Steigerung fähig« sind (Diener, S. 495). Daß sie »niemals wissen, was sie sind«, verweist sie in den Bereich des Chthonischen, Unbewußt-Lebendigen. Sie verkörpern das Göttliche im bewußtlosen Organischen. Sie erscheinen, von den Nereiden und Tritonen getragen, auf dem Riesenschild der Schildkröte Chelone (V. 8170). »Dem dunklen Schoße des ›Weltensumpfes‹ angehörend, weist die Urschildkröte auf das dunkle Chaos der Welt vor der Entstehung des Lichtes und des differenzierten Lebens und auf die archaische, bewußtseinsfernste Schicht der Seele hin« (Diener, S. 511). Wie aber dem Schild ein »streng Gebilde« »entglänzt« (V. 8171), d. h. ein symmetrisches Ornament, so enthält auch das Unbewußt-Chaotische bereits den Entwurf einer geordneten Welt und des Schönen. Das gilt gleichsam auch für den Weltgrund, auf dem sich die Kabiren befinden, die damit über sich selbst hinausweisen.

Die Anführung der mit den Kabiren verbundenen *Zahlenmystik* (V. 8186 ff.) dürfte nur zum Teil Verspottung romantischer Zahlenspekulationen sein. Es gibt offenbar acht Kabiren (V. 8198); diese sind eingeteilt in zwei Tetraden. Drei Kabiren nur sind beim Meeresfest erschienen (V. 8186); es handelt sich um die unbewußt wesenden, nicht denkenden. Sie sind es nur, die in das Mysterienfest des im Urgrund beginnenden Lebens hineinpassen. Der vierte Kabire ist ein denkender, der sich den anderen überlegen fühlt (V. 8190 ff.). Die zweite Tetrade befindet sich »im Olymp« (V. 8197), ist also den denkenden olympischen Göttern zugeordnet; der achte ist gleichsam nur potentiell vorhanden (noch nicht gedacht, V. 8199). Alle sind »noch nicht fertig« (V. 8201) und »Sehnsuchtsvolle Hungerleider / Nach dem Unerreichlichen« (V. 8204 f.).

Die Kabiren sind also Wesen, die auf ihren verschiedenen Stufen den Drang auch des Unbewußt-Lebendigen nach höherem Bewußtsein symbolisieren. In ihnen wird dargestellt, daß auch die bloße Natur vom *Streben* beseelt ist; andererseits erweist sich das Streben der Entelechien Faust und Homunculus als etwas in der Natur Begründetes. Die Kabiren sind das göttliche Prinzip auch in der organischen Natur.»In den Kabiren erscheint [...] jenes göttliche Gebilde, in dem sich der *Sinn des Meeresfestes* symbolisch ausdrückt« (Diener, S. 511).»Das Mysterium des Meeresfestes ist die nur von den Eingeweihten geahnte Wahrheit, daß ein Drang und eine Kraft nach kontinuierlicher Höherentwicklung die Schöpfung (Welt und Seele) durchwaltet« (S. 518).

Wenn Homunculus sie als »Ungestalten« sieht, als »irden-schlechte Töpfe« (V. 8219 f.; die Phönizier stellten sich die Kabiren nach Creuzer als Götter in Kruggestalt vor), so zeigt sich darin ihre Unfertigkeit. Homunculus, selbst noch unfertig, begreift das Wesen dieser Götter nicht und macht sich mit Thales über die Deutungsversuche der Gelehrten lustig (V. 8221 ff.).

Eine andere Auslegung der Kabirenszene finden wir bei *Katharina Mommsen* (2, S. 206 ff.). Indem Homunculus die Kabiren als »Ungestalten« und »irden-schlechte Töpfe« bezeichnet und ihnen das Attribut »golden« abspricht (V. 8215), erkläre er sie (unter Anspielung auf zwei Bibelstellen: Klagelieder Jerem. 4,2 und Römer 3,23) für bloße Scheingebilde, Kunstgebilde eines Töpfers. Auf die Sphäre der Kunst weise auch der Panzer der Schildkröte hin (chelone, testudo bedeute auch Lyra). »Das läßt die Kabiren-Szene als Folie zur Homunculus-Handlung erscheinen. Die Kunstsphäre, die für Faust das Heil bedeutet, kann Homunculus nicht befriedigen, der zur Natur gelangen will« (2, S. 211).

Inzwischen sind auch *Thales* und *Homunculus* am Ägäischen Meere erschienen. Der Philosoph will den kleinen Hellasfahrer, der »weislich zu entstehen« wünscht (V. 8133), dem Meergreis *Nereus* vorstellen und ihn um weitere Hilfe bitten (V. 8082 ff.). Nereus ist der *Weise* (V. 8103; 8128), aber er ist auch durch *Güte* ausgezeichnet (V. 8131). Er ist weise, weil er die Zukunft voraussagen kann (V. 8088); d. h. er kennt die Gesetze der Natur. Er weiß aber auch, wie sich Menschen richtig zu verhalten haben, und griesgrämig stellt er fest, daß das Menschengeschlecht nie seinem Rate gefolgt ist (V. 8086 f.; Beispiele V. 8106 ff.). Wie die Kabiren »sehnsuchtvolle Hungerleider nach dem Unerreichlichen« sind, so sind die Menschen zwar »Gebilde, strebsam, Götter zu erreichen« (V. 8096), bleiben aber immer sich selbst gleich, weil sie als freie (der Natur enthobene) Wesen diesem in ihnen angelegten Streben nicht nachgeben müssen. Diese Erfahrung hat den alten Nereus kauzig und sauertöpfisch gemacht, und er lehnt es daher ab, für den einzelnen Knaben Homunculus etwas zu tun. Außerdem entschuldigt er sich damit, daß er seine Töchter, die Doriden (V. 8137), und unter ihnen die Schönste, Galatee (V. 8145), zum Höhepunkt des Festes voller Vaterfreude erwarte (V. 8150). Er weist daher Thales und Homunculus an Proteus weiter (V. 8152).

Proteus, ein anderer und in der Mythologie bekannterer Meergreis, hat zudem noch die Fähigkeit, sich in zahlreiche Gestalten zu *verwandeln*. Erscheint Nereus als der weise Kenner der Gesetze der Natur und des menschlichen Lebens, so vertritt Proteus das Prinzip der Fülle, Vielfalt und Wandlungsfähigkeit der Gestalten der Natur. Insofern kann er als dumpf-animalisches Wesen (Riesenschildkröte, V. 8237), aber auch als Mensch, »edel gestaltet« (V. 8243), auftreten. Er repräsentiert zugleich die Undurchschaubarkeit der Fülle der Natur, wenn er »bauchrednerisch« seinen Ort verbirgt (V. 8227 f.); in dieser unerkennbaren Fülle stellt sich das Wunderbare und Wunderliche in der Natur dar (Nereus nennt ihn »Wundermann«, V. 8152; vgl. auch V. 8226).

Nereus als Vertreter eines mehr abstrakten Naturprinzips kann für die Menschwerdung des Homunculus nicht genügen; dieser muß eingehen in die Fülle der konkreten Naturerscheinungen. Proteus gibt Homunculus den Rat, im Meere, dem lebenerzeugenden und lebenfördernden Elemente, sein »Entstehen« zu beginnen und durch eine Vielfalt von Metamorphosen sich »zu höherem Vollbringen« heranzubilden (V. 8260 ff.).

Als neue Versucher des Homunculus treten inzwischen die *Telchinen* auf, die, auf Hippokampen (Meerrossen mit Delphinschwänzen) und Meerdrachen reitend, Galatee voranziehen.

Die Telchinen sind die Urbewohner der dem Sonnengotte geweihten Insel Rhodos. Sie sind im Mythos als Erzieher Poseidons bekannt (nach Diodor V, 55) und sollen die Eisenbearbeitung erfunden haben. Als kunstfertige Zwerge haben sie »den Dreizack Neptunen geschmiedet« (V. 8275). Goethe macht sie auch zu den Erfindern der bildenden Kunst, die als erste »die Göttergewalt / Aufstellten in würdiger Menschengestalt« (V. 8301 f.).

Als Bewohner der Helios-Insel Rhodos vertreten die Telchinen neben dem lunaren Prinzip, das die Klassische Walpurgisnacht beherrscht, auch und vor allem die durch das Sonnenlicht symbolisierte Helle des Geistes, die sie auch zu künstlerischen Leistungen befähigt. Mond und Sonne, Nacht und Tag, Unbewußtheit und Geisteshelle sind polare Gegensätze, die im Wesen der Telchinen zum Ausdruck kommen. Sie halten Homunculus gleichsam die Möglichkeit der Verwirklichung in der Kunst vor.

Proteus aber erklärt Homunculus, daß alle Kunstwerke nur vergängliche Gebilde seien (V. 8303 ff.). Nur die Natur hat Bestand und Dauer; ihr muß Homunculus sich anvertrauen, wenn er ein vollständiges Wesen werden will; ihre »tausend, abertausend Formen« muß er durchlaufen, um irgendwann sich auch einmal als Mensch zu verwirklichen (V. 8325 f.). Gegen Thales ist Proteus (wenn auch nicht ohne Ironie) ein Vertreter des Natürlich-Elementaren; von einer Menschwerdung, einer Vergeistigung hält er nichts (V. 8330 ff.). Er verwandelt sich in einen *Delphin* (V. 8317; der Delphin galt im Altertum als heilbringendes, rettendes Wesen; vgl. die Arion-Sage) und trägt Homunculus, der willig seinen Rücken besteigt, hinaus ins »ewige Gewässer« (V. 8314).

Die Telchinen-Szene wirft ein *kunstgenetisches Problem* auf, das Goethe immer wieder beschäftigt hat: die Frage, wie Kunstwerke der Vergangenheit Dauer gewinnen können. Emrich (2, S. 296) führt dazu aus: »Der Sprung ins Element erfolgt, um eine ›Schöpfung‹, ein ›ewiges Wirken‹ zu gewährleisten, welches die fertigen ›toten Werke‹ nicht zu entbinden vermögen. [...] Homunculus ist die Antwort auf die Frage Goethes nach der Dauer der Kunst. [...] Der scheinbar darwinistisch-naturphilosophische Ansatz des Homunculus führt in Wirklichkeit in ein elementar kunstgenetisches Problem.«

Nach dem Vorüberziehen der Telchinen werden von den Sirenen die *Tauben* der Aphrodite angekündigt (V. 8339 ff.). Sie zeigen sich hier als Vögel der nahenden Galatee, von Paphos, der Kultstätte der Aphrodite auf der Insel Zypern, herkommend (V. 8343); »liebentzündet« (V. 8341) und als »brünstige Vogelschar« (V. 8344) künden sie stimmungshaft die Epiphanie der Liebesgöttin an. Indem die Tauben zugleich als »ein Ring von Wölkchen« (V. 8339), als eines Mondhofs »Lufterscheinung« (V. 8348) sich darstellen, verklären sie die Liebesbrunst ins Himmlische, Unstoffliche, Symbolhafte, das Wolken für Goethe immer annehmen. Das Symbol aber verlebendigt sich im Mythos, den Nereus als ein mythischer Naturgeist für das Wahre und Dauerhafte hält (V. 8347 ff.), während der Rationalist Thales ihn für den beschränkten »wackeren Mann« als »ein Heiliges« wohl gelten läßt (V. 8355 ff.).

Das Dauerhafte in Welt und Natur verkörpern auch die *Psyllen* und *Marsen*, die im Festzug folgen. Es handelt sich um Völker aus Libyen und Italien; gemeinsam ist ihnen nur die Fähigkeit der Schlangenbeschwörung. Goethe versetzt sie auf Zypern und läßt sie dort in »rauhen Höhlegrüften« (V. 8359) den Wagen der Liebesgöttin bewahren und sie zum Meeresfeste heranführen (V. 8365 ff.). Sie sind »vom Seismos nicht zerrüttet« (V. 8361), d. h. sie werden von den Stürmen und Umwälzungen der Geschichte nicht berührt. So überdauern sie auch die geschichtlichen Herren Zyperns, die Römer (»Adler«), die Venezianer (»geflügelter Leu«), die Kreuzritter (»Kreuz«) und die Türken (»Mond«) (V. 8370 ff.). Sie leben dahin »wie in den ältesten Tagen, / In stillbewußtem Behagen« (V. 8363 f.) als die »leise Geschäftigen« (V. 8370). Den Psyllen und Marsen haftet der Charakter eines idyllischen Urvolkes an, das geschichtslos, aber auch der Steigerung fähig, die ewige Macht des Eros pflegt. Ihr Dasein ist ein arkadisches, zu dem auch das Geborgensein in der Höhle gehört (darauf weist Diener, S. 543 hin); sie existieren in einem Bereich, wie ihn Goethe als *Goldenes Zeitalter* beschreibt (vgl. »Torquato Tasso« II, 1).

Diener führt dazu weiter aus (S. 551): »So werden auch im ägäischen Fest, je näher der Augenblick der Entstehung und der Verwandlung des Lebens durch die Macht der Liebe heranrückt, immer tiefere Schichten der Natur und Seele, immer frühere Epochen der Weltentwicklung erschlossen. Gehören die von Helios zu bewußtem künstlerischen Schaffen erweckten *Telchinen* gleichsam dem ›Silbernen Alter‹ an, in dem ›durch Kunst gepflegt . . . das Schöne prächtig und das Gute groß‹ wird, so kehrt in dem Wirken der *Psyllen und Marsen* für einen glücklichen Augenblick die Natur auf die Stufe heiter unbewußter ›Unschuld‹ und ›Schöne‹ zurück, wie sie dem ›Goldenen Alter‹ eigen.«

Um den Muschelwagen der Liebesgöttin, auf dem Galatee heranschwebt, bewegen sich die Nereustöchter, die »rüstigen *Nereiden*, / Derbe Fraun, gefällig wild« (V. 8383 f.), und die »zärtlichen *Doriden*« (V. 8385), die »Grazien des Meeres« (V. 8137). Deren Bewegungsformen (»Kreis um Kreis, / Bald verschlungen Zeil' an Zeile, / Schlangenartig reihenweis«, V. 8380 ff.) sind nach Goethes Vorstellungen typisch für organische, aber auch historische Entwicklungen. Während die Nereiden die mehr derb-sinnliche Seite der Liebe verkörpern, sind die Doriden ihrer zart-anmutigen und durchseelten Form zugeordnet. Ihr Charakter ist auch vom Dämonischen ins Hilfreich-Ethische umgewandelt: als Retter von schiffbrüchigen Knaben (V. 8395) wirken sie der zerstörenden Kraft des Meeres entgegen. Dauerhafte eheliche Liebe der jungen Männer jedoch können sie nicht gewinnen (V. 8412 ff.), und so fällt die Trauer der *Entsagung* auf ihre Sehnsucht nach einer verinnerlichten, über das bloß Naturhafte hinausstrebenden Liebe.

Die Entsagung der Doriden bereitet die tiefere Resignation des alten *Nereus* vor, der mit seiner geliebten Tochter Galatee nur einen einzigen glücklichen Blick tauschen kann (V. 8424 ff.). Menschliche Erfahrung des alten Goethe, daß Glück nur einen Augenblick währen könne, hat hier einen sublimen Ausdruck gefunden. *Galatee*, die schönste der Nereustöchter, selbst als Göttin verehrt, erscheint »im Farbenspiel von Venus' Muschelwagen« (V. 8144 ff.). Nicht Aphrodite selbst ist es, deren Epiphanie der Dichter darstellt, sondern die den Elementen nähere Galatee. Aphrodite ist in den geistigen und himmlischen Bereich übergegangen (vgl. V. 8146); Galatee ist die schaumgeborene Aphrodite, die Liebesgöttin in ihrer vorolympischen Phase. In Galatee beschwört Goethe »die Urgöttin wieder herauf« (Kerényi, S. 68), die den naturhaften Eros verkörpert, der sich jedoch in alle Bereiche des Geistigen steigert (vgl. das Taubensymbol).

Das Vorüberziehen Galatees entzündet nicht nur in Nereus den Funken einmaligen Glücks, sondern es bringt auch dem Philosophen Thales Erleuchtung und Verzückung. Er erkennt, daß aus dem Naturelement des Wassers das »Heil« entspringt, er begreift, daß sich in diesem lebenspendenden Element das *Wahre* offenbart und das *Schöne* entfaltet. Wahrheit, Schönheit und sich steigerndes Leben haben ihren Ursprung in der elementaren Natur und werden in der göttlichen Galatee zusammengeschaut. Sie ist Göttin der Liebe, aber auch Göttin der Schönheit. »So hilft Galatee Helena vorbereiten, ohne selbst Helena zu sein« (Emrich 2, S. 301).

Am Muschelwagen Galatees zerschellt, vom »herrischen Sehnen« (V. 8470) getrieben, »von Pulsen der Liebe gerührt« (V. 8468), *Homunculus*. Die reine Geistigkeit, von Liebessehnsucht entflammt, Vereinigung mit dem Naturhaften, Elementaren, Materiellen wünschend, gibt sich selbst auf, stirbt einen »Liebestod« (Atkins, S. 190), um in der Natur und aus der Natur heraus als wirkliches materielles Wesen, als Geist *und* Körper in natürlicher und geschichtlicher Situation, durch eine Fülle von Metamorphosen hindurch »entstehen« zu können. Dieses Eingehen in die Natur ist eine Vereinigung des Gegensätzlichen: Feuer und Wasser. Differenziert in die Elemente als polare Gegensätze und Bedingungen der Steigerung ist auch die Natur selbst, die in dem Schlußchor (V. 8484 ff.) hymnisch gefeiert wird. *Natürlicher Eros ist Koinzidenz polarer Gegensätze* als Grundgesetz alles natürlichen Seins und Werdens, als Grundgesetz aber auch des Schönen, das sich insofern auch unmittelbar den Phänomenen der Natur mitteilt (vgl. V. 8474: »Welch feuriges Wunder verklärt uns die Wellen«).

»Coniunctio oppositorum ist das leibliche Werden des geistigen Dämons Homunculus, ist die Wiederbelebung Helenas, die als unvergängliche geistige Person sich mit einem neuen Körper verbinden muß oder als Fausts Seelenbild nur dann lebendig hervortreten kann, wenn der Zusammenschluß zwischen dem hellwachen Bewußtsein und der organischen Tiefe und Weite des Unbewußten zu der umfassenderen Einheit des Selbst gelingt« (Diener, S. 585).

Sehen die meisten Interpreten den Sinn der Klassischen Walpurgisnacht in der Genese der Schönheit aus der Natur, deutet *Schlaffer* den zweiten Akt als *Geschichte der Mythologie* (2, S. 113). Der Mythos werde historisch begriffen und damit zerstört. Der zweite (wie auch der dritte) Akt spielten in der Gegenwart. »Lediglich zu seiner Selbstdarstellung und Selbsttäuschung benützt das gegenwärtige Bewußtsein antike Mythen und Kostüme. [...] Projektionen moderner Gedanken in antike Bilder bestimmen die Szenenfolge« (2, S. 114). Mit dem Gedächtnis an die militärische Niederlage der republikanischen Antike beginne die Klassische Walpurgisnacht; erst die Vernichtung des Altertums sei Bedingung für seine Rezeption als Schönheit (2, S. 111). Den Weg nach Griechenland eröffne das historisch-philologische Wissen, das in dem reinen Intellekt Homunculus, der die Führung übernehme, konzentriert sei (2, S. 108).

Nach der Ansicht von *Binswanger* steht im Zentrum des Dramas die Frage: »Wie kann der Mensch die Zeit und damit die Vergänglichkeit überwinden?« (1, S. 92) Goethe stelle drei mögliche Wege dar: »Der erste Weg ist derjenige der Wissenschaft; er führt durch das Tor der Vergangenheit. Der zweite Weg ist derjenige der Kunst; er führt durch das Tor der Gegenwart. Der dritte Weg ist derjenige der Wirtschaft; er führt durch das Tor der Zukunft« (1, S. 94). Die Wissenschaft suche nach der Wahrheit, d. h. nach Aussagen, die immer, also zeitlos gültig sind; sie gehe an der Kette der Ursachen in die Vergangenheit zurück, um schließlich zum Ursprung zu gelangen. Der Weg durch die Klassische Walpurgisnacht sei der Weg der Wissenschaft zum Ursprung; Homunculus sei »die Verkörperung der Wissenschaft« (1, S. 95).

Dritter Akt

Der dritte Akt führt nach den vorausgehenden *Antezedentien* die Begegnung Fausts und Helenas herbei. Auch die Faust-Helena-Handlung hat tiefen symbolischen Sinn. Emrich (1, S. 190) formuliert das, worum es Goethe geht, so: »Wie ist im modernen Europa eine Wiedergeburt, eine neue Klassik möglich? Das ist die Frage dieses dritten Aktes.« Zeitlose, die Geschichte überragende Schönheit, in der sich Antikes und Modernes synthetisch vereinen, soll im Bilde zur Darstellung kommen. Es geht um das Wesen der Schönheit selbst, das sich in seiner historischen Genese entfaltet. Dazu bedurfte es der »Fülle der Zeiten, da es denn jetzt seine vollen 3000 Jahre spielt, von Trojas Untergang bis zur Einnahme von Missolunghi« (Goethe an Wilhelm v. Humboldt am 22. Oktober 1826). Die Handlung ist »phantasmagorisch freilich, aber mit reinster Einheit des Orts der Handlung« (an Sulpiz Boisserée am gleichen Tage).

Faust und Mephisto haben sich in der Klassischen Walpurgisnacht auf ihre Rollen vorbereitet. Faust mußte seinen Weg durch Natur und Geschichte gehen und durch diese hindurch in einen Bereich der Zeitlosigkeit vorstoßen. Mephisto mußte sich in der ihm fremden Welt der Antike orientieren und von ihr Abstand gewinnen: als gegen-antiker Repräsentant der Moderne und zugleich als im Ursprung der Geschichte und außerhalb ihrer stehende Macht, die in Souveränität die Vereinigung Fausts und Helenas inszeniert. Beide also, Faust und Mephisto, stehen in der Geschichte und zugleich über ihr. Helena kann ihr die Geschichte überwindendes Bewußtsein erst im dritten Akt gewinnen. Die Wiedererweckung des antiken Geistes und seine Vereinigung mit dem modernen vollziehen sich – und nur da sind sie möglich – in der geschichtlich-übergeschichtlichen Sphäre der *Kunst*, im »Fabelreich« (V. 7055).

D. Lohmeyer hält die Helena-Gestalten der drei ersten Akte nicht für identisch. Die Einheit der dramatischen Person werde ersetzt »durch die des Wesens in Funktionen« (2, S. 283). »Ist sie im ersten Akt – im Weltbezirk der Gesellschaft – ungeschichtlich gefaßt, als Phantasiegebilde des Künstlers, geschaffen analog dem organischen Bildegesetz der Natur und symbolisch Helena genannt, so geht es im zweiten und dritten Akt jedesmal um die im antiken Griechentum wirklich gewordene Helena – aber auf verschiedene Weise. In der Klassischen Walpurgisnacht ist sie vom Bilden der Natur her verstanden: Gebilde des Mythos als der Sprache dieser Natur. In der urphänomenalen griechischen Natur, wo das gesetzlich Wirkende als das Schöne gestalthaft in die Erscheinung tritt, stellt sich in ihr – samt Herkules – das natürliche Bildeprinzip des Menschen dar, wie es im Heroischen als menschlichem Maximum mythische Gestalt geworden ist.« »Im dritten Akt ist diese mythische Helena gefaßt als wirkendes Phänomen der abendländischen Geschichte. Sie ist die im griechischen Altertum einmal geglückte Idee schönen menschlichen Daseins, die nun als bildendes Prinzip der neueren Kultur geschichtlich fortwirkt.« (2, S. 284).

Schlaffer betont, daß der zweite und der dritte Akt ausschließlich in der Gegenwart spielen (2, S. 114). Der Mythos werde in der modernen Gegenwart zur Historie und zur Poesie; Helena werde ein museales Ausstellungsstück im Erinnerungsraum des modernen Bewußtseins (2, S. 122). Sie werde zur »Allegorie ihrer selbst«, »ihr eigenes Denkmal« (2, S. 119).

Nach der Auffassung *Binswangers* wird im Helena-Akt »der Weg der Kunst zur Überwindung der Vergänglichkeit« dargestellt (1, S. 110). Das Vergangene und Tote gewinne in der Kunst wieder Leben. Der Stoff des Kunstwerks sei zeitgebunden, die Form jedoch mache es möglich, sich von dieser Zeitgebundenheit loszusagen und so die Zeit zu überwinden (1, S. 114 f.).

Vor dem Palaste des Menelas zu Sparta

Im Vers der griechischen Tragödie, dem *jambischen Trimeter*, redend, tritt Helena auf die Bühne. Sie weiß nicht, daß sie dem Hades entstiegen ist, sondern sie lebt in ihrer eigenen Vergangenheit, in der Vorstellung, sie sei eben erst aus dem eroberten Troja (»vom phrygischen Blachgefild«, V. 8491) in ihre spartanische

Heimat zurückgekehrt und ihr früherer Gatte Menelas (Goethe gebraucht immer die französische Form des Namens) erwarte sie (V. 8494 f.). Sie erzählt aus der Geschichte ihres Lebens, dabei zugleich ihre schuldbeladene Vergangenheit von sich wegschiebend (V. 8508) und die Sorgenlosigkeit (V. 8510) wiedererstrebend, in der sie einst gelebt hat. In banger Ungewißheit freilich schwebt sie, welches Schicksal sie erwartet:

> »Komm' ich als Gattin? komm' ich eine Königin?
> Komm' ich ein Opfer für des Fürsten bittern Schmerz
> Und für der Griechen lang' erduldetes Mißgeschick?
> Erobert bin ich; ob gefangen, weiß ich nicht!« (V. 8527 ff.)

Zweideutig wie die Schicksalssprüche der Götter sind auch die Worte des Königs gewesen (V. 8541 ff.). Er hat ihr befohlen, das Opferritual für die heimischen Götter vorzubereiten (V. 8569 ff.); »bedenklich« (V. 8582) findet sie, daß er es versäumt hat, das Opfer zu bezeichnen, und der Gedanke mag sie schon bedrängen, ob sie nicht selbst zum Opfer bestimmt sei. Von den Tugenden klassischen Menschentums wird Helena beherrscht: sie gehorcht (V. 8507); sie fügt sich in die Ordnung der Menschen und Götter (V. 8583); sie ist bereit, mit Gleichmut das Schicksal zu ertragen (V. 8586); sie bekennt sich zur Selbstbeherrschung (»Der Tochter Zeus' geziemet nicht gemeine Furcht«, V. 8647).

»Ihre Sprache formt eine feste, geordnete Welt. Sie denkt stets an das, was sich für sie geziemt als Frau und Königin (8507, 8604, 8647, 8915 usw.), und ruht im Vertrauen auf den Ratschluß der Götter (8583)« (Trunz, S. 583).

»Entsetzen« (V. 8649) aber und Grauen (V. 8653) ergreifen sie beim Anblick der Mephisto-Phorkyas. Sie, die in einer Welt klassischen Maßes lebt, ist sich dessen bewußt, daß ihr hier Mächte eines urzeitlichen, nächtlichen Chaos entgegentreten (V. 8649 ff.; 8663 ff.). In langer Rede schildert Helena dem Chor ihre Begegnung mit der »grausen Nachtgeburt« (V. 8695), die ihr nicht als Dienende, sondern wie eine Herrin entgegengetreten ist.

Wie in der antiken Tragödie steht den handelnden Personen der *Chor* gegenüber, den gefangene Trojanerinnen unter der Leitung der Chorführerin *Panthalis* bilden. Es sind »junge Frauen, die das Mittelmaß des Lebens verkörpern, aber in dem, was sie Allgemeingültiges, Mythisches sagen, darüber hinauswachsen wie griechische Chöre immer« (Trunz, S. 581). Die lyrischen Strophen des Chors unterbrechen und kommentieren mehrfach die Rede Helenas und den folgenden Dialog zwischen Helena und Phorkyas. Auch zwischen Phorkyas und dem Chor entspinnt sich eine dialogische Schimpfrede. Im ersten Chorlied (V. 8516 ff.) wird »der Schönheit Ruhm« als das höchste Gut gepriesen; das zweite Chorlied (V. 8560 ff.) zeigt das dialektische Verhältnis von Schönheit und Schmuck; das dritte Chorlied (V. 8591 ff.), auf die bange Unsicherheit der Königin eingehend, drückt Ergebenheit in das Schicksal aus, das als blindes Fatum gedeutet wird; das vierte Lied (V. 8610 ff.) macht die Verknüpfung des Schicksals der Chormädchen mit dem Helenas deutlich. Bewegen sich die Aussagen des Chors im Allgemeinen, so nimmt nun die Chorführerin Panthalis als Individualität persönlichen Anteil an der inneren Bewegung Helenas beim Anblick der Phorkyas (V. 8640 ff.). Wie Helena spricht sie in jambischen Trimetern und erweist sich damit als Gesprächspartnerin der Königin. In einem fünften Liede (V. 8697 ff.) drückt der Chor sein Entsetzen über der Phorkyas Erscheinung aus. Das Grauen ihrer Erscheinung wird verglichen mit dem, das der Untergang Trojas hat erleben lassen; die polaren Gegensätze Häßlichkeit – Schönheit, Nacht – Licht werden, freilich nur den sterblichen Menschen sich aufdrängend, bewußt (V. 8744 ff.). Mit dem letzten Lied der Mädchen beginnt »die großartigste Schimpfkanonade der Weltliteratur« (Beutler, S. 613). Dem Fluch, der ihm aus dem Munde der Chormädchen entgegenschlägt, zeigt sich Mephisto-Phorkyas wohl gewachsen. »Wie ein Wasserfall« rauscht seine Gegenrede dahin und schließt »mit vernichtenden Trümpfen« (ebd.). Indem er die Unverträglichkeit von Scham und Schönheit verkündet, spielt er die Rolle weiter, die er in der Klassischen Walpurgisnacht übernommen hat: die des moralisierenden Vertreters der christlichen Moderne, der die ästhetische Welt der klassischen Antike abwerten und verurteilen muß. Typisch ist, daß er sowohl im Hinblick auf Helena als auch auf die Chormädchen Schönheit nur im Zusammenhang mit Sexualität sieht. Ein Versuch Helenas, die vermeintliche Schaffnerin in ihre Schranken zu weisen (V. 8784 ff.), läßt den Streit mit dem Chor noch heftiger werden. Während die Chormädchen der Phorkyas Zugehörigkeit zum Urtümlichen, Chaotischen und Nächtlichen durchaus erkennen und in ihren stichomythischen Schimpfreden zum Ausdruck bringen, deutet diese auf die nur gespensterhafte, im Orkus (V. 8815) beheimatete Existenz des Chores hin. In diesem Sinne kann Phorkyas sagen »das Rätsel hebt sich auf« (V. 8825): Beide, Mephisto-Phorkyas und auch die Mädchen, stammen aus dem höllischen Bereich der Toten. Helena ist von dem Streit tief beeindruckt; kommt ihr doch nun selbst zum Bewußtsein, was in ihr schon vorher als Ahnung aufgedämmert ist (V. 8515), daß ihre Geschichte nur den Charakter des Sagenhaften hat, daß ihre jetzige Existenz nur scheinhaft, daß ihre eigentliche Heimstatt das Reich der Toten, der Orkus, ist (V. 8836 ff.). Hatte Phorkyas den Chor auf seine Herkunft aus dem Bereich des Nächtlichen, Chaotischen, bloß Natürlichen verwiesen, so wird Helena in dem folgenden Dialog (V. 8843 ff.) ihre Geschichte zum Bewußtsein gebracht.

Daß Helena ein geschichtliches Wesen ist, hat sich schon in der Klassischen Walpurgisnacht gezeigt, wo Chiron Faust in den Bereich der Geschichte leiten mußte, um ihn für Helena reif zu machen. Phorkyas' Beginnen ist es nun, Helena selbst ihre Geschichte bewußt zu machen, um sie für die Vermählung mit Faust vorzubereiten. Diese Geschichte, die eigene Lebensgeschichte, wird von Phorkyas erzählt. Geschichte muß in der Erinnerung durchlebt werden, um als solche bewußt und in ihrer Bedingtheit überwunden zu werden (vgl. Faust und Manto). Das Problem, um das es Goethe geht, ist die kunsttheoretische Frage, wie die zeitlose Idee der Schönheit sich aus den historischen Erscheinungen des Schönen in der Kunst herauslösen könne. Das Wesen des Schönen manifestiert sich in seiner Geschichte und durch die Ablösung von dieser Geschichte. So wird die Lebensgeschichte Helenas die Geschichte ihrer *Verdoppelung*. Goethe benutzt, um diese

Verdoppelung der Person darzustellen, ein Motiv aus Euripides' Tragödie »Helena«, demzufolge Hera ein Schattenbild Helenas schuf, das Paris nach Troja folgte, während die wirkliche Helena in Ägypten sich aufhielt:

>»Doch sagt man, du erschienst ein doppelhaft Gebild,
>In Ilios gesehen und in Ägypten auch.« (V. 8872 f.)

Helena löst sich gleichsam von sich selbst ab; ihre Geschichte wird ihr zum *Traum*, als geschichtliches Wesen wird sie sich selbst zum *Idol*:

>»Ich als Idol, ihm dem Idol verband ich mich.
>Es war ein Traum, so sagen ja die Worte selbst.
>Ich schwinde hin und werde selbst mir ein Idol.« (V. 8879 ff.)

Helena überwindet in dieser Bewußtwerdung ihre eigene schuldbeladene Geschichte durch ihre Verdoppelung, durch Idolisierung, schließlich durch Bewußtlosigkeit (Lethe-Motiv wie bei Faust). Die Bewußtwerdung der Geschichte, aber auch die Ablösung von ihr ermöglicht es ihr nun, ihr Wesen als symbolisierte Idee der Schönheit frei zu konstituieren und zu entfalten.

Diese gedanklichen Zusammenhänge hat Emrich erforscht. Er sagt zusammenfassend (2, S. 324 f.): »Nichts Geringeres wird hier bewältigt als die große kunsttheoretische und kunstgeschichtliche Frage: Wie kann die zeitlich vergängliche Welt *selber* eine höhere, ewige Sphäre hervorbringen, ohne ins abstrakt Unbildliche, Außerkünstlerisch-Vergeistigte zu versinken. Das Phänomen der *Verdoppelung* der wirklichen Welt offenbart die äußerste Zuspitzung eines Problems, das sich als extrem *künstlerisches* von allen anderen Verewigungsmöglichkeiten des menschlichen Geistes abhebt. Die unausweichliche Antinomie des künstlerischen Falles, auf der einen Seite über das Einzelne, Zeitliche, Vergängliche hinausgehen zu müssen, andererseits aber doch wieder an das *Einzelne als Einzelnes* in seinem sinnlichen *Da-Sein* unentrinnbar gebunden zu sein, d. h. nur *in* und *mit* diesem Einzelnen ins Ewige eingehen zu können, erzeugte die immer wiederkehrende Verdoppelung der Wirklichkeit bei Goethe. *Durch* solche Verdoppelung aber vollzog sich folgende entscheidende Klärung: Der ›Rückblick‹ Helenas auf ›Kindheit‹ und Vorzeit, der stereotyp bei Goethe auftauchende peinvolle Anblick einst gewesener Zustände löst sich in fast allen genannten Fällen in ein ›Höheres‹, ›Befreiteres‹ und ›Ideelleres‹ auf und rettet den Menschen in eine unendlich reine, beschwingte, glückselige Lichtsphäre des Daseins. Indem die wirkliche, schuldbeladene Helena der Homerischen Welt gerade durch plötzliche Beschwörung dieser ihrer verschollenen Zeit *untergeht* und in ›Ohnmacht‹ versinkt, verwandelt sie sich in ihr Idol, wird zur *freien*, befreiten und *ewigen* Helena, die nun offen und rein *allen* Zeiten der Geschichte gegenübertreten kann. Helena wird frei für *alle* Geschichte, indem sie *ihre* Geschichte preisgibt: ›Vergangenheit sei hinter uns getan! O fühle dich vom höchsten *Gott* entsprungen!‹, das vermag ihr nunmehr Faust auf einem Gipfel zuzurufen, auf dem sich alle Zeiten – Mittelalter, Neuzeit, Antike – begegnen. Die Abschüttelung der vereinzelten Geschichte ermöglicht es, die Geschichte als *Ganzes* zu überblicken und vor eine *ganze*, zeitgelöste, verewigte *Kunst* und *Schönheit* (Helena) zu stellen. Das ist der letzte Sinn der Selbstbegegnung Helenas: die Idolszene bereitet sie vor auf die Begegnung mit Faust und auf den großen kunstgeschichtlichen Abriß der folgenden Teile [...]. Die Idolwerdung Helenas ist die Voraussetzung zur wechselseitigen Spiegelung zwischen Antike und Moderne, zeitloser Schönheit und Geschichte, d. h. zur welt- und kunstgeschichtlichen Phantasmagorie der kommenden Hochzeit mit Faust. Wie dieses Idol erwuchs aus einem Rückblick auf Kindheit und Vorgeschichte, so weist es nunmehr auch vorwärts auf eine neue, von Schuld und Erinnerung befreite, zeitlos-zeitlich groß abrollende Welt. [...] Der große Ablauf der Zeiten von Hellas bis Lord Byron stellt die nunmehr *gerettete, ewig beharrende* Schönheit vor die Probe, ihr Bild als zugleich ewig und geschichtlich zu behaupten und die aufgezeigte Spannung zwischen absoluter Schönheit und geschichtlicher Kunst ein und für allemal zu meistern.« *D. Lohmeyer* sieht in der Aufzählung der Liebesabenteuer Helenas (V. 8843 - 8881) eine Enthüllung ihrer Mythologie: »als dasjenige also, woraus sie nicht als lebendiges Ich, sondern als mythisches Bild besteht. Ziel und Wesen dieser Beschreibung wird unbarmherzig deutlich, wenn Phorkyas als letztes der Liebesabenteuer nach ihrem Tode, das Abenteuer mit Achill, anreiht. Da muß Helena, in ihrem Wirklichkeitsbewußtsein aufs äußerste erschüttert, selber das enthüllende Stichwort sagen:

Ich als Idol, ihm dem Idol verband ich mich.

Es war ein Traum, so sagen ja die Worte selbst (V. 8879 - 80).

Indem sie sich selbst auf die Worte ihrer Sage beruft, erkennt sie sich als dichterisch-mythisches Schemen; und im Bewußtsein ihres personalen Lebensverlustes sinkt sie dem Halbchor ohnmächtig in die Arme und wird zum bloßen Bild ihrer eigenen Sage:

Ich schwinde hin und werde selbst mir ein Idol (V. 8881)«.

Schlaffer (2, S. 101) sagt zu der Idol-Episode: »Während sie ins wirkliche Leben zu treten scheint, tritt sie in Wahrheit nur aus dem literarischen Nachleben heraus. Ist sie dann noch ›Helena‹? Die moderne Rezeption läßt das antike Original hinter der Vielzahl der Abbilder verschwinden. Der Helena-Akt führt solche Vervielfachung der ›Helenen‹ an Helena selbst vor. Dadurch entsteht die dramatische Unmöglichkeit mehrerer Helenen in einer Figur – ein ›Aberwitz‹ (8874), der dennoch Sinn hat, wenn von den Bildern, den ›Idolen‹ der Helena, statt von ihr selbst die Rede ist. Mephisto-Phorkyas, der moderne Geist in antiker Maske, hält Helena das historisch Unstimmige an ihrer mythischen Pseudoidentität vor und zwingt sie zu der Einsicht, daß sie nicht Helena sei, sondern höchstens der Inbegriff aller Helena-Bilder.«

Während die Chormädchen als geschichtslose Naturwesen für Phorkyas' Aufgabe der Bewußtmachung der Geschichte und ihrer Überwindung kein Verständnis haben (Chorlied, V. 8882 ff.), ist sich diese in vollem Maße ihres Tuns bewußt. Die Höhe dieses Bewußtseins drückt sich auch im Wechsel des Metrums aus: Phorkyas spricht jetzt in trochäischen Tetrametern, die auch Helena übernimmt. Das Wesen der Schönheit, bisher durch »flüchtige Wolken« »verschleiert«, kann als »hohe Sonne« »blendend nun im Glanze« herrschen (V. 8909 f.). Mephisto-Phorkyas, als Urälteste im Ursprung der Geschichte und zugleich über der Zeit stehend, ist sich des Wesens der Schönheit immer schon bewußt gewesen:

»Schelten sie mich auch für häßlich, kenn' ich doch das Schöne wohl.«
(V. 8912)

Indem die Schönheit aber nun entschleiert in ihrer »Großheit« (V. 8917) dasteht, ist sie dem *Tode* nahe. Das spürt Helena bei ihrem Erwachen, als sie sich in ihrer Müdigkeit nach Ruhe sehnt (V. 8914). Die Todesnähe bringt ihr auch Phorkyas zum Bewußtsein, als sie sie mit ihrem vorgeblichen Opfertod konfrontiert (V. 8924 ff.). Die Idee der Schönheit, die rein ins Licht getreten ist, kann nicht mehr ins natürliche und ins geschichtliche Leben zurückkehren. Die Vollendung der Schönheit ist für Goethe – wie Emrich (2, S. 320 ff.) an mehreren Beispielen an Goethes Werk gezeigt hat (Mignon, Ottilie; vgl. auch Euphorion) – Tod; der Tod ist »Zugang zum letzten höchsten Stadium des Schönen« (Emrich 2, S. 322). So trennt Phorkyas nun auch das Schicksal Helenas von dem des im Naturhaften beharrenden Chores: Während Helena einen »edlen Tod« (V. 8927) erleiden und »anständig würdig aber doch bestattet« sein soll (V. 8946), ist den Choretiden ein würdeloses Ende bereitet (V. 8928 f.). Die Todesdrohung der Phorkyas ist also nicht nur ein Vorwand, um Helena dem Übertritt in das Reich Fausts geneigt zu machen, sondern eine weitere Maßnahme, mit der Helena zum Bewußtsein ihres Wesens gebracht werden soll.

Der Prozeß der Bewußtwerdung nimmt aber mit Phorkyas' Hilfe noch seinen Fortgang. Es soll Helena klar werden, daß sie ihren geschichtlichen und natürlichen Boden verloren hat. Phorkyas wirft ihr vor, sie habe »freventlich« ihrer »Schwelle heilige Richte mit flüchtigen Sohlen« überschritten und damit gleichsam ihre Heimat »zerstört« (V. 8978 ff.). Dieser Frevel sei »geschichtlich«, »ein Vorwurf keineswegs« (V. 8984). Die ins Zeitlose erhobene Schönheit ist bodenlos geworden; darin beruht die Möglichkeit, aber auch die Notwendigkeit ihres Überganges in eine neue Welt. Helena muß sich ihrer Heimatlosigkeit bewußt werden, um in die neue Welt Fausts eintreten zu können.

Phorkyas überbrückt die Zeiten, die zwischen den Welten und den geschichtlichen Epochen liegen, durch ihre Erzählung. Geographisch bleibt der Ort der Handlung der gleiche. Goethe bedient sich dabei der historischen Tatsache, daß im vierten Kreuzzug 1204 fränkische Ritter den Peloponnes eroberten, auf der Halbinsel kleine Fürstentümer gründeten und die Burg Mistra errichteten. Phorkyas entwirft in knappen Zügen ein Bild mittelalterlichen höfischen Lebens. Faust wird als »munterer, kecker, wohlgebildeter, [...] verständ'ger Mann« (V. 9011 f.) geschildert (nicht als ein Barbar wie die Griechen, vgl. V. 9054 ff.). Die Buntheit der Wappen (V. 9029) und die Pflege der Traditionen der Ahnen (V. 9038) weisen ebenso auf ritterliche Lebensart hin wie Tanz und höfische Feste (V. 9044 f.). Dieses Leben spielt sich ab in einer phantastischen *gotischen* Architektur, die in ihrer Verfeinerung im Gegensatz zu dem »plumpen Mauerwerk« (V. 9018) der archaisch-griechischen Bauten steht. »Regelhaft« ist sie; »himmelan strebt sie empor«; sie ist »spiegelglatt wie Stahl«; sie scheint verspielt mit ihren »Säulen, Säulchen, Bogen, Bögelchen, Altanen, Galerien« (V. 9022 ff.). Emrich (2, S. 328 ff.) weist die Bedeutung dieser gotischen Architektur im gedanklichen Zusammenhang von Goethes kunsttheoretischen Ansichten nach. Wildem Ursprung (zyklopisches Mauerwerk, V. 9020) wird kultivierte modische Glätte entgegengesetzt. Die moderne Kunst (nach den Auffassungen der Zeit auch durch die mittelalterliche Kunst repräsentiert) ist ebenso modisch-verspielt und im eigentlichen Sinne künstlich wie auch ins Unendliche ausgreifend und in ihren Innenräumen (»innen großer Höfe Raumgelasse, rings / Mit Baulichkeit umgeben«, V. 9026 f.; »im Labyrinth / Der wundersam aus vielen einsgewordenen Burg«, V. 9145 f.) »ganze Welträume« (V. 9594) umfassend. Was die moderne

Kunst (im Gegensatz zur antiken) kennzeichnet, ist also einerseits Künstlichkeit und Naturferne, andererseits Wendung zur Innerlichkeit und Evokation des Gefühls. Darauf ist bei der Erörterung des Problems der neuzeitlichen Musik schon hingewiesen worden. Die kunsttheoretische Problematik, die im Helena-Akt aufgerollt wird, ist letzten Endes keine historische, sondern eine ontologische: »Antike und Gotik sind vermeintliche historische Erscheinungen einer im Grunde ontologisch bedingten Kunstkonstruktion, die in kühnem Wurf einen Totalaufbau von Ursprung, verhängnisvollem Weltlauf und sich ›ideal‹ rettendem ›Ende‹ immer erneut auftürmt« (Emrich 2, S. 335).

Was Helena letztlich bewegt, dem Übergang in die Faust-Welt zuzustimmen, ist der Schall der Trompeten in der Ferne, den Phorkyas als das Nahen des eifersüchtigen Menelas deutet (V. 9063 ff.). Auch hier handelt es sich nicht nur um einen Trick der Phorkyas, sondern um ein urphänomenologisches Ereignis: um das Erscheinen des *Krieges* als eines konstituierenden Elements des Weltlaufs, das in einer polaren Spannung zu arkadischer Idyllik steht; darauf wird unten noch einzugehen sein.

Helena ist sich des schicksalhaften Augenblicks bewußt, der das Zukünftige zum Bösen wie zum Guten wenden kann. Sie fürchtet in Phorkyas einen »Widerdämon« (V. 9072), ein Wesen von negativer Tatkraft, das die wiedergewonnene Existenz zunichte machen könnte. Angst, daß der Weg durch die sich verbreitenden Nebel ein Weg in den »ewig leeren Hades« sein könnte, befällt auch den begleitenden Chor (V. 9102 ff.; 9116 ff.). Die Welt, in der sich Helena und die Mädchen wiederfinden, ist nicht mehr die freie Natur, in der sie sich an dem »lieblichen schilfumkränzten Gestade« des Eurotas (V. 9092 ff.) aufhielten, sondern die Kunstwelt des mittelalterlichen Hofes, dessen Mauern sie erblicken.

D. Lohmeyer legt dar, daß Phorkyas in den Versen 8974-9002 erzählend die griechische Geschichte als »Hausbewahren« (V. 8974) und »Seedurchstreichen« (V. 8985) auf ihren »Begriff« bringt. »Indem hier der Ablauf der Geschichte von Phorkyas auf seine Begriffe gebracht wird, wird er zur verstandenen Geschichte, zur ›Historie‹, und Phorkyas bewährt sich Geschichten erzählend in der Tat als das neuzeitliche Bewußtsein von der geschichtlichen Zeit. [...] Und nachdem die Geschichte einmal erzählend abgelaufen ist, die Distanz zwischen Antike und Mittelalter im Bewußtsein überwunden, beginnt der Prozeß des Überschreitens des zeitlichen Hiats von Helena aus: es beginnt der Prozeß des Übertritts der ideellen griechischen Schönheit in die abendländische Neuzeit, die mit dem Mittelalter beginnt« (2, S. 309 f.).

Metrik und Sprache der Szene hat Kurt May untersucht (S. 159 ff.). Zusammenfassend sagt er zum *Vers*: »Im ganzen waltet der Geist strenger Messung, regelvoller Bindung und Durchgliederung. Der Trimeter, so wie hier behandelt, schafft mit seinen Mitteln am festlich erhebenden Eindruck einer Gesetzmäßigkeit der Welt als eines gegliederten ordo« (S. 161). »Absicht und erreichte Wirkung sind: Mannigfaltigkeit in der Einheit, Verlebendigung innerhalb der Gemessenheit und Monotonie« (S. 162). Die Chorverse bedeuten »von der Gestaltseite her eine erhebliche Auflockerung in der Statik des Helena-Weltbildes, lassen [...] die elementare Lebensbewegung innerhalb der kosmischen Ordnungswelt verspüren, die dort gebändigt ist, also: die dort beherrschte Spannung in aller Ruhe, Dauer, Ordnung und Harmonie wird hier weiter gelockert« (S. 165). Zur *Sprache* führt May u. a. aus: »Die Sprache der ersten Helena-Szene ist überfüllt mit Allgemeinbegriffen; sie offenbart eine große Kraft und unersättliche Lust des Denkens in Gattungsideen [...]. Die Sprache schafft [...] fortwährend am Eindruck des Vorhandenseins einer höheren, idealgesetzlichen Ordnung in der Welt, in der die Vereinzelung der Dinge aufgehoben ist« (S. 166). »Auch in dieser Szene ist die antithetische Denk- und Anschauungsform stark ausgebildet [...]. Vor allem in den chorischen Liedern wird das, was wir meinen, im besonderen für das Kontrastverhältnis des Schönen zum Häßlichen deutlich« (S. 167). »Alle diese Allgemeinbegriffe und Gedanken deuten auf ein Reich, einen Kosmos, ein gegliedertes Ganze fester gültiger Normen, die das schwankende Menschenleben durchdringen« (S. 168). May weist hin auf die typischen Beiwörter, die häufige Substantivierung des Adjektivs, die Fülle der perfektischen Partizipien, die die »Stabilität des Weltbildes« bezeugen (S. 168 ff.). In der Sprache Helenas zeige sich das Statische ihres Wesens; »Helena ist die volle Verwirklichung, die reine Verleiblichung von Ideen, von Normen, von ewigen Gesetzen« (S. 173). Darin unterscheide sie sich von Faust und seiner Sprache.

INNERER BURGHOF

In Abwesenheit von Phorkyas und ohne von Faust bemerkt zu werden, befinden sich Helena und der Chor in dessen Burg, »umgeben von reichen, phantastischen Gebäuden des Mittelalters«. Noch immer sind die Chormädchen von der Angst erfüllt, daß sie sich in den Gefilden des Hades befänden, daß das, was sie berührten, zu Asche zerfallen könnte (V. 9162 ff.). Inzwischen haben die ritterlichen »Jünglingsknaben« (V. 9157) den Thron errichtet (V. 9165 ff.), auf dem Helena Faust begegnen soll.

Faust naht »mit langsam-ernstem, ehrfurchtsvoll gehaltnem Schritt« (V. 9190), als »wunderwürdige Gestalt« von »erhabnem Anstand« (V. 9183 f.) vom Chor bezeichnet. Er führt den gefesselten *Lynkeus* mit sich, der es versäumt hat, die Ankunft Helenas zu melden (V. 9206 f.).

»*Lynkeus*, wörtlich ›der Luchsäugige‹ (worauf 9231 anspielt), hieß der Steuermann der Argonauten. Goethe nimmt in »Faust II« mehrfach antike Namen auf (Euphorion, Philemon und Baucis), und so nennt er den Turmwächter hier Lynkeus, wie dann später auch im 5. Akt« (Trunz, S. 590).

Lynkeus stellt sich »in strophischen Reimversen von hinreißendem Schwung« (ebd.) als der Scharfsichtige (V. 9230 f.) vor, der mit seinen Augen, mit seinen Sinnen der Schönheit ganz hingegeben ist. Er ist Gegenbild Fausts und zugleich Spiegelung seines Wesens. Er repräsentiert eine Stufe des Schönheitserlebens, die Faust, der jetzt Helena mit gelassener Würde entgegentritt, schon überwunden hat.

Helena spricht Lynkeus frei. Sie ist sich der dämonischen Kraft der Schönheit

68

bewußt, die die Menschen betört und verwirrt und »Not auf Not« bringt (V. 9255). »Es ist das tragische Los des Schönen, in dieser irdischen Welt von einer andersartigen Fremdheit zu sein, die seine Existenz schon im Keime bedroht und unmöglich macht. Schönheit wird zur tragischen Gefahr für den Menschen und die menschlichen Ordnungen« (v. Wiese, S. 156).

Während Faust seiner neu entflammenden Liebe zu Helena Ausdruck gibt (»Das alte Pfeil-Motiv, schon eine Metapher der Barockdichtung, verwendete Goethe in der Symbolsprache seines Alters mehrfach zur Kennzeichnung verwundender, festhakender, ins Innerste dringender Liebe«, Trunz, S. 590; s. V. 9258 ff.) und sich selbst und seinen Besitz und seine Herrschaft ihr zu eigen gibt (V. 9270 ff.), erscheint Lynkeus mit einer *Kiste*, die mit Schätzen angefüllt ist, welche ihm einst als Kriegsbeute zugefallen sind. Schätze und Reichtümer, für die anderen nur Objekt des Begehrens, sind für Lynkeus, den Schönheitssuchenden, Symbol für die elementare Kraft der Liebe und der Schönheit, die sich ihm in Helena darstellt.

D. Lohmeyer (2, S. 317 ff.) ist der Ansicht, daß Lynkeus, mit Kisten voller Schätze beladen, zugleich mit der Dimension des Geschichtlichen beladen sei. Er repräsentiere den auf Schönheit und Reichtum gerichteten Geist der frühen mittelalterlichen Jahrhunderte. Er werde als erster von Helenas Schönheit überwältigt, um dann abzutreten und das Gespräch Faust zu überlassen und so die Vereinigung des neuzeitlichen Geistes (Faust) mit der Antike (Helena) vorzubereiten.

Faust aber weist Lynkeus' Angebot zurück: »Entferne schnell die kühn erworbne Last« (V. 9333). Sein Verhalten ist nicht durch Eifersucht motiviert, sondern es ist Zeichen der Bändigung und Überwindung der Leidenschaft. Faust war »am Schluß des ersten Aktes wieder in ein leidenschaftliches Verhalten gegenüber Helena zurückgefallen, das erst im dritten Akt überwunden wird, wo er gleichfalls als souverän überlegener Liebender und Herrscher Helena gegenübertritt und die Leidenschaft in sich gebändigt hat, symbolisiert in der Bändigung des Lynkeus« (Emrich 1, S. 181).

Es baut sich nun jene *Gipfelszene* des dritten Aktes auf, in der die Vereinigung Fausts und Helenas sich ereignet. Schon Lynkeus deutet in seinen überleitenden Versen (V. 9346 ff.) an, daß sich unter dem Eindruck »dieser Schönheit Übermut« (V. 9349) alles von selbst, ohne Zwang, ohne Befehl, in Freiheit und zugleich Notwendigkeit vollzieht. Die *Liebesvereinigung Fausts und Helenas, Symbol für die Begegnung und Einswerdung der nordisch-modernen und der antik-klassischen Kunst- und Geisteswelt*, offenbart sich in *Vers* und *Sprache*. An Faust, der schon seit Vers 9192 im *Blankvers*, dem Vers der modernen klassischen Tragödie, spricht (modern, aber doch maßvoll und Gefühl und Leidenschaft bändigend), hat sich Helena, vorher noch den jambischen Trimeter gebrauchend (bis V. 9140), schon seit Vers 9213 angeglichen. Voller Erstaunen aber hat sie die von innerer Erregung erfüllten Verse des Lynkeus gehört:

> »Erstaunen trifft mich, fragen möcht' ich viel.
> Doch wünsch' ich Unterricht, warum die Rede
> Des Manns mir seltsam klang, seltsam und freundlich.

Ein Ton scheint sich dem andern zu bequemen,
Und hat ein Wort zum Ohre sich gesellt,
Ein andres kommt, dem ersten liebzukosen.« (V. 9366 ff.)

Und so ergibt sich wie von selbst der Übergang zum gesanghaften (V. 9373) *Reim*, der »Ohr und Sinn im tiefsten Grunde«, d. h. auch im Bereich der Innerlichkeit, »befriedigt« (V. 9374). Den tragenden Grund neuzeitlicher Kunst nennt Faust der Geliebten: »es muß von Herzen gehn« (V. 9378). Im Überfluß der »Sehnsucht« (V. 9379) gelingt der erfüllte *Augenblick*, die *absolute Gegenwart*, der Genuß einzigartigen *Glücks* (V. 9381 f.). Wie von selbst stellt sich der Reim ein, jenes Mittel harmonischen Gleichklangs, jenes Symbol der Zusammenbindung des Ungleichen, Verschiedenen, jener musikalische Ausdruck verinnerlichten Gefühls. Dieser Reim durchdringt und durchwebt gleichsam mehr und mehr die Verse: Er erscheint nicht mehr nur als Endreim, sondern auch als Binnenreim (fern – gern; kaum – Traum; verlebt – verwebt; nicht – Pflicht, V. 9411 ff.). »Man beachte, wie raffiniert die Innenreimworte in dieser Versgruppe hin- und hergeschoben werden, bald in den dritten, bald in den zweiten Takt« (May, S. 190).

Diese Verse bilden nicht nur von der Handlung her, sondern auch formal einen Gipfel- und Wendepunkt. Dazu führt May aus (S. 191): »Die Diktion dieser Verse mit ihren kurzen, lapidaren, zumeist in die Einheit des Verses eingeschlossenen Sätzen ist gleichweit entfernt von faustischer Dynamik und griechisch-klassischer Architektonik. Diese Gegensätze scheinen aufgelöst. Die Waage scheint im Gleichgewicht zu schweben. Auch die Spannung von Gesetz und Drang, von Seinscharakter und Werden scheint gelöst. Die Stimme und der Ton der Griechin und die Faustens sind nicht mehr voneinander zu unterscheiden.«

Der *Augenblick*, in dem sich die Vereinigung Fausts mit Helena vollzieht, ist wie der Höhepunkt des ägäischen Festes, in dem der Mond im Zenit verharrt, der Zeit enthoben. Er ist absolutes Jetzt, reine Gegenwart, die Vergangenes und Zukünftiges ebenso einschließt wie aus sich verbannt. Er ist bloßes Da-Sein, auf das hin Faust und Helena sich entwickelt und bewegt haben. Noch einmal wird sich Helena ihrer »Doppelhaftigkeit« (V. 8872) bewußt, indem sie sich »so fern und doch so nah« fühlt (V. 9411): Indem sie sich in diesem Augenblick als ihr Wesen verwirklicht, ist sie so »nah«, wie sie als geschichtliche Erscheinung in die Ferne gerückt ist. Insofern kann sie sich auch »verlebt und doch so neu« (V. 9415) scheinen. Sie, die als die Treulose in die Mythologie eingegangen ist, kann nun »treu« sein (V. 9416), weil sie sich in diesem Augenblicke selbst verwirklicht. Treu aber ist sie »dem Unbekannten«: Indem diese Vereinigung nicht nur die Verschmelzung des Antiken und des Modernen symbolisiert, sondern das Ins-Licht-Treten der klassischen Schönheit, ihre Manifestation in der klassischen Kunst überhaupt, wird diese als Erscheinen des Absoluten in der Wirklichkeit unendlich und unausschöpfbar und insofern »unbekannt«. Es handelt sich nicht nur darum, daß Faust als Repräsentant einer ihr fremden geschichtlichen Welt ihr unbekannt wäre, sondern der einmalige Schöpfungsakt, der sich vollzieht, ist selbst ein Weg ins Unbekannte. Aus diesem Grunde ist auch das, was sich hier abspielt, eigentlich nicht mehr benennbar, aussprechbar, verfügbar; Faust sagt: »mir zittert, stockt das

Wort« (V. 9413). Was geschieht, geschieht absolut spontan und kann nicht »durchgrübelt« werden (V. 9417). »Dasein ist Pflicht« (V. 9418): Es geschieht hier in diesem Augenblick mit unbedingter Spontaneität, die Freiheit und Notwendigkeit in sich aufhebt.

In der Forschung ist immer wieder die Frage erörtert worden, ob nicht Faust in diesem erfüllten Augenblick schon seine *Wette* verloren habe. Diese Frage ist dann legitim, wenn man Helena als Versuchung Fausts betrachtet. So sagt z. B. *Gundolf* (S. 773): »Genau genommen ist mit der Helena-Episode schon jener Augenblick erreicht, zu dem Faust sagt ›verweile doch, du bist so schön‹ – und nur weil die Helenawelt als ein abgeschlossener magisch zeitloser Traum inmitten der Mensch- und Teufelswelt gelten kann, macht Mephisto hier noch keinen Anspruch: die Träume Fausts sind von seinem Pakt nicht betroffen, und das Erwachen aus dem Traum, das diesmal nicht freiwillig erfolgt, stellt den alten Zustand wieder her.« *Rickert* (S. 380 f.) führt aus: »Auch das ist klar, weshalb Helena eine schwerere Versuchung für Faust war zu beharren als Gretchen und vollends als der Sinnentaumel auf dem Blocksberg. Das Aufgehen in solchem Genuß überwand ein Mann wie Faust leicht. Jetzt drohten ihm andere Gefahren. Gerade weil Mephistopheles im Verlauf der Helenatragödie immer mehr zurücktrat, ja schließlich angesichts der allbezwingenden Schönheit in die antike Welt aufgegangen zu sein schien, stand Faust in schwerster Versuchung, untätig zu werden. Der Genuß, der sich ihm hier bot, konnte dem Geläuterten Befriedigung geben. Deshalb müssen wir sagen: zu seinem tiefsten Schmerz behält Faust diesmal Recht: auch im edelsten Genuß der klassischen Schönheit findet er die Ruhe, d. h. das ›Faulbett‹ nicht, die er bei der Wette verschworen hatte.«

Andere Forscher sind von der Ansicht, Faust werde hier versucht, weitgehend abgerückt. So sagt *D. Lohmeyer* (1, S. 114): »Das Erlebnis der Erfüllung im glücklichen und vollkommenen Augenblicke ist zugleich das Erlebnis des Unendlichen im Endlichen, der Ewigkeit in der Zeit. Die Wette indessen ging auf Sättigung im Endlichen. Sie beruhte auf der christlichen Trennung von Ewigem und Zeitlichem und galt nur für ein dumpfes Verharren im irdischen Moment. Der vollkommene Augenblick ist indessen ein Augenblick höchster Produktivität, er ist ein Augenblick des Genießens und Gestaltens zugleich und liegt außerhalb von Mephistos Zuständigkeit.« *Reinhard Buchwald* (1, S. 190) sagt: »Faust will jetzt den Augenblick des schönen Daseins nicht festhalten und bleibt sich der Vergänglichkeit und Wandelbarkeit alles Irdischen wohl bewußt. Er weiß, daß Helena nur eine begrenzte Dauer für ihre Rückkehr gewährt ist. Er vereint die Daseinsfreude mit der Einsicht in diese Gefährdung alles Irdischen, aber auch mit der Bereitschaft, sich restlos weiterreißen zu lassen. Die Stelle ist deutlich genug als Gegensatz zu dem Vers im Vertrag mit Mephisto formuliert: Er werde nie zum Augenblicke sagen, daß dieser verweilen möchte.« Auch *Emrich* (2, S. 343) bezeichnet den Versuch, »diese Feier des ›Augenblicks‹ mit Fausts Wette in Verbindung bringen zu wollen«, als »widergoethesch«.

Der Auffassung, daß Mephisto nun seine vertraglichen Rechte in Anspruch nehmen könne, widerspricht auch sein störendes »heftiges Eintreten«. »Denn bei einer Erprobung dieser Wette müßte Mephisto Faust gerade tiefer in den Genuß dieses Augenblicks führen, statt ihn mit ›verwegener Störung‹ zur Tat zu ermuntern« (Emrich 2, S. 345). Mephisto-Phorkyas aber will keineswegs den Augenblick der Zeitlosigkeit erhalten, sondern vielmehr wieder Zeit erzeugen, deren schicksalserfüllter Ablauf sich im »dumpfen Wettern« (V. 9423) der Kriegsdrohung manifestiert. Die neue Konfrontation mit Zeit und Geschichte aber ist notwendig, weil es bei der Sprachlosigkeit und »der großen Leere« (Paralipomenon 166) dieses Augenblicks nicht bleiben kann. Schönheit und Kunst verwirklichen sich gestaltet, artikuliert in der Zeit und in der Konfrontation mit der Geschichte. Als Gegenphänomen ästhetischer Idyllik erscheint das geschichtliche Phänomen des *Krieges*, dem sich Faust auch stellt. Es gilt nicht, in ein Reich reiner Ideen aufzusteigen und dort zu verharren, sondern »die Schaffung einer verewigten Zeit (Urzeit) mitten in der Geschichte. Denn jetzt, nachdem die reale Antike und die reale Gotik, Helenas Vergangenheit und Fausts gotische Burg, erschienen und ›abgetan‹ sind, nachdem sowohl Schönheit wie Dichtung sich voll geoffenbart haben, kann das Urverhältnis, in dem Dichtung *überhaupt* zu Zeit (Geschichte) *überhaupt* zueinander steht, rein und urphänomenologisch bestimmt werden. Ja jetzt muß im Grunde dieses Urverhältnis in seiner vollen, absoluten und ungehemmten Kraft hervorbrechen. Die *Dichtung* muß nun frei und grenzenlos unbedingt ihrer Bahn folgen (Euphorion), und die *Geschichte* muß eine Urform von Zeit aus sich herausstellen, auf die radiengleich alle Formen von Zeit zulaufen (Arkadien). Eine ewig gegenwärtige, poetische Urzeit kann nunmehr realisiert sichtbar – wenn auch an sich fiktiv-dichterisch – in einer wirklichen, vergötterten *Landschaft* erscheinen (Arkadien)« (Emrich 2, S. 345 f.)

Auf Fausts Befehl geschieht die germanisch-mittelalterliche Eroberung des Peloponnes (V. 9442 ff.). Indes sich dieses historische Ereignis vollzieht, läßt sich Faust nicht in die Verstrickungen der Geschichte zurückziehen: »Wir halten in der Mitte stand« (V. 9509). Aus dem Toben des geschichtlichen Krieges erhebt sich in Fausts Worten *Arkadien*, das Zentrum des Peloponnes, die Landschaft des Goldenen Zeitalters, wie es Goethe schon in seinem Aufsatz »Wilhelm Tischbeins Idyllen« beschrieben, in das er sich auf der Italienischen Reise versetzt gefühlt hat. In vollen fünftaktigen Versen (V. 9526 ff.) und in lyrischer, mit reicher Lautsymbolik angefüllter Sprache preist Faust Berge und Matten, Quellen und Bäche, Schluchten und Hänge, Eiche und Ahorn, Obst und Honig, Tier und Mensch. Das einzelne Bild erhebt sich ins Typische und insofern ins Allgemeine. Arkadien erscheint als Reich der Geborgenheit (V. 9546 f.) und des »Wohlbehagens« (V. 9550). Wie im Goldenen Zeitalter Hesiods sind die Menschen den Göttern nahe, so daß göttliche und menschliche Existenz kaum zu unterscheiden sind (V. 9556 ff.).

Arkadien ist in der Zeit, aber dennoch nicht geschichtlich; die reale Geschichte hat hier keine Wirkungskraft mehr (»Vergangenheit sei hinter uns getan!«, V. 9563). Arkadien ist eine Urwelt (»erste Welt«, V. 9565, wo »alle Welten« sich »ergreifen«, V. 9561), die urphänomenal jeder natürlichen und geschichtlichen Welt zugrunde liegt. Aber diese Welt als Welt in der Geschichte wiederum ist etwas Vergängliches; *noch* ist »feste Burg« (V. 9566) nicht vonnöten, um die Stürme der kriegerischen Geschichte zu bestehen; noch »waltet« »Natur im reinsten Kreise« (V. 9560), »wandeln sich die Thronen« »zur Laube« (V. 9572). Geschichte überhöht sich hier zur Natur; das historische Hellas verliert seinen zeitlichen Charakter und wird zur »zweiten Natur«.

Emrich (2, S. 346 f.) führt zusammenfassend aus: »Arkadien eliminiert sozusagen mitten im Geschichtlichen (Völkerwanderung) das spezifisch Geschichtliche, um einen ewigen Urgrund von Geschichte zu erhalten [...]. Aus der Geschichte selber und ihren Thronen tritt nun transzendental freie (V. 9573) und übernatürliche Natur heraus, denn eine Natur wie diese ist in keiner wirklichen Natur auffindbar [...]. Die ›reine Natur‹ Arkadiens ist also nicht etwa ein Einbruch wirklicher Natur in wirkliche Geschichte, sondern bezeichnet die transzendentale Bedingung der Möglichkeit erfüllten Daseins überhaupt. Sie ist in diesem Sinne abstrahiert von der realen Natur wie von der Geschichte (antikes Arkadien), obgleich sie an und für sich beide, eine natürliche und eine geschichtliche Welt, in sich einschließt. Arkadien weist auf ein ganz bestimmtes, historisch antikes Arkadien, und andererseits auch ist es zeitlose Natur. [...] Hellas tritt nicht als Regel und Norm in seiner realgeschichtlichen Struktur, sondern als ewig verjüngende, transzendentale Natur in das Reich des faustischen Deutschen. [...] Der ganze Umschlag von Geschichte in Natur (von ›Thronen‹ in ›Lauben‹) zielt auf die Gewinnung einer reinen Welt mitten in der Geschichte, die eine Erhebung des Zeitlichen ins Göttlich-Ewige ermöglicht: Arkadien als natürliche und mythisch-geschicht-liche Landschaft verknüpft die beiden Pole Natur und Geschichte, die in der Klassischen Walpurgisnacht noch stark gegensätzlich auseinanderstanden, zu einer inneren Einheit, wel-che die Voraussetzung bildet für die Gewinnung einer klassischen Geschichtsnorm, die als ewig verpflichtende und gültige Norm notwendig sich an der Natur orientiert. D. h. der letzte Sinn der großen Bindung der Klassik ans antike ›Vorbild‹ beruht auf nichts anderem als auf der Durchdringung der antiken Vorzeit mit ewig gegenwärtigen, biologischen Pro-duktivkräften, aus denen jede spätere, schöpferische Welt eine neue Lebendigkeit zu gewin-nen vermag. [...] Nicht ohne Grund ersteht Arkadien erst aus der Einheit von Moderne und Antike, aus dem Zusammenwirken von Faust und Helena, gotischer Burg und Antike, nicht aus einer einseitigen Normierung der Antike.«

Schlaffer weist am Lobpreis Arkadiens auf die formelhafte Sprache hin, die der Allegorie angemessen sei. »Zur allegorischen Komposition der Bilder tritt der begriffliche Charakter der Sprache von ›Faust II‹« (2, S. 135). »Merkwürdig ist der Gebrauch des bestimmten Arti-kels im Singular. Anders als in der Poesie und auch in der Umgangssprache üblich, bezeich-net hier ›die Eiche‹, ›der Ahorn‹, ›die Wange‹ nicht das konkrete Exemplar, sondern den jeweiligen Gattungsbegriff. In diesem Sinne reden die Botaniker oder die Anatom von der Eiche oder der Wange, wenn sie den für die Zwecke der Wissenschaft nötigen Idealtypus meinen. Sein Numerus ist der Singular des Begriffs, der für den Plural der Erscheinungen steht. Ähnlich faßt der Sammelname ›Obst‹ eine konkrete Vielheit sprachlich zur Einheit zusammen. Wo sich die poetische Konvention die Anschaulichkeit roter Äpfel, gelber Bir-nen kaum entgehen ließe, reduziert Goethe die Besonderheiten auf das Kollektivum. [...] Vom Obst als einer Speise, die aus den nahen Ebenen komme, erfährt man eher etwas in einem wirtschaftsgeographischen Lehrbuch als in einem bukolischen Gedicht.

Kaum verwundert es noch, daß den Bewohnern dieser Landschaft als erstes das Abstraktum Wohlbehagen zugeschrieben wird. Ihm folgen nicht einzelne Bilder sinnlicher Anschauung, sondern eine Erläuterung des Begriffs Wohlbehagen« (2, S. 136).

Zu der nun erscheinenden arkadischen Landschaft sagt Lohmeyer (2, S. 339): »Anstelle der götter- und menschenumgreifenden Natur, ein Naturausschnitt von bewußter Künstlich-keit. Ja die Verdoppelung der Höhlen durch ›geschlossene Lauben‹ fällt auf. Eine zweite Natur, die der Mensch der ursprünglichen künstlich nachgebildet hat, scheint sich in das Bild miteinzufügen. Einen Wink zur Erklärung gibt Phorkyas, wenn sie von hier aus die ›Bärtigen‹ im Parterre anredet. Wir befinden uns auf dem neuen Arkadien auf einer antikisi-renden Bühne, die sich der arkadischen Szene als ihrer Kulisse bedient. Künstlichkeit und

Anmut der Landschaft weisen gleichermaßen auf ihren Kunstcharakter. Die Landschaft antiker Schönheit verwandelte sich in die Geburtslandschaft einer neuen klassizistischen Kunst.«

SCHATTIGER HAIN (ARKADIEN)

Bei einer völligen Verwandlung des Schauplatzes erscheinen Felsenhöhlen und geschlossene Lauben. Die Liebesvereinigung Faust und Helenas ist jetzt ganz in die Innenräume verlegt; sie vollzieht sich fern von der Geschichte und im Bereich der *Innerlichkeit*. In diesem Bereich ereignet sich auch die Geburt des poetischen Genius *Euphorion*. Wie Mephisto-Phorkyas berichtet, hat sich in den Höhlen und Lauben der arkadischen Region eine reiche Welt aufgetan, »ganze Weltenräume [...], Wald und Wiese, Bäche, Seen« (V. 9594 f.), »Saal an Sälen, Hof an Höfen« (V. 9597). Die Phantasie-Weltenräume, die sich in der Innerlichkeit gleichsam ins Unendliche, in »unerforschte Tiefen« (V. 9596) ausdehnen, sind der Boden für die Entfaltung der Kunst, der Poesie. Als ein »Märchen« (V. 9595) erscheint den in den Bereichen des Geistigen »unerfahrenen« (V. 9596) Chormädchen die Erzählung der Phorkyas; für sie ist das geistige Reich Arkadiens, zu dem sie keinen Zugang haben, etwas Unwirkliches. Nur im Zustand des Schlafes (V. 9574) haben sie an der Verwandlung der Szene zur arkadischen Landschaft teilnehmen können, ohne einen Blick in das Innere der Höhlen und Lauben werfen oder das, was sich dort abspielt, in seiner Bedeutung auch nur erahnen zu können. Freilich hat diese Innenwelt einen irrealen Charakter; sagt doch Phorkyas selbst: »das sind unerforschte Tiefen: [...] diese spürt' ich sinnend aus« (V. 9596 f.). Phorkyas als »Ururälteste«, im Ursprung von Zeit und Geschichte Stehende und als Repräsentantin der Moderne umgreift gleichsam mit ihrem Geiste alle Bereiche der Geschichte und schafft durch die Kraft ihrer konstitutiven Phantasie die Bedingung der Möglichkeit der Zeitlosigkeit in der Zeit und der Geschichte und des Entstehens einer zeitlosen, der Geschichte enthobenen klassischen Kunst, in der geschichtlich vergangene Schönheit in der Begegnung mit der Moderne neues eigentümliches, wenn auch die historische Wirklichkeit überhöhendes Leben gewinnt.

Wunderbar wie die Bildung der arkadischen Innenwelt ist die Geburt *Euphorions*. Schon unmittelbar nach seinem In-die-Welt-treten »springt« er »von dem Vater zu der Mutter« (V. 9599 f.), und dieses *Springen* ist schon als eine Vorform des Fliegens zu betrachten, das er bald versuchen wird, aber auch als die »Fortsetzung des faustischen Emporstrebens« (Trunz, S. 595). Wie Homunculus, der reine entelechische Geist, ist auch Euphorion ein Wesen, das sich als Mensch noch nicht verwirklicht hat: »Nackt, ein Genius ohne Flügel, faunenartig ohne Tierheit« (V. 9602). Zwischen Tier und Gott bewegt sich der Knabe, erfüllte Menschlichkeit nicht erreichend. Die Eltern warnen ihn vor dem versuchten Höhenflug, und der Vater Faust weist ihn darauf hin, daß seine Kräfte in der Erde liegen (V. 9608); das Antäus-Motiv (V. 9611; vgl. V. 7077) wird hier wieder aufgenommen. Nach Schätzen sucht Euphorion »in der Spalte rauher Schlucht«, in der er verschwunden ist (V. 9613): das Gold- und Schatzsymbol, »das vielleicht zentralste Ursymbol Goethes überhaupt« (Emrich 2, S. 192), zeigt seine Bedeutung auch hier;

Euphorion strebt nach den elementaren Kräften des Lebens und des Geistes, die durch Gold und Schatz versinnbildlicht werden. »Blumenstreifige Gewande / Hat er würdig angetan« (V. 9617 f.): Er, nackt und naturhaft, aber doch auch die Natur überragend, hüllt sich in Kleidung, mit Blumenstreifen geschmückt. Nicht die bloße Natur ist bereits Kunst, bereits Künstlertum; sie bedarf der Einkleidung durch das Künstliche, um sich als gestaltete Kunst zu zeigen. Nicht natürliche Blumen sind es, die ihn als Genius der Kunst ausweisen, sondern nachgestaltete Blüten, in denen die Wahrheit einer höheren und »zweiten« Natur sich manifestieren kann. So ist die Verkleidung Euphorions mehr als kindliches Spiel. Das Sichkleiden des Knaben ist auch im Zusammenhang mit der Schleiersymbolik Goethes zu sehen. Die Kunst hüllt das, was sie sichtbar machen will, in einen Schleier, und nur durch die Trübung des Schleiers kann das Ideale, das Gegenstand der Kunst ist, gesehen werden. Schleier und Kleidung repräsentieren den Bereich des Symbolischen, in dem sich jede echte Kunst bewegt. Sie vermitteln zwischen dem Menschlichen und dem Göttlichen, so wie auch das Springen und das versuchte Fliegen Euphorions Versuche der Vermittlung zwischen beiden Bereichen sind.

Wenn Euphorion, »in der Hand die goldne Leier, völlig wie ein kleiner Phöbus« (V. 9620) hervortritt, wird die göttliche Seite dieses Knabengenius deutlicher; es zeigt sich aber auch die Tendenz zur Formung seines künstlerischen Tatendrangs durch Vernünftigkeit und Tradition. In zunehmendem Maße erweist sich Euphorion als Geistwesen: darauf deutet auch die »Flamme übermächtiger Geisteskraft« (V. 9624) hin, die in Goethes Symbolkonstruktion ein Signum gesteigerter und in die Welt ausströmender geistiger Schöpferkraft ist. Als »künftiger Meister alles Schönen« wird er von Phorkyas angekündigt; und das Musikalische, das zu den Wesenselementen der modernen Kunst gehört, ist ihm als künstlerisches Prinzip inhärent (»dem die ewigen Melodien / Durch die Glieder sich bewegen«, V. 9626 f.).

Der *Chor* scheint von Phorkyas' Wundererzählung wenig beeindruckt zu sein (V. 9629 ff.). Er erinnert sich sogleich eines ähnlichen Wunders, der Geburt des *Hermes*, des Sohnes des Zeus und der Maja (V. 9644). Wie Euphorion ist Hermes in einer Höhle Arkadiens geboren worden; wie Euphorion ist er in wunderbarer Schnelligkeit herangewachsen (V. 9645 ff.); ihm waren Flügel verliehen, mit denen er »sonnedurchstrahlten Äther kühn und mutwillig« durchflatterte (V. 9660 f.). Ein kleiner Dieb wurde er, der »Dieben und Schälken« ein »ewig günstiger Dämon« war (V. 9663 ff.), in seinem Tätigkeitsdrang recht bald, und er scheute auch nicht davor zurück, »durch gewandteste Künste« (V. 9667) die Götter zu bestehlen. Um Apoll, dessen Rinder er entführt hatte, zu versöhnen, schenkte er diesem die am ersten Tage seines Lebens erfundene Lyra. Von diesem Raube und von der Erfindung des Musikinstrumentes durch den Knaben Hermes sagt der Chor freilich nichts; hierauf hat Goethe schon indirekt hingewiesen, als er Euphorion die goldene Leier des Phöbus finden läßt (V. 9620). Die Erfindung der Lyra jedenfalls rückt auch Hermes in den Bereich des Künstlerischen. Wie der Künstler sich alle Kreise der Welt gleichsam aneignet, um mit ihnen wie ein Kind ernst zu spielen, so stiehlt der Knabe Hermes den Göttern seine Attribute, in denen er ihnen zugleich ihre Waffen und ihre Instrumente des Eingreifens in die Welt raubt (Poseidon den Dreizack, Ares das Schwert, Hephästos die Zange, Zeus den Blitz, V. 9668 ff.); er nimmt den Mächten der Welt ihre gefährliche Schärfe. Schließlich okkupiert er auch Aphrodites Gürtel, das Zeichen ihrer Anmut, für sich (V. 9677 f.).

Indem der Chor die Kindheitsgeschichte des Hermes neben die Euphorions stellt, trägt er zur Entfaltung der Charakteristik des Helena-Sohnes bei. Wenn das Mythologische nach Goethes Ansicht das Typische im Bilde offenbar werden läßt, dann zeigt sich hier der göttliche Ursprung der Kunst und etwas von ihrem Wesen. Die Kunst ist »liebliche Lüge«, aber eben doch »glaubhaftiger als Wahrheit« (V. 9642 f.); sie ist gleichsam immer auf dem Fluge; sie eignet sich die Bereiche der Welt an, aber es bedarf der schöpferischen Erfindung des Kunstinstrumentes der Lyra, um diese Welten zu gestalten. Hermes steht im Ursprung der Kunst; er ist der Erfinder der Lyra. Euphorion aber ist ein Spätgeborener; er findet die Lyra nur in einer Felsspalte. Hermes als einem Gott des klassischen Griechentums ist Unsterblichkeit beschieden, während Euphorion nach kurzem Leben zugrunde geht.

Auf die Differenz zwischen Hermes als Erfinder der Lyra und Euphorion als ihrem Finder hat *Katharina Mommsen* (2, S. 60) zuerst hingewiesen; sie stellt allerdings die Szene in einen anderen interpretatorischen Zusammenhang. Das Finden von Schätzen sei ebenso wie die Existenz unterirdischer Paläste (V. 9596 ff.) der antiken Sage fremd; es seien typische Motive der orientalischen Märchen aus 1001 Nacht, denen die Interpretin einen entscheidenden Einfluß gerade auf die Gestaltung des Helena-Aktes durch Goethe einräumt. »Daß das Sagenmotiv aus Homerischer Hymne nach Weise der orientalischen Märchen erzählt wird, ist nur ein Beispiel für die vielfachen Berührungen von Okzident und Orient im 2. und 3. Akt des Faust. Als Modell kann dieser Fall gelten, weil er zeigt, wie Goethe dabei Sphären mischt in kunstvollen Übergängen. Orientalische Elemente werden ins Antike übersetzt, das Fremde wird gleichsam in die adäquate Tonart transponiert. So entsteht jene hintergründige Traum- und Zaubersphäre, die in der Weltliteratur einzig ist« (2, S. 62).

Nach Phorkyas' Bericht und der Entgegnung des Chors, die die Verwandtschaft Euphorions mit dem antiken Knabengenius Hermes, aber auch die entscheidende Differenz zwischen ihnen deutlich werden läßt, entfaltet sich die *Kunstsphäre Euphorions* immer klarer als eine *moderne*. »Ein reizendes, reinmelodisches Saitenspiel erklingt aus der Höhle« (Regieanweisung). Die *Musik*, von Goethe als typisch moderne Kunst betrachtet, bemächtigt sich nun der Dichtung und überhöht sie ins Opernhafte. Wie der Höhepunkt des ägäischen Festes, so ist auch diese Gipfelszene der ganzen Faust-II-Dichtung als *Opernlibretto* mit ausschließlich modernen, sangbaren Versen gestaltet (V. 9679-9938). Mephisto-Phorkyas, Repräsentant der neuen Zeit, kommentiert diese Wendung begeistert (V. 9679 ff.) und bringt zum Ausdruck, daß das Zeitalter heroischer Götterdichtung von einer Epoche der *Verinnerlichung* abgelöst worden sei:

> »Denn es muß von Herzen gehen,
> Was auf Herzen wirken soll.« (V. 9685 f.)

Daß diese Verinnerlichung die Gefahr der *Sentimentalisierung* mit sich bringt, zeigt die Reaktion des Chores, dieses Kollektivs der Mittelmäßigkeit, der sich »zur Tränenlust erweicht« fühlt (V. 9689 f.). Euphorion entwächst der arkadischen Idyllik der Faust-Helena-Vereinigung, deren Grenzen er sprengt. Das Glück der klassischen Harmonie ist nur von kurzer Dauer; aus ihr entspringt neues Streben, alle Grenzen des Endlichen zu überwinden. Die Oper wird hier nicht nur zum Medium der Verinnerlichung und musikalischer Sentimentalisierung, sondern auch zum Mittel des *heroischen Aufschwungs* und seiner künstlerischen Verklärung. Krieg und Frieden, Idyllik und Heroik sind polare Gegensätze, die in Goethes Vorstellungen nicht nur die Geschichte, sondern auch das geschichtliche Phänomen der Kunst wesenhaft bestimmen. So steigert sich in der allegorischen Gestalt Euphorions die Weltgeschichte der Kunst in einen letzten, zwar im Absturz endenden, aber diesen Absturz verklärenden Gipfel. Die Kunstgeschichte wird dabei zugleich zur zeitlichen Entfaltung des ontologischen Wesens der Kunst überhaupt.

Daß mit der allegorischen Euphorion-Gestalt zwar auch, aber nicht primär die der deutschen Klassik folgende romantische Kunst (im engeren Sinne) gemeint ist, sondern daß es sich um Wesensphänomene der Kunst überhaupt handelt, dürfte deutlich geworden sein. Dies wird auch bestätigt durch Goethes Äußerung zu Eckermann am 20. Dezember 1829:»Der Euphorion [...] ist kein menschliches, sondern nur ein *allegorisches* Wesen. Es ist in ihm die *Poesie* personifiziert, die an keine Zeit, keinen Ort und an keine Person gebunden ist«.

Insofern darf man auch die vielbeachtete Identifizierung des Euphorion mit *Lord Byron* nur als eine periphere Beziehung ansehen. Gewiß, Euphorion ist auch Byron; an ihn hat Goethe gedacht, wenn er in dem toten Jüngling den Zuschauer »eine bekannte Gestalt« erblicken lassen will. Aber auch Byron ist für Goethe nicht nur »Repräsentant der neuesten poetischen Zeit«, sondern Repräsentant des Dichtertums überhaupt: »Byron ist nicht antik und nicht romantisch, sondern er ist wie der gegenwärtige Tag selbst« (zu Eckermann am 5. Juli 1827).

Euphorions Springen ist Symbol für das Sichlösen genialer geistiger Kräfte von den Fesseln des Irdischen, aber auch Gesetz der Bildung des Geistigen überhaupt. Emrich (2, S. 351 f.) hat auf die Nähe zu Goethes naturphilosophischen Ideen hingewiesen. So wie die Natur sich in *Sprüngen* entwickelt, so findet auch die Bildung des Geistes in Sprüngen statt. Werden im Bereiche des Geistigen erscheint also auch hier wieder in die Natur und ihre spezifische Gesetzlichkeit eingebettet. Daß sich der poetische Genius keineswegs völlig vom Boden der Natur trennt, zeigen sein Spiel und sein Tanz mit den naturnahen Chormädchen (V. 9795 ff.). Daß auch in der Natur Geistiges wirksam ist und vom Dichter entbunden wird, wird an dem Mädchen deutlich, das unter Euphorions Umarmung zur Flamme (Symbol geistiger Kraft) sich verwandelt (V. 9800 ff.). Euphorion läßt sich nicht verlocken, in der Enge des bloß Natürlichen zu verweilen (V. 9811 ff.). Von Tatkraft und dranghaftem Willen getrieben, »springt« er »immer höher felsauf«, Arkadien, die Sphäre idyllischen Friedens unter sich lassend und die konträre Geschichtsmacht, den *Krieg* (V. 9837), suchend. Was Euphorion erreichen will, ist die Vereinigung von Dichtertum und Heldentum, die in Goethes Vorstellung ein Kennzeichen des heroischen Goldenen Zeitalters gewesen ist (vgl. die Problematik des »Torquato Tasso«). Diese urzeitliche Harmonie, dieses Einssein des Geschichtlich-Tätigen und des Poetischen wiederherzustellen, ist freilich nur für einen Augenblick und nur in einer heroischen und verklärenden Kunst möglich (wie auch die Antike nur im Bereich des Ästhetischen neu zum Leben erweckt werden konnte). Euphorion muß scheitern, und er will scheitern.

Was von ihm nach seinem tödlichen Absturz bleibt, sind seine *Aureole*, die »wie ein Komet zum Himmel« aufsteigt, und *Kleid, Mantel* und *Lyra* (Regieanweisung nach V. 9902).

Indem die Flammenerscheinung der Aureole, Symbol »übermächtiger Geisteskraft«, zum Himmel entschwebt und dort dem Irdischen entrückt ist, deutet sie auf eine Unsterblichkeit dieses Geistes hin, die Fausts Postexistenz am Schluß des Werkes entspricht. Euphorions Entelechie kann sich hier, des Stofflichen und Irdischen entkleidet, weiter entfalten. In der irdischen, geschichtlichen Welt hinterläßt er Kleid, Mantel und Lyra. Kleid und Mantel gehören, wie Emrich (2, S. 354 f.) gezeigt hat, in die für Goethes Kunstauffassung so wichtige Schleiersymbolik. Das eigentlich Künstlerische, zwischen Stoff und Form, zwischen Menschlichem und Göttlichem Vermittelnde, bleibt zurück und wirkt weiter. »Das ›Kleid‹ ist ein zurückbleibendes Element der Poesie, das Schulen stiftet und in die Folgezeit einwirkt, mag auch die ›Flamme‹, das unabdingbare Kennzeichen genialer Poesie, entschwunden sein« (Emrich 2, S. 355). Dies spricht Phorkyas, Euphorions »Exuvien« in die Höhe hebend, deutlich aus:

> »Noch immer glücklich aufgefunden!
> Die Flamme freilich ist verschwunden,
> Doch ist mir um die Welt nicht leid.
> Hier bleibt genug, Poeten einzuweihen,
> Zu stiften Gild- und Handwerksneid;
> Und kann ich die Talente nicht verleihen,
> Verborg' ich wenigstens das Kleid.« (V. 9955 ff.)

Den *Trauergesang* stimmt der Chor an (V. 9907). Er ist vor allem auf Lord Byron bezogen, drückt aber allgemein die Überzeugung aus, daß Dichtung sich immer wieder neu aus Natur und Geschichte erheben wird (V. 9936 f.). »Der Chor fällt bei dem Trauergesang ganz aus der Rolle; er ist früher und durchgehends antik gehalten oder verleugnet doch nie seine Mädchennatur, hier aber wird er mit einemmal ernst und hoch reflektierend und spricht Dinge aus, woran er nie gedacht hat und auch nie hat denken können« (Goethe zu Eckermann am 5. Juli 1827).

Euphorion zieht Helena nach sich. Er hat seine Mutter mit in den Tod gezogen. Helena muß erkennen, »daß Glück und Schönheit dauerhaft sich nicht vereint« (V. 9940). Der geschichtlich-geschichtslosen Wiedererweckung klassischer Schönheit ist historische Dauer nicht beschieden. Die Ehe Fausts und Helenas, das Wiedererstehen klassischer Schönheit im Geiste der Moderne, kann nur ein Gipfelpunkt sein, der in der Geschichte seine Höhe nicht zu halten vermag. Was von ihr bleibt, ist *Kleid* und *Schleier*. Das Göttliche (V. 9950), das Wesentliche der

Schönheit und der Kunst bleibt und kann nur weiterdauern, wenn Menschen es bewahren (V. 9945 ff.).
Phorkyas hat ihre Rolle in der Welt des Schönen zu Ende gespielt. Von ihrer Position als Repräsentantin der Moderne und zugleich im Ursprung der Geschichte und über ihr stehende »Ur-Urälteste« hat sie die Wiedererweckung Helenas, ihre Idolwerdung und das Gipfelglück Arkadiens ermöglicht. Die Maske der Phorkyade wird nun abgelegt; indem Mephisto sich in seiner ursprünglichen Gestalt dem Publikum als Arrangeur und Kommentator zeigt (Regieanweisung am Schluß des Aktes), legt er von der Rolle, die er gespielt hat, Zeugnis ab.
Die Mädchen, die dem Hades entstiegen sind, gehören dem Bereich des bloß Natürlichen an; in ihn kehren sie nun zurück, ihre Personalität verlierend (V. 9986), in der Natur aber die Möglichkeit neuer Genesen konstituierend. Nur der Chorführerin Panthalis wird eine individuelle Postexistenz gewährt, da sie an menschlicher Bedeutung über das Mittelmaß der Choretiden emporragt durch ihre *Treue* zu Helena: »Nicht nur Verdienst, auch Treue wahrt uns die Person« (V. 9984). Es war Goethes Überzeugung, daß nur der bedeutenden Persönlichkeit, die einen »Namen sich erwarb« oder »Edles« gewollt hat, ein persönliches Fortleben nach dem Tode gewährt wird. Ein Teil der Choretiden verwandelt sich in Bäume (Baumnymphen, V. 9991 ff.), ein anderer Teil in Bergnymphen (V. 9999 ff.). Ein dritter Teil wird zu Quellnymphen (V. 10005 ff.), ein vierter führt seine Existenz in Weinstöcken als Bacchantinnen fort (V. 10011 ff.). Das Wiedereingehen lebendiger Wesen in die ewige Natur führt auch zum Verfall, ja zur Zerstörung von Sitte und Kultur: »Nichts geschont! Gespaltne Klauen treten alle Sitte nieder« (V. 10034). Die Aufgänge und Niedergänge der Geschichte sind eingebettet in das organische Leben der biologischen Natur, und um neue Geschichte, neue Kultur, neue Kunst in neuer Genese entstehen und aufgehen zu lassen, bedarf es der Vernichtung des Alten. In solchem Stirb und Werde liegt tiefer Sinn, den Goethe, im Bilde bleibend, formuliert: »Denn um neuen Most zu bergen, leert man rasch den alten Schlauch!« (V. 10038)
Faust aber hat das Reich des Ästhetischen durchschritten, das sich in Helenas und Euphorions Apotheose vollendet und erfüllt hat. Die Region des Schönen ist in ihrer Wesensstruktur, so wie Goethe sie gesehen hat, von ihm in Zeit und Geschichte auseinandergefaltet worden. Nur indem sich das Schöne und die Kunst in ihrer Genese darstellen, können sie in ihrem Wesen erkennbar werden. Dazu bedarf es der Geschichte, »der Fülle der Zeiten, da es denn jetzt seine 3000 Jahre spielt, von Trojas Untergang bis zur Einnahme von Missolunghi« (Goethe an Wilhelm v. Humboldt am 22. Oktober 1826).
Zusammenfassend sagt Emrich (2, S. 361) zum Schluß des Helena-Aktes: »Auch hier ist ein Kreislauf vollendet; von der monologisch-antiken Starre des ersten Helenaauftritts über die duettartige Dialogführung der Reimerzeugung und die höchste musikalische Apotheose ist der Bogen von der Antike zur jüngsten Zeit großartig und endgültig gespannt, um in der Rückkehr zum Hades bzw. zur Natur die Grundlagen ewiger Wiederholungen des Schöpfungsvorganges zu legen. Die natürliche, künstlerische und geschichtliche Totalität von Schönheit

und Kunst hat sich damit am Ende des dritten Aktes restlos erschöpft und wird nunmehr in den zwei letzten Akten anderen Problemstellungen weichen.«

In der Literatur ist immer wieder die Frage nach der Art der *Wirklichkeit* der Handlung des *Helena-Aktes* gestellt worden. Einige ältere Forscher vertreten die Auffassung, Helena stünde im dritten Akt in ihrer vollen Realität wieder auf, während sie in der Kaiserhofszene nur Gespenst, Traum oder Allegorie gewesen sei (so Hertz 3, S. 116 und 151; Kohlschmidt, S. 100; Seidlin, S. 65 ff.). Auch bei Diener (S. 601 f.) finden wir diese Ansicht. In eine *traumhafte, innerliche Welt* verlegen andere Forscher die Handlung des Helena-Aktes. So sagt Trunz (S. 582) zum Unwirklichkeitscharakter Arkadiens: »Diese Verwandlung ins Arkadische ist durchaus Symbol eines inneren Zustandes, ist Ausdruck einer Seelenlandschaft. [...] Die Symbolik der Bilder und Klänge ist so rein entwickelt, daß alles Reale keine Rolle mehr spielt. Es ist magische Zeit. Das Werden Euphorions vollzieht sich gleichsam in einer Märchenwelt, die nur sinnbildliche Situationen aneinanderreiht.«
Ausführlich beschäftigt sich mit dem Wirklichkeitscharakter *K. Mommsen*. Sie deutet den ganzen Akt als ein Produkt des »magischen Fabulierens« des Mephistopheles. Auf die Rolle des magischen Erzählers habe dieser sich in der Klassischen Walpurgisnacht vorbereitet. »Des Mephistopheles Erzählen ist ein Zaubern. Aus seinem Wort werden Wirklichkeiten. [...] Dies Erzählen [ist] zugleich magischer Akt: das Berichtete geschieht und dient zur Grundlage dramatischer Handlung« (2, S. 38 f.). Goethe sei dazu durch die wirklichkeitsstiftenden Erzählungen der Scheherazade in 1001 Nacht inspiriert worden. »Wenn Mephistopheles, die Exuvien Euphorions interpretierend, vom Wesen des Dichters spricht, so ist das ganz seiner Rolle gemäß. Er, der soeben im Helena-Akt durch sein magisches Erzählen gleichsam als Dichter auftrat, hat ganz folgerichtig auch ein Wissen um das Dichterische« (2, S. 71). Zum Aktschluß: »Die Realitätsebene der übrigen Faust-Dichtung liegt weit entfernt. Ein Stück im Stück ist aufgeführt worden, nämlich ein griechisches Drama mit allem antikisierenden Zubehör. Das Stück hat soweit selbständigen Charakter, daß es für sich allein ›kommentiert‹ werden könnte. Der Vorgang am Schluß führt weiter bildhaft vor Augen, auf welche Weise es zu dem ›Stück‹ gekommen ist. Mephistopheles nämlich, wenn er von den Kothurnen herabsteigt, überragt noch immer an ›riesenhafter‹ Größe sämtliche andern, die man gesehen hat. Das weist darauf, daß seine Rolle besonderer Art war; sie war nicht nur die eines Mitspielers, sondern vor allem die des Bewirkers der Vorgänge« (2, S. 75). Damit gewinne Mephisto Züge eines Dichters, die Bestandteil seiner Superiorität seien (2, S. 81).
Die geschichtsphilosophische Deutung der *marxistischen* Faust-Interpretation sieht in der Helena-Episode eine Station auf dem Gange der durch Faust repräsentierten Menschheit durch die Weltgeschichte. Der Versuch Fausts, Helena ins Leben zu ziehen, stellt nach Ansicht von Albrecht (S. 444) den Versuch dar, »im Bereich des Ästhetischen eine Grundlage für die Entwicklung der Menschheit zu schaffen«. Der Drang Fausts nach der Antike erscheint als »deutlich bürgerliches Bestreben«. »Die vollkommene Hinwendung zur Antike, zu deren Maßstäben, durchbricht den feudalen ideologischen Bezirk. Die Vorstellungen vom Ideal der Schönheit entsprechen der frühbürgerlichen Ideologie« (S. 445). Diese proklamiere die »Gleichwertigkeit von Bürgern und Adligen auf der Grundlage bürgerlich-humanistischer Maßstäbe«. »Anstelle einer aktiven gesellschaftlichen Programmatik herrschen zeitweilig [...] Vorstellungen vor, nach denen eine [...] ästhetisch-ethische Bildung die Menschheit erneuern könne. Hiermit im Zusammenhang hat die bürgerliche Durchdringung und Eroberung des antiken Vorbildes erstrangige Bedeutung« (S. 446). Mephisto erkenne sehr wohl das Zweifelhafte des faustischen Strebens nach dem Besitz Helenas, gebiete diesem aber keinen Einhalt, um den historischen Fortschritt zu lähmen. »Nach

Euphorions Sturz und Helenas Rückkehr in den Hades müssen wir Fausts Versuch, die Antike, die klassische Schönheit zu einer modernen Realität zu machen, als gescheitert betrachten. [...] So bietet sich ihm der ästhetische Bereich nicht als eine Ausweichmöglichkeit nach seinen gescheiterten gesellschaftlichen Bemühungen dar. [...] Die Bemühungen der geistigen Avantgarde des Bürgertums zur Goethezeit werden in dieser Gestaltung der ästhetischen Bestrebungen Fausts einer Kritik unterzogen. Gleichzeitig liegt darin eine Kritik des poetischen klassischen und romantischen Lösungsversuchs« (S. 447).

Auf *Metrik* und *Sprache* im Helena-Akt ist schon an einzelnen Stellen hingewiesen worden. Das Erscheinen Helenas geschieht im Stile der griechischen Tragödie des Euripides; dieser wird bis zum ersten Auftreten Fausts durchgehalten (V. 9192). Wie in der griechischen Tragödie ist bis dahin die Zahl der auftretenden Personen auf drei beschränkt (Helena, Phorkyas, Panthalis). Der Sprechvers ist der jambische Trimeter, der an einigen Stellen durch den trochäischen Tetrameter abgelöst wird (V. 8909-8929; 8957-8961; 8966-8970; 9066-9070; 9122-9126). Hinzu kommen die lyrischen Partien des Chors. »Majestätisch rollen die langen Verse ab, regelmäßig auf- und abwogend, in der Dynamik an- und abschwellend. [...] Die männlichen Schlußkadenzen und die Reimlosigkeit geben [...] den Charakter archaischer Herbheit, Einfalt und Rauhigkeit her. [...] Im ganzen waltet der Geist strenger Messung, regelvoller Bindung und Durchgliederung. Der Trimeter [...] schafft mit seinen Mitteln am festlich erhebenden Eindruck einer Gesetzmäßigkeit der Welt als eines gegliederten ordo« (May, S. 160 f.). »Die Sprache der ersten Helena-Szene ist überfüllt mit Allgemeinbegriffen; sie offenbart eine große Kraft und unersättliche Lust des Denkens in Gattungsideen. [...] Alle diese Allgemeinbegriffe und -gedanken deuten auf ein Reich, einen Kosmos, ein gegliedertes Ganzes fester gültiger Normen, die das schwankende Menschenleben durchdringen« (May, S. 166 ff.). »Die gesamten bisher angesammelten Beschaffenheiten der Sprachform dieser Szene stellen im ganzen den äußersten Gegensatz zum Zusammenhang der Kennzeichen in der [...] Faustsprache dar, der dynamischen Ausdrucksprache, in der alles der Offenbarung des Lebens als einer Fülle der tätigen schöpferischen Kräfte – im Menschen, außerhalb des Menschen und beide Kräfteströme ineinander verfließend – gedient hat. Hier im Helena-Akt ist umgekehrt die Sprache dem Gesamteindruck vorwaltender architektonisch-geistiger Ordnung in der Seinsstruktur dienstbar, die die Wirklichkeit der natürlichen Lebensbewegung durchdringt« (May, S. 172).

Mit dem Erscheinen Fausts beginnt die die Vereinigung antiken und modernen Geistes symbolisierende Mischung der Vers- und Sprachstile. Faust spricht im *Blankvers* (9192 ff.), den auch Helena gleich aufnimmt (V. 9213 ff.). Lynkeus bringt den vierhebigen gereimten Vers mit starker Expression des Gefühls (V. 9218 ff.). Hieraus entwickelt sich die Gipfelszene der Vereinigung, die auch metrisch und sprachlich den entsprechenden Ausdruck findet. Nur in der Erzählung der Phorkyas von dem arkadischen Glück und der Geburt Euphorions (V. 9574 ff.) herrscht noch einmal die klassische Sprachwelt; sie ist dem Anhalten der Geschichte und dem Entstehen einer geschichtslosen Welt innerhalb der Geschichte angemessen. »Ein höchst buntes Bukett von Metren« (May, S. 198) finden wir schließlich in der Euphorion-Szene. Die stärkste Lebendigkeit, Auflockerung, Variabilität kennzeichnen die Verse dieser Szene; Satzbau, Reimspiel und Anwendung der mannigfaltigsten Klangreize, die sich dem Stimmungsgehalt der Aussage und den Bewegungen Euphorions jeweils anpassen, unterstützen die metrischen Mittel. Es kann hier nur auf die Einzeluntersuchungen von Kurt May (S. 196 ff.) verwiesen werden.

Das Nachspiel bringt eine Rückkehr zu antiken Metren, der sich auch Helena anschließt (V. 9939 ff.).»Eine unerhörte formsymbolische Wirkung, wenn Helena – nach Ablauf eines Zeitraums von etwa 700 Versen –, wie plötzlich erstarrend, ihre ›romantische‹ Sprache verliert und zu ihrer alten, angestammten Vers- und Sprachform zurückkehrt, bei den Worten des Abschieds schon weit fort von Faust, wieder so in ihrem Eigensein geborgen, wie sie beim Erscheinen vor dem Palast des Menelas es war. Umgekehrt schlägt Phorkyas, indem sie die antike Maske lüftet in ihren Schlußversen, in die ihr angestammte nordische Rhythmik zurück, in Blankverse zuerst [...] und dann in die alten gereimten jambischen Madrigalverse. Damit ist auch ihr Spiel in diesem Raum beendet« (May, S. 212 f.).

Hinzuweisen ist schließlich noch auf das Prinzip der *Evokation*, das Goethe gerade im Helena-Akt (aber auch schon in der Klassischen Walpurgisnacht) der modernen Dichtung vorausnimmt. Indem er mythologische Vorgänge und Personen nennt, evoziert er eine Fülle von Ereignissen und Beziehungen mannigfaltigster Art, die der Leser selbst assoziieren muß, weil sie für das Verständnis der Dichtung unerläßlich sind. Als poeta doctissimus setzte er ein höchst gebildetes Leserpublikum voraus.

Zugleich hat er auch eine Fülle von *Stilelementen der verschiedensten Literaturen* im Helena-Akt bewußt verarbeitet, wie *Horst Rüdiger* nachgewiesen hat. Zusammenfassend sagt Rüdiger (S. 198): »In Goethes *Helena* kristallisieren sich sechs weltliterarische Momente: die griechische Tragödie, der deutsche Minnesang, die persische Liebesdichtung, die europäische Pastorale, die italienisch-deutsche Oper, die moderne englische Poesie. Durch die Helena-Verse erklingen dem Wissenden die Verse des Euripides und Homers, Heinrichs von Morungen, Hafis', Tassos, Ovids, Vergils und Byrons wie gegenwärtig und neugeschaffen und unlöslich eingeschmolzen im Kernstück der Faust-Tragödie. Durch die poetische Gegenwart dieser Dichter steht die Helena nicht nur im deutsch-griechischen Spannungsfeld. Die sechs Elemente sind vielmehr Spiegelbilder der Idee, welche in Goethe seit der Begegnung mit der Dichtung des Ostens bereit lag und der er gleichzeitig mit dem Abschluß der Helena den Namen gab: ›Weltliteratur‹. Sie stehen in innerer Beziehung zueinander und begleiten das Drama von der Eroberung und vom Verlust der Schönheit kontrapunktisch als Drama der Kunst, in dem sich *alle* Welten geheimnisvoll ergreifen: die kreatürlich-elementare und die geistige, die heroische und die erotisch-idyllische, die hellenische und die germanische, die gegenwärtige, geschichtliche, vorgeschichtlich-arkadische und mythische, die göttliche, menschliche und dämonische, und nicht zuletzt die Weltliteratur und die Strahlungsbereiche der großen Liebesdichtung von Theokrit bis zu Goethe selbst.«

Daß Goethe sich bei der Darstellung seiner Helena auch vieler versteckter Anspielungen auf bekannte Werke der *bildenden Kunst* bedient, hat *Hans Ost* gezeigt. Die Paris-Helena-Darstellung des J. L. David (S. 24), Canovas Büste der Helena (S. 27), die Leda des Correggio (S. 28), Dürers Melancholie, die Gemälde Polygnots (S. 30), die Venus von Urbino Tizians (S. 32) seien für den Dichter Vorbilder bei der Gestaltung der Griechenkönigin gewesen. Dabei bediene sich Goethe der Kunsttheorie des Zeuxis, nach der das Idealschöne aus einzelnen schönen Teilen zu bilden sei (S. 35). Überhaupt trete in dieser späten Epoche des Goetheschen Dichtens das »Bilddenken« stark in den Vordergrund: »Ein eigentliches Bilddenken tritt im zweiten Teil des Faust hervor; es weist zurück auf die letzte große Epoche des europäischen Bilddenkens, auf den Barock und seine Kunstformen, insbesondere auf die mythologischen und allegorischen Bildvorstellungen der großen Barockoper. So bietet sich als wichtiges Hilfsmittel für die Interpretation des *Faust* die Ikonologie an« (S. 41).

Vierter Akt

Der vierte Akt führt Faust in den Bereich der *Gesellschaft* zurück. Er ist das Ergebnis der letzten Arbeit am Faust-Werk; er entstand nach dem fünften Akt. Eckermann bemerkt zum 6. Juni 1831, an dem ihm Goethe den noch fehlenden Anfang des fünften Aktes vorgelesen hat: »Den noch fehlenden vierten Akt vollendete Goethe darauf in den nächsten Wochen, so daß im August der ganze zweite Teil geheftet und vollkommen fertig dalag. Dieses Ziel, wonach er ˋsolange gestrebt, endlich erreicht zu haben, machte Goethe überaus glücklich. ›Mein ferneres Leben‹, sagte er ›kann ich nunmehr als ein reines Geschenk ansehen, und es ist jetzt im Grunde ganz einerlei, ob und was ich noch etwa tue‹.«

Aus der Entstehungsgeschichte haben ältere Interpreten wiederholt geschlossen, es handle sich beim vierten Akt nur um eine Übergangsszene, die zwischen dem Helena-Akt und dem bedeutungsvollen Schlußakt vermittle, in der sich Fausts Aufstieg aus der ästhetischen in die ethisch-soziale Sphäre vollziehe. Diese Auffassung führte zum Teil zu einer *negativen Beurteilung* des Aktes (z. B. Beutler, S. 622; Trunz, S. 600; May, S. 222 f.). Burdach (1, S. 1) sieht »sichtbar genug Schwächen und Mängel der Altersdichtung«.

Diese Ansicht blieb nicht unwidersprochen: Die Alterswerke Goethes erwiesen sich als höchst durchkomponierte Kunstwerke, bei denen man von einem Nachlassen der Schaffenskraft des greisen Dichters keineswegs sprechen könne. Darauf weisen besonders auch Emrich (2, S. 362 ff.) und Requadt (1, S. 154) hin.

Nach weitverbreiteter Interpretation tritt Faust nun, nachdem er den Bereich des Ästhetischen bis zum Ende durchschritten hat, in die Sphäre des *Ethisch-Sozialen* ein, um sich hier vom Genießenden zum sozial Tätigen zu verwandeln und so seine Existenz der Vollendung zuzuführen. Dabei überwinde er die nur im Betrachten beharrende ästhetische Haltung zugunsten der höherwertigen sozialen Tätigkeit. So sagt z. B. Gundolf (S. 774), Faust trete nun »in das Reich der Werte« ein; Rickert (S. 392) spricht von höchster Steigerung »in der Richtung der Selbstbestimmung«; Weinhandl (S. 386) sieht im vierten Akt den Aufstieg »des gestaltenden, organisierenden, sich behauptenden Willens«.

Diese Art der Interpretation erscheint anderen Forschern als zu eng. Besonders *Emrich* möchte den Aussagen des vierten Aktes eine andere Bedeutung zumessen. Es gehe Goethe keineswegs etwa um soziale Fragestellungen oder primär um die Darstellung des Ethisch-Sozialen als des höchsten oder vornehmsten Betätigungsfeldes des Menschen. Das Problem des Faustschlusses sei vielmehr dies: »Ist menschliche Tat ewig oder nicht? Verfällt sie der ewig alles zerstückelnden Wiederkehr von Werden und Vergehen oder ›kann die Spur von meinen Erdetagen nicht in Äonen untergehn‹? Von diesem Grundthema des Schlußaktes aus ist das Ethos des vierten Aktes konzipiert: ›Da wagt mein Geist sich selbst zu überfliegen, Hier möcht' ich kämpfen, dies möcht' ich besiegen‹ (V. 10220 ff.). Es geht um die Ewigkeit und Sinnhaftigkeit menschlicher Tat und menschlichen Tuns überhaupt angesichts des sinnlos erscheinenden Kreislaufs des Welttheaters. Diese Frage wird hier für Faust akut, weil er hier vor keiner geringeren Macht steht als vor dem Tod« (2, S. 367). »Der Kampf gegen die Elemente, die hier nicht im positiv schöpferischen Sinn der Wiedergeburt und Rettung, sondern in dem des Welttheatermotivs gefaßt sind, ist also ein Ringen um die Rettung einer ewigen Tat mitten im ewigen Kreislauf der Dinge« (ebd.). »Nicht um eine Belehnung Fausts mit der Küste durch den Kaiser ging es im vierten Akt, sondern um die Herrschaft über die ›Elemente‹ auch im scheinhaften ›Kriegszauber‹, oder genauer, um die Beziehung, die zwischen den Elementen (Wasser, Feuer) und dem Krieg besteht« (2, S. 368). »Nicht eine ästhetische Welt wird überwunden und eine ethische dafür gewonnen, sondern längst im ästhetischen Raum aufgetretene Problemschichten werden weitergeführt und grundsätzlich gelöst, indem Goethe anstelle spezifisch künstlerischer und kunstgeschichtlicher Schaffensfragen die Frage nach der Dauer und Ewigkeit des Schaffens überhaupt radikal unter den Blickpunkt des Todes stellt« (2, S. 369).

Dorothea Lohmeyer hat ihre nicht vollendete Interpretation des Werkes (2) in einem Aufsatz im Jahrbuch der Deutschen Schillergesellschaft 1981 fortgesetzt (s. Hölscher-Lohmeyer). Sie sieht im vierten Akt eine *Phänomenologie der Herrschaft*, der Polarität von gesetzlicher Ordnung und willkürlicher Gewalt und der menschlichen Triebkräfte. Die Kaiserwelt des vierten Aktes sei nicht die des ersten. Im ersten Akt sei die Gesellschaft beschrieben worden; jetzt sei sie bestimmt durch einen Revolutionskrieg und durch eine neue Staatsverfassung. »Erst unter dem Phänomen der Herrschaft schließt sich der ganze Akt zu einer Einheit zusammen; denn auch Fausts Verlangen nach Herrschaft über die unbändigen Meereskräfte ordnet sich dem unter; [...] ›Bändigen der Elemente‹ durch eine naturgesetzliche Gewalt, das am Wirken der Erde abgelesene Gesetz des Herrschens, wird zur Formel menschlichen Herrschens auf der Erde überhaupt, und so vornehmlich im politischen Bereich« (Hölscher-Lohmeyer, S. 254 f.). *Herrschaft* als Daseinsbereich falte sich in die drei Situationen Meeresvision, Revolutionskrieg und Staatsverfassung auseinander; als Handlung des Aktes ereigne sich aber auch die *Bildung von Herrschaft*, als Prozeß gedacht (S. 257). Die drei Gewaltigen repräsentierten die *menschlichen Triebkräfte*, die der Ordnung entgegenstehen (S. 280). Die im *Gebirge* präsenten natürlichen Kräfte der Erde stünden in Beziehung zu den Kräften des handelnden Menschen (S. 283). In der Gestalt des Nekromanten von Norcia zeige sich ein magischer Bezug zur Natur, die in Faust zur Kraft des erkennenden Geistes umgedeutet werde. »Faust ist, als Abgesandter des Nekromanten, selber Erkennender und Herr der Kräfte« (S. 284). Die Zauberei im Geschehen sei »die Mitwirkung der Natur« (ebd.).

Mit großem Interesse hat sich die *marxistisch* orientierte Faust-Interpretation der Rückkehr des Helden in die gesellschaftliche Welt im vierten Akt angenommen. Über die Absichten und die Tätigkeit Fausts im vierten Akt sagt Albrecht (S. 449 f.): »Er steht der Natur nicht mehr nur betrachtend-erfahrend gegenüber, sie ist ihm schon gar nicht mehr Anlaß zur Spekulation [...]. Auf seinem Programm steht der *systematisch* geführte Kampf um die Beherrschung der Natur zum Nutzen der Menschen. Diese gewaltige Aufgabe der Menschheit [...], für deren bürgerlich-konkrete Form Fausts Projekt der Neulandgewinnung ein Beispiel ist, soll durch organisierte menschliche Tätigkeit, geleitet von einer Persönlichkeit, gemeistert werden. Das heißt nicht mehr und nicht weniger, als daß Fausts Sinn auf eine bewußte Entwicklung der Produktivität gerichtet ist. Historisch gesehen ist dies das Anliegen des Bürgertums auf dem Wege der frühkapitalistischen Entwicklung. Faust verkörpert einen solchen Typus des frühen kapitalistischen Unternehmers. Er benötigt zweierlei: Zum ersten als Ausgangspunkt die Küste, um seine ökonomischen Pläne fördern zu können. Über die Küste, wie über alles Land, verfügen aber die Feudalen. In diesem Falle ist der jeweilige Kaiser als Lehnsherr angenommen. Also muß Faust dem Kaiser einen Dienst tun, der diesen veranlaßt, Faust mit dem gewünschten Land zu belohnen. Zum zweiten ist Faust stark an der Freundschaft der politischen Macht interessiert, damit seine Unternehmungen den nötigen Schutz finden.« Adel und Klerus würden nun durch eine dritte Gewalt, die Kapitalisten, vermehrt. »So weist der Schluß des vierten Aktes aus, wie Goethe mit außerordentlichem Klarblick die politisch-ökonomische Situation in Deutschland nach der Wende zum 19. Jahrhundert, soweit sie die herrschenden Schichten betraf, durchschaut hat« (S. 450).

Auch *Metscher* (S. 82 f.) erklärt, der vierte Akt sei die »Darstellung von Prozessen der Herausbildung der bürgerlich-kapitalistischen Gesellschaftsformation«. Faust vertrete sein Programm der Tätigkeit jetzt im Sinne frühbürgerlicher Ideologie, sich vom feudalen Ethos des Ruhms (V. 10185) bewußt absetzend. Es gehe ihm nun um »Herrschaft« und »Eigentum« (V. 10187), nicht um Verzehr des Mehrprodukts, sondern um Akkumulation. Der Erdkreis wird definiert als »Raum zu großen Taten« (V. 10182); Fausts Plan sei die Unterwerfung und Kultivierung der Natur. »Faust übernimmt hier seine Rolle als bürgerliches Klassensubjekt, als Protagonist der bürgerlichen Gesellschaft bewußt und explizit.«

HOCHGEBIRG

»Eine Wolke zieht herbei, lehnt sich an, senkt sich auf eine vorstehende Platte herab. Sie teilt sich.« (Regieanweisung) Es sind die *Gewande Helenas*, die sich in *Wolken* aufgelöst haben (Regieanweisung nach V. 9954). Während die Exuvien Euphorions als die einer – soweit er die moderne romantische Poesie verkörpert – historisch vergänglichen Gestalt auf der Erde zurückbleiben als Material für epigonale Erscheinungen des Dichterischen, erheben sich die Gewande Helenas als die der zeitenthobenen klassischen Kunst in den überirdischen, dem Göttlichen nahen Bereich, Faust mit sich fortführend und ihn mit sich auf der »Gipfel Saum« des Hochgebirgs (V. 10040) herabsenkend. Faust tritt aus diesem Wolkengebilde heraus, gewinnt von ihm Abstand und kann es betrachten und seine Bedeutung durchdenken.

Er befindet sich am Beginn einer neuen Epoche seines Lebens. Die Grenzscheide, an der wir ihn wiederfinden, wird symbolisiert durch das *Hochgebirge*, von dem er zurückschaut in die Vergangenheit, von dem er aber auch seinen Blick wirft auf das noch vor ihm liegende Leben und auf seine künftigen Taten, auf dessen Gipfeln ihm auch noch einmal das Wesen der Kunst, aus deren Sphäre er kommt, im Sinnbild der Wolke entgegentritt, nachdem er diese als sein »Tragewerk« entlassen hat (V. 10041).

Im Wolkensymbol erscheint das Schöne der Kunst erneut als der Bereich zwischen dem Menschlichen und dem Göttlichen; der Schleiercharakter der Wolke enthüllt wiederum das Wesen der Kunst als das nur in der Verhüllung sich zeigende Wahre, Absolute und Göttliche. »In Helenas Schleier und Wolke ist das spezifisch Göttliche der Kunstsphäre Helenas zu Ende geführt« (Emrich 2, S. 372).

In seinen Gedanken ist Faust noch immer dem Helena-Bereich verhaftet. Das zeigt sich an dem Gebrauch des *jambischen Trimeters*, den er bis zum Ende seines Monologes (V. 10066) beibehält. Zum Gebrauch des Trimeters sagt May (S. 224): »Die Trimeter des Monologs sind darum so auffällig, weil Faust sich ja auch auf klassischem Boden des klassischen Maßes kaum bedient hat. Sie sind ein genialer Kunstgriff, um von der versrhythmischen Seite her die Tatsache zu bezeichnen, daß in dem Faust, der sich von Helena entfernt hat, und dem Faust nach dem Verlust Euphorions noch eine Nachwirkung der Griechin abklingt.« Zur Sprache des Monologs bemerkt May (S. 230): »Im Ablauf des Monologs wandelt sich die Sprache Faustens derart, daß nur noch die antikisierende Rhythmik bleibt, dagegen sich die Sprechweise (ab 10055) allmählich und in einigen Beständen entantikisiert nach der früheren, ersten Faustsprache hin. Ein feineres Gefühl bemerkt, daß die beherrschte Besonnenheit, die weitumschauende geistige Wachheit nachläßt mit dem Anschwellen des expressiven Charakters der Faustworte.«

In besonderem Maße aber zeigt sich das Nachwirken der geistigen Macht Helenas in der *Wolkensymbolik*. Die Wolken Helenas haben ihn emporgetragen über den Bereich des Irdischen, sie haben ihm einen weiten Blick »über Land und Meer« (V. 10042) gewährt, und sie setzen ihn nun auf die Erde zurück zum Beginn eines neuen Lebensabschnittes, in den die vorhergehenden Epochen und Schicksale einfließen. Die von Goethe geschaffene Wolkensymbolik steht in engem Zusammenhang mit seiner wissenschaftlichen Beschäftigung mit der Meteorologie; die Verbindung von wissenschaftlicher Beobachtung und symbolischer Deutung der Wolkenphänomene erscheint in den Gedichten »Howards Ehrengedächtnis«, »Stratus«, »Cumulus«, »Cirrus« und »Nimbus« aus dem Zyklus »Gott und Welt«; diese sind für die Interpretation des Faust-Monologes von Wichtigkeit. Wie sich in den Wolkengestalten, ihren Zusammenballungen und Auflösungen »der Erde tätig-leidendes Geschick« (»Nimbus«) darstellt, so werden in Fausts Wolkenfahrt auch seine Geschicke sichtbar. In den Wolkenmetamorphosen gestaltet sich ihm Vergangenheit und Zukunft. »Nach Osten strebt die Masse« (des einen Wolkenteils) »mit geballtem Zug« (V. 10044) und formt sich zu einer Kumulusbildung; diese erscheint ihm als »ein göttergleiches Frauengebild, [...] Junonen ähnlich, Leda'n, Helenen« (V. 10049 f.). »Es ist nicht von bleibender Gestalt, hat keine endgültige unwandelbare Bestimmtheit, sosehr Phantasie und Sinne danach verlangen, sondern ist mit den Wolken, denen es entsprang, dem

Gesetz des Gestaltwandels unterworfen, ein Phänomen der Metamorphose« (Müller 1, S. 182). Es ist unbestimmt und »schwankt« im Auge, erscheint »formlos breit und aufgetürmt« und ruht »im Osten, fernen Eisgebirgen gleich, / Und spiegelt blendend flücht'ger Tage großen Sinn« (V. 10051 ff.). »Die eben noch herrlich riesenhafte Frauenfigur, unter der mythologischen Dreiheit erfaßbar, schwankt in den Konturen, wird zum Mythos göttlicher Schönheit in Menschengestalt. Aus der Göttin ward Göttliches, spottete Mephisto, aber er traf damit wider Willen den ernsten und wahren Kern. Helena ist in der Erinnerung nun schon keine feste Individualität mehr, keine abgegrenzte Person, sondern Symbol und Idee der Schönheit« (Müller 1, S. 182 f.). Für Faust aber erfüllt die Wolkenbildung die Erinnerung an die zwar flüchtige, aber große und bedeutende Erscheinung der personalisierten Idee der Schönheit. Individuation und Vergänglichkeit, aber auch Dauer und Idealität werden in unnachahmlicher Weise durch die Worte »blendend flücht'ger Tage großen Sinn« ausgedrückt.

Der andere Teil der Wolke formt sich zur Cirrus-Bildung: »ein zarter lichter Nebelstreif« (V. 10055). »Alles, was zur Wirkung dieses Wölkchens auf Faust gesagt wird, steht in einem merkbaren und bemerkenswerten Gegensatz zu dem, was Faust bisher wahrnahm. Während sein Auge wogende Massen, riesenhaftes Gebild [...] und schließlich Aufgetürmt-Formloses fesselten, umschwebt ihn jetzt Zartes, Lichtes, Leichtes. Der Nebelstreif erheitert ihn. [...] Nun ist Nähe, Vertraulichkeit, das Zarte umschmeichelt ihn, erheiternd entspannt es den angespannten Sinn. [...] Freilich, auch jetzt ist kein Bleiben der Erscheinung. Auch jetzt ist Wandel. [...] Gegenüber der ferngerückten, unerreichbaren, ins Gebirge transformierten Helena-Mythe geht das aus dem zarten Nebelstreif gefügte Bild durchs entzückte Auge ins erwachende Gemüt. Anstatt der ästhetischen Kategorien antik-barocker Herrlichkeit und Majestät begegnen nun ausgesprochen emotionell geladene Worte, deren Superlativierungen und ungewohnte superlativische Fügungen die Intensität der seelischen Identifizierung annehmen: ›jugendernstes, längstentbehrtes höchstes Gut‹, ›des tiefsten Herzens frühste Schätze [...]‹« (Müller 1, S. 186 f.). Der Bewegung der Wolke entspricht die seelische Bewegung Fausts, die ihm in der Wolke Gretchens frühe Liebe erscheinen läßt. Gretchen wird nicht (wie im Paralipomenon 179 g) als Person genannt, sondern erscheint gleichsam auch als Idee, personifiziert in der Göttin der Morgenröte, Aurora (V. 10061). »Gretchens Liebe erscheint nun nicht mehr mit dem Dunkel der Kerkernacht belastet, sondern ist in den strahlenden Glanz der Morgenröte gehoben. Aurora ist ebenso Jugendröte wie Tagesblüte. Im Aufgang des Tages ist der Morgen des Lebens verbildlicht. Morgenröte und Sonnenaufgang werden wie zu Beginn des zweiten Teils Symbole neuer Hoffnung, frischen Lebens« (Müller 1, S. 188). Als »höchstes Gut«, das »jeden Schatz überglänzt« (V. 10059; 10063), erscheint ihm jetzt Gretchens Liebe, die sich ihm als »Seelenschönheit« (V. 10064) offenbart. Dabei geschieht ein Wunder: die Cirrus-Wolke löst sich nicht wie gewöhnlich auf (V. 10065); sie hat Bestand »und zieht das Beste meines Innern mit sich fort« (V. 10066). Damit ist Faust der Weg in die Zukunft gewiesen.

Auch in der Gretchen-Vision begegnet Faust Göttliches, das dem Göttlichen

Helenas konfrontiert wird. Was Faust wiedererscheint, ist nicht das leibhaftige Gretchen, sondern im Symbol die Idee der Liebe Gretchens, die auf seine künftige Erlösung vorausweist. Daher gibt es für Faust auch keine erneute Konfrontation mit der Schuld; mit des »Vorwurfs glühend bittren Pfeilen«, und es bedarf keiner neuen Lethe mehr. Gretchens Liebe, die ihm hier in ihrer Idee erneut begegnet, erfaßt den reifen Mann, der an der Schwelle des Alters nun als ganze Person vor Tod und Ewigkeit bestehen muß.

Zusammenfassend sagt Joachim Müller zum Begriff »Seelenschönheit« (1, S. 189 f.): »Im Wort ›Seelenschönheit‹ ist der Sinngipfel der Szene erreicht [...]. Seelenschönheit versteht sich nicht so sehr antithetisch zu Leibesschönheit, sondern zur Ideenschönheit Helenas. [...] Wenn das Beste von Fausts Innerem nun nach dem Abschied von Helena am Beginn einer neuen Epoche seines Weges von der holden Form der Jugendliebe fortgezogen wird, die sich als Seelenschönheit verborgen offenbart, so darf darin thematisch wie dramatisch die Antizipation seiner entelechischen Erhebung am Schluß der Dichtung gesehen werden. [...] Überblickt man den Reichtum der Bezugsfelder und des motivischen Gewebes, worin sich unser Monolog konstituiert, so ist als dramatischer Kern dies faßbar: Der Wolke Tragewerk geleitet Faust aus der Abschiedsszenerie in einen neuen Beginn. Im Umschlag des Vergangenheitsblickes in die Zukunftshoffnung kündet sich bildend-umbildend jene Wende an, die Faust trotz aller furchtbaren Rückschläge zuletzt über das Tatbewußtsein hinaus die Verpflichtung des überpersonalen Wirkens gewinnen läßt und die das Beste seines in der Gretchenliebe und im Liebesopfer bewahrten Innern hinaufhebt in die verklärende Äonenweite.«

Wilhelm Flitner, der Goethes Alterswerk als eine vornehmlich religiöse und ethische Gesamtaussage betrachtet, führt aus (S. 272 f.): »Im Gegensatz zur antiken, ist diese Gestalt voll ›Seelenschönheit‹; das kann nur meinen, daß hier die Agape beteiligt ist, die Liebe zum Mitmenschen als dem Gotteskind, das zum Heil berufen ist. Die objektive Schönheit der Antike nimmt die einzelnen Gebilde als Gleichnisse des Kosmos oder des kosmischen Geistes; Seelenschönheit aber ist die Schönheit der Sehnsucht nach dem göttlichen Herzen. Es ist Gretchens Bild, das Fausts Bestes himmelwärts zieht: trotz des Lethebades taucht dieses Bild jetzt auf [...].«

Schlaffer (2, S. 162) sieht in dem Begriff »Seelenschönheit« (wie schon vorher in dem Auftreten Galatees) das Zeichen einer Ablösung von der Natur: »Natürlichen Ursprungs, aber nicht länger in den Schranken der Natur, zeichnet sich hier eine spirituelle Form der Liebe ab«. Goethes Erfahrung des Schwindens der Bindung an die Natur in der Gesellschaft des 19. Jahrhunderts führe zur Vorstellung einer Bindung an die Frau als Residuum der Natur in einer Welt der Abstraktionen. Der Vers 10066 weise bereits auf die letzten Verse des Chorus mysticus voraus (V. 12110 f.).

In dem folgenden Gespräch zwischen Faust und Mephisto erweist sich dieser als der Vertreter des Vulkanismus. Das Thema der Seismos-Szene in der Klassischen Walpurgisnacht wird erneut aufgenommen. Mephisto beruft sich bei der Darstellung seiner Vulkanismus-These auf die persönliche Erfahrung (V. 10075 ff.; 10106 f.) und erklärt die vulkanische Explosion mit dem »Husten« und »Pusten« der von Gott in die Tiefen verbannten Teufel (V. 10081 f.). Faust vertritt Mephisto gegenüber die organisch-evolutionistische Auffassung vom Werden der Natur und weist die »tollen Strudeleien« (V. 10104), von denen Mephisto geredet hat, zurück. »Es ist bezeichnend, daß Faust, nachdem sein Sehnen in der Helena-

Begegnung Erfüllung fand, von scheinhaftem Entstehen nichts mehr wissen will« (Mommsen 2, S. 238). Wie in der Klassischen Walpurgisnacht, so wird auch hier das vulkanistische Geschehen in der Natur zugleich Symbol für *politische* und *gesellschaftliche* Geschehnisse: »Tumult, Gewalt« (V. 10127). Revolutionärer Umsturz ist nach Mephistos Ansicht das geeignete Mittel, »Großes zu erreichen« (V. 10126), und der Berggipfel, auf dem sich Faust befindet, wird von Mephisto für ihn zum Berg der Versuchung gemacht (V. 10130 f.), mit wörtlicher Anspielung auf Jesus' Versuchung bei Matthäus 4,8. Die »Reiche der Welt und ihre Herrlichkeiten« bietet der Teufel Faust an, und wie es in diesen Reichen zugeht, beschreibt er V. 10135 ff. Er entwirft ein Bild kleinlicher bürgerlicher Enge, einer Stadt, erfüllt von »Tätigkeit« (V. 10143), einer Tätigkeit aber, die im Gegensatz zu der von Faust ins Auge gefaßten Tätigkeit den Charakter des »ewigen Hin- und Widerlaufens« (V. 10150) hat. Das, was hier geschieht, ist angemaßter »Schein« (V. 10145). Es ist ein »Kreislauf des Nichtigen« (Emrich 2, S. 374), der sich hier vollzieht; diesem gehört auch ein scheinhaftes Geschehen wie das einer Rebellion (V. 10159) an, das in dem nichtigen Schein auch seine Ursachen hat. Mephisto will dieses Geschehen als wahres, wirkliches hinstellen, und er baut es deshalb ein in eine vulkanistische Naturtheorie, in der auch eine entsprechende Geschichts- und Gesellschaftsauffassung gegründet ist. Faust weist diese Ansicht vom Wesen der Gesellschaft ebenso zurück, wie er die Revolte in der Natur (»das Unterste ins Oberste zu kehren«, V. 10090) als etwas Unwirkliches, das Wesen der Natur nicht Berührendes abgelehnt hat. Dem nichtigen Dasein des Volkes entspricht ein nichtiges, auf oberflächigen Genuß ausgerichtetes Dasein der Herrschenden, wie es von Mephisto ausgemalt wird (V. 10160 ff.). Faust bezeichnet diese Existenz- und Gesellschaftsform verächtlich als sardanapalisch (V. 10176), und wenn er sie überdies modern nennt, liegt darin ein Stück Goethescher Zeit- und Gesellschaftskritik. Faust hat eine andere Vorstellung vom »Genießen« (V. 10228): was seinen Geist reizt, »sich selbst zu überfliegen« (V. 10220), ist der Kampf gegen die Elemente, die in nichtigem Kreislauf, in einem sich wiederholenden »Spiel« (V. 10209), mit »zweckloser Kraft« (V. 10219) »unbändig« und nichts leistend (V. 10217) alles zerstören, was sie nur zum Schein aufbauen, »unfruchtbar selbst, Unfruchtbarkeit zu spenden« (V. 10213). Dies ist die *Tat* (V. 10188), die zu tun Faust »Kraft zu kühnem Fleiß« fühlt (V. 10184). Es geht Faust um die Tat als solche, um die Bezwingung des nichtigen Kreislaufs von Aufbau und Zerstörung. Symbol des Dauernden, dem Kreislauf und der Zerstörung Standhaltenden ist in der Natur das granitene Gebirge, von dem Faust herabsteigt. Dauer in der Geschichte der Gesellschaft zu schöpfen ist Aufgabe des Menschen, zu der ihm die Möglichkeit der Dauerhaftigkeit in der Natur ein verheißungsvolles Sinnbild ist. Der Skeptiker Mephisto (er ist hier wieder ganz der alte Teufel und der Versucher) gibt dem Streben Fausts freilich keine Chance (V. 10210 f.).

Der sinnlose Kampf der Elemente, wie er in dem ewig sich wiederholenden, zerstörenden Spiel der Meereswellen erscheint, spiegelt sich in dem entsprechenden Zustand der Gesellschaft, dem *Krieg* (V. 10234 ff.). Im Reiche des Kaisers hat sich ein Gegenkaiser erhoben (V. 10279 ff.), nachdem jener sein Reich hat in Anarchie verfallen lassen (V. 10261 ff.), weil er zwei nach Goethes Auffassung unvereinbare Daseinsweisen, das *Herrschen* und das *Genießen*, zugleich praktizieren wollte (V. 10251). Faust lehnt das Genießen überhaupt ab (»Genießen macht gemein«, V. 10259), jedenfalls den Lebensgenuß in Untätigkeit und Müßiggang. Mephisto beschreibt den Zustand der Anarchie, in dem die Kräfte der menschlichen Gesellschaft sich ebenso sinnlos gegenseitig vernichten wie die Elemente in der Natur. Aus der Sinnlosigkeit dieses Geschehens geht die Revolte, die Gewaltsamkeit des Krieges hervor, als ein Aufstand der Tüchtigen zur Herstellung der Sicherheit »in einer frisch geschaffenen Welt« (V. 10282 f.). Faust stellt in den wenigen Worten, die er sagt, die Beziehung her zur Bewegung der Wellen (V. 10272 f.). »Dem Staatsleben des Mittelalters legt Goethe phänomenologisch die gleiche Struktur zugrunde wie dem Auf und Ab vernichtender Wellen« (Emrich 2, S. 378).

Mephisto fordert Faust auf, in die für den Kaiser scheinbar günstige Schlacht einzugreifen, um dafür von diesem »die Lehn von grenzenlosem Strande« (V. 10306) zu empfangen. Als Verbündete hat der Teufel bereits als »vom ganzen Praß die Quintessenz« (V. 10322) die »*drei Gewaltigen*« aufgeboten, *allegorische* Gestalten (V. 10329) wie Euphorion und der Knabe Lenker, von Goethe in Anlehnung an Figuren aus dem Alten Testament, aber doch wieder völlig frei geschaffen. »Sie verkörpern allegorisch drei biologische und wesensbestimmende Stufen des Krieges: Jugend, Mannesalter und Greisenalter; Raufen, Besitzergreifen und Festhalten« (Emrich 2, S. 379). Sie, die typische menschliche Verhaltensweisen im Kriege repräsentieren, erscheinen Mephisto als wirkungskräftigere Helfer als die noch ganz der Natur verhafteten Bergvölker (»Urgebirgs Urmenschenkraft«, V. 10317). Nicht das Statische des Gebirgsmenschentums entscheidet im Kriege, sondern die Agilität des Kämpfens und Besitzenwollens.

AUF DEM VORGEBIRG

Die Szene enthüllt in aller Breite den *magischen* Charakter des *Krieges*. Er wird in Beziehung gesetzt zu den dunklen, in der Natur wirkenden Kräften des Vulkanismus. Fausts Rolle bleibt in diesen Kämpfen eine weitgehend passive; als der eigentliche Drahtzieher der Ereignisse erscheint Mephisto.

Der *Kaiser* tritt nun wieder persönlich auf; die Kaiser-Handlung, am Ende des ersten Aktes unterbrochen, wird erneut aufgenommen. Im vierten Akt macht der Kaiser eine entschiedene Wandlung durch: Er wird hier zu einem Faktor der Ordnung, der Stetigkeit. Gegen die Mächte des Chaotischen, mit denen sich Mephisto verbündet, tritt er als freie Persönlichkeit auf, zu der die Bewährungsprobe des Kampfes mit dem Rivalen ihn formt:

> »Ein Gegenkaiser kommt mir zum Gewinn:
> Nun fühl' ich erst, daß *ich* der Kaiser bin.« (V. 10407 f.)

Die Erinnerung an das Flammengaukelspiel, an das Andringen der chaotischen Elemente, läßt das Bewußtsein der Freiheit in ihm reifen; er gewinnt die Kraft, dem Zwang des Elementaren die freie Tat der Persönlichkeit entgegenzusetzen. Er erkennt, daß das Element nur »Schein« war (V. 10420), und aus der Verwirrtheit, in die ihn die Bedrängnis durch das Elementare gestürzt hat, gelangt er jetzt zur Klarheit. Er distanziert sich nun selbst von dem Genußleben der Gesellschaft, dem er vorher verfallen war (V. 10411). In diesem Bewußtsein entschließt er sich zu der ritterlichen Tat, den Gegenkaiser zum Zweikampf zu fordern (V. 10421 f.). Aber er scheitert mit diesem ritterlichen Entschluß; der Gegenkaiser weist ihn höhnisch zurück (V. 10489 ff.). Er scheitert auch in seinem Bemühen, durch reine Tüchtigkeit das Heer des Feindes zu besiegen, indem Faust und Mephisto die Kräfte der *Magie* in dem Kampf einsetzen. Die humane Tat, die der Kaiser einmal vollbracht hat (V. 10439 ff.), als er den Nekromanten von Norcia vom Scheiterhaufen errettet hat, wird nun in einem magischen Akt der Dankbarkeit des Geretteten umgemünzt; er ist es angeblich, der die dämonischen Geister der Natur (»das Bergvolk«, V. 10425) auf der Seite des Kaisers im Kampfe mitwirken läßt. Kein Verständnis hat dieser für die Zauberei (V. 10437 f.); als töricht tut Faust des Kaisers Ritterlichkeit ab (V. 10473 ff.). Schon resignierend, gibt der Regent den Oberbefehl aus den Händen (V. 10501). In den Worten und in dem Wirken der drei Gewaltigen (V. 10511 ff.), denen sich als vierte allegorische Figur des Krieges noch die Marketenderin Eilebeute hinzugesellt (V. 10531 ff.), entfaltet sich die Brutalität des Krieges in ihren Wesenszügen. Mephisto schließlich weiß mittels seiner magischen Fähigkeiten ein ganzes Heer von gespensterhaft verlebendigten mittelalterlichen Ritterrüstungen zum Kampfe aufzubieten (V. 10554 ff.). Die dämonischen Mächte der Natur und die toten Reste der Geschichte sind es, mit denen der lebensverneinende Teufel das Geschehen zu seinen Gunsten endlich entscheidet. Immer neue magische Naturkräfte werden herangezogen: die »Nebelstreifen« einer Fata morgana (V. 10584 ff.); die tanzenden »Flämmchen« des Sankt-Elms-Feuers, wie man sie als günstige Zauberzeichen der Dioskuren, der Beschützer der Seefahrt, an den Masten der Schiffe zuweilen sehen kann (V. 10596). Der Kaiser muß erkennen: »Naturgemäß geschieht es nicht« (V. 10583); »Das scheint mir gar zu geisterhaft« (V. 10597); und mißtrauisch fragt er:

»Doch sage: wem sind wir verpflichtet,
Daß die Natur, auf uns gerichtet,
Das Seltenste zusammenrafft?« (V. 10603 ff.)

Mephistopheles' Antwort weist nicht auf Gott, sondern auf den »Meister«, den Nekromanten von Norcia, hin. Daß diese Zauberei die rechte »Wirkung frohen Tuns« (V. 10619) sei, kann der Kaiser nur noch bezweifeln; und trotz des von Mephisto inszenierten symbolischen Kampfes zwischen Greif und Adler, aus dem der Wappenvogel des Kaisers, der Adler, als Sieger hervorgeht, scheint bald schon die Niederlage des kaiserlichen Heeres besiegelt zu sein. Der Kaiser sieht sich um den Sieg gebracht:

»So bin ich endlich doch betrogen!
Ihr habt mich in das Netz gezogen;
Mir graut, seitdem es mich umstrickt.« (V. 10685 ff.)

Resignierend zieht er sich mit seinem Obergeneral in sein Zelt zurück, Mephisto und Faust die Dinge überlassend (V. 10706). Das magische Geschehen, das Mephistopheles in Gang gesetzt hat, nimmt inzwischen Eigengesetzlichkeit an. Er bietet mit Hilfe seiner Magie die Kräfte der Natur auf, die Fluten des Wassers (V. 10711 ff.) und die Schrecken des Feuers (V. 10742 ff.). Beide Naturmächte sind in ihrem Wirken nur scheinhaft, wie es Mephisto klar ausspricht (»Ich sehe nichts von diesen Wasserlügen, / Nur Menschenaugen lassen sich betrügen«, V. 10734 f.). Die eigentlichen Kräfte der Natur, ihre Fähigkeit zur Gestaltbildung, zur Metamorphose und Steigerung, beherrscht Mephisto nicht; nur die zerstörenden Mächte der Elemente kann er einsetzen, die den ewigen sinnlosen Kreislauf auf der Ebene des bloß Elementaren repräsentieren. Dieser Sinnlosigkeit in der Natur entspricht die endlose Wiederholung des Parteienstreites in der Geschichte, der sich schon im »ewigen Streit« der Guelfen und der Ghibbelinen (V. 10772 ff.) und erneut in der grotesken Schlacht der leeren Rüstungshüllen zeigt. Der »Parteihaß« (V. 10778) ist das Metier Mephistos; hier zeigt sich sein dem bloß Scheinhaften in der Welt verfallenes Wesen. Dieses offenbart sich in der Verhüllung durch Natürliches (»panisch«, V. 10779), aber doch »widerwärtig«, oder unmittelbar als das Böse erkennbar (»grell und scharf satanisch«, V. 10780). An ihm ist der Kaiser, der sich zur reinen Tat ermannen wollte, gescheitert. Faust, weitgehend passiv, hat sich noch nicht von der Magie Mephistos lösen können. Er belehrt den Kaiser über die Herrschaft, wie er sie hier noch sieht: Herrschaft, gestützt auf Krieg und Gewalt. Der Krieg selbst, als ein wesentliches Moment der Geschichte, ist gekennzeichnet als chaotisches, anarchisches und unberechenbares Geschehen. Nicht nur in den allegorischen Gestalten der drei Gewaltigen, sondern auch in der Geisterwelt zeigt sich der Krieg als ein dämonisches, auch Natur und Geist durchdringendes Ereignis.

DES GEGENKAISERS ZELT

Im ersten Teil dieser Schlußszene des vierten Aktes (V. 10783-10848) wird die Plünderung des gegenkaiserlichen Heeresschatzes durch zwei der allegorischen Kriegsgestalten, Habebald und Eilebeute, dargestellt. Diese Szene bildet den Kontrast zur folgenden Staatsämterverleihung. Die Plünderung, die mit der Auflösung der staatlichen Autorität verbunden ist, stellt in typologischer Symbolik die »Entwürdigung« des Staates dar, die folgende Partie »die Wiederherstellung der Würde des Staates« (Emrich 2, S. 385). Die reichen Möglichkeiten, die der Sieg bietet, werden von Habebald und Eilebeute als den zerstörerischen Kräften des Geschichtsverlaufes nicht erkannt: Das Gold erscheint ihnen nicht als Symbol schöpferischer Möglichkeiten im Bereich des staatlichen und gesellschaftlichen Lebens, sondern als bloße Beute, die zum persönlichen Genuß dient. So ist Eilebeute auch nicht in der Lage, das »mörderische Gewicht« der Goldkiste zu tragen (V. 10803 f.). Die Vorgänge werden hier wie in der folgenden Passage ganz auf das

Typische beschränkt: »Kaum etwas ist vielleicht charakteristischer für die spät-goethesche Symboldichtung als dieses Zurücktreten psychologisch-realistischer Vorgänge und rhetorischer Infragestellungen der konkreten Herrschergewalt gegenüber einer rein repräsentativ zeichenhaften Manifestation ihrer Hoheit und Funktionsweise. Entartung, Verfall und Sturz der Staatswürde werden nicht mehr in Dialogen und ›Meinungen‹ vor einer Deputation von Ständen zerredet, sondern knapp symbolisch im Raub des Reichsschatzes gezeigt: ›Hier steht der leere Thron, verräterischer Schatz, Von Teppichen umhüllt, verengt umher den Platz‹« (Emrich 2, S. 385). »Der Raub des Schatzes durch Habebald ist schärfstes und ›prägnantes‹ Zeichen für den Ruin der Kaisergewalt, der in des Gegenkaisers Zel-ten – in jenem elementar sinnlos alles vernichtenden Kriege, dessen ›Quintessenz‹ ja Habebald darstellt – vor sich geht« (2, S. 386).

Der *Kaiser*, nun ein geläuterter Mann, gründet durch Verleihung der wichtigsten Staatsämter das Reich neu. Historisch völlig unbekümmert schlägt Goethe hier einen weiten Bogen von der Konstituierung der vier karolingischen Hofämter (Marschall, Kämmerer, Truchseß, Schenk) zu der Verleihung dieser Ämter an die weltlichen Kurfürsten durch die Goldene Bulle von 1356. Es geht Goethe hier weder um eine ironisierende Kritik noch um eine Verherrlichung der alten Reichs-verfassung, sondern um eine typologische Darstellung des Wesens und der Funk-tionen des Staates überhaupt. Das Hinzutreten des *Erzbischofs-Erzkanzlers* weist auf das Gegründetsein des Staates im Bereich des Göttlichen hin, zeigt aber auch zugleich die Möglichkeiten der Entartung des Verhältnisses von Staat und Reli-gion, wie sie in den Forderungen des Erzbischofs sichtbar wird (V. 10977 ff.). Der wohlgegründete Staat als eine Region des Friedens, der Sicherheit und der Beständigkeit ist polarer Gegensatz zum Toben der Naturelemente, die an den Küsten des Reiches ihr zerstörerisches Werk verrichten. Hier tätig zu werden, hat sich Faust vorgenommen; hier will er dem Kreislauf der Vernichtung mit einer bleibenden und dauernden Tat Einhalt gebieten.

Die *Belehnung Fausts* mit »des Reiches Strand« (V. 11036) wird nur knapp erwähnt. Dies ist kein Mangel: »Nach der universal die Struktur des ganzen Rei-ches gründenden Belehnungsszene war kompositorisch eine Einzelbelehnung als Abschluß des Ganzen schwer tragbar. Sie hätte gerade dem typisch-zeitlosen, repräsentativen Sinn der Szene widersprochen, vor allem, wenn sie ganz zum Schlusse erfolgt wäre« (Emrich 2, S. 388).

Diesem repräsentativen Charakter entspricht auch der Gebrauch des steifen, förmlichen *Alexandriners*, dessen man sich von V. 10849 an bedient. Daher wird man Kurt May nicht zustimmen können, wenn er Sprache und Vers dieser Szene als Mittel zur »Charakteristik eines entseelten, leblosen Menschenwesens« (S. 240) und als »Zerrbild leblos gewordener Starrheit« (S. 244) bezeichnet. Was Goethe darstellen will, ist nicht eine erstarrte Gesellschaft, ein verkrustetes Staats-wesen, sondern die abstrakte Typik des auf Dauer gegründeten Staates überhaupt.

Die Rolle des *Kaisers* in der Faust-II-Dichtung als der Hauptfigur eines Dramas im Drama hat *Paul Requadt* untersucht. Zur letzten Tätigkeit des Kaisers führt er aus (1, S. 169 f.):

»Die reine Tat ist gescheitert. Das Reine, das sich mit dem Stofflichen der Welt mischen mußte, ruht im Herrscher, der sich einmal bis an die Grenze des Selbstverlustes dem Urphänomen genähert hat. Darum wendet der Kaiser den ›frommen Blick‹ in sich zurück:

»Jedoch zum höchsten Preis wend' ich den frommen Blick,
Das selten sonst geschah, zur eignen Brust zurück.
Ein junger, muntrer Fürst mag seinen Tag vergeuden,
Die Jahre lehren ihn des Augenblicks Bedeuten.
Deshalb denn ungesäumt verbind' ich mich sogleich
Mit euch vier Würdigen, für Haus und Hof und Reich.‹ [V. 10867 ff.]

Daß er nun nicht mehr allein handelt, sondern seine Fürsten auf das Reich mit verpflichtet, ist wie ein Sich-Schicken in die politische Wirklichkeit. Diese Rechenschaft enthält eine Spur von Entsagung. Da die Kurfürsten, die der Kaiser jetzt mit den Erzämtern belehnt, eine Doppelfunktion haben, zugleich regieren, Krieg führen und den Kaiser beim Krönungsmahl bedienen, findet sich das Thema ›Herrschen und Genießen‹ zuletzt in einer Variationenfolge zusammen. Bei den beiden ersten Belehnungen erhält sich der doppelte Bezug durch den Hinweis auf Krieg und Frieden, Tapferkeit und Zartheit; dann tritt eine Fermate ein. Der Kaiser läßt den Ernst des Herrschers, um wenigstens in der Vorstellung anläßlich der Ernennung des Erztruchsesses und des Erzschenken dem Genuß sein Recht zu geben:

›Zwar fühl' ich mich zu ernst, auf Festlichkeit zu sinnen,
Doch sei's! Es fördert auch frohmütiges Beginnen.‹ [V. 10897 f.]

Genuß ist fortan nur erlaubt aus dem Ethos der Entsagung. Der Truchseß muß fasten, bevor er dem Herrn die Speisen gereicht hat, der Schenk Mäßigkeit geloben, damit sein Handeln rein bleibt. Gerade diese Figur, welche die Reihe abschließt, erschöpft noch einmal den Sinn des Ganzen. Er konstatiert den inneren Wandel des Kaisers:

›Mein Fürst, die Jugend selbst, wenn man ihr nur vertraut,
Steht, eh' man sich's versieht, zu Männern auferbaut.‹ [V. 10915 f.]

Dann aber spiegelt er geistreich retrospektiv die Utopie der Nymphen, die in ihrem Singen Herrschaft und Genuß vereinigen wollen. Er wird die Prachtgefäße auf dem kaiserlichen Büffet ordnen:

›Doch wähl' ich Dir voraus den lieblichsten Pokal:
Ein blank venedisch Glas, worin Behagen lauschet,
Des Weins Geschmack sich stärkt und nimmermehr berauschet.
Auf solchen Wunderschatz vertraut man oft zu sehr;
Doch deine Mäßigkeit, du Höchster, schützt noch mehr.‹ [V. 10920 ff.]

In dem Zauberglas ist das Magische gegenwärtig: Rausch und Klarheit; aber man braucht solchen Zauber nicht, weil der Herrscher sich selbst beherrscht.«
Zusammenfassend sagt Requadt (1, S. 170) zur ganzen Kaiser-Handlung:»Der Kaiser, wie er anfangs erschien, betäubt sich im Genuß, weil die Welt dem Ideal nicht genug tut. Er berührt das Urphänomen in der Goldquelle und verliert sich fast daran, aber die reine Tat, die in der Welt daraus entstehen sollte, scheitert; es bleibt nichts, als aus reinem Sinn zu handeln bei voller Einsicht in die Gebrochenheit des Daseins. Daher mutet auch die Belehnungsszene vorläufig, welttheaterhaft an. [...] Die Sympathie Fausts für den Kaiser beruht auf der Ähnlichkeit von Strebungen und Geschick; dieser ist ihm kompositorisch zugeord-

net im Zug zum Urphänomen (das Faust ja selbst zur Anschauung bringt), im Ringen um die reine Tat, im Verzicht auf die mephistophelische Magie und in seiner Staatsgründung.« *Binswanger* sieht in der Belehnungsszene die »Inthronisierung des Eigentums«, die übrigens nur der Erzbischof erkenne (1, S. 36). In der Tätigkeit der drei gewaltigen Gesellen manifestierten sich die menschlichen Leidenschaften, die mit dem Eigentum im Zusammenhang stünden: nackte Gewalt, Habgier, Geiz. Das Hauptziel dieses Eigentumsstrebens sei die Gewinnung von Gold- oder Geldwerten (1, S. 38 f.).

Fünfter Akt

OFFENE GEGEND

Faust besitzt die Strandregion, mit der er vom Kaiser belohnt worden ist, schon lange Zeit, und er hat diese Zeit benutzt, um die anstürmenden Elemente durch Dammbauten in ihre Schranken zu weisen; er hat der Schiffahrt durch Kanal- und Hafenbauten Sicherheit geschenkt, und er hat das bedrohte, unwirtliche Gebiet in ein fruchtbares Paradies verwandelt:

> »Kluger Herren kühne Knechte
> Gruben Gräben, dämmten ein,
> Schmälerten des Meeres Rechte,
> Herrn an seiner Statt zu sein.
> Schaue grünend Wies' an Wiese,
> Anger, Garten, Dorf und Wald. –« (V. 11091 ff.)

Faust ist ein Herr geworden; die Kolonisation der Meeresregion hat ihm *Macht* verliehen, Macht nicht nur über die Natur, sondern auch Macht über Menschen. Diese Macht ist ihm nicht nur auf Grund seiner Tüchtigkeit, seiner schöpferischen Kraft zugefallen; er hat sie mit Hilfe der *Magie*, deren Kraft ihm Mephisto und seine drei gewaltigen Gesellen zur Verfügung gestellt haben, errungen:

> »Tags umsonst die Knechte lärmten,
> Hack' und Schaufel, Schlag um Schlag;
> Wo die Flämmchen nächtig schwärmten,
> Stand ein Damm den andern Tag.
> Menschenopfer mußten bluten,
> Nachts erscholl des Jammers Qual;
> Meerab flossen Feuergluten,
> Morgens war es ein Kanal.« (V. 11123 ff.)

Faust selbst aber, in der Fülle seiner Macht, steht vor dem *Tode*. Zum Alter Fausts bemerkt Goethe zu Eckermann am 6. Juni 1831: »Der Faust, wie er im fünften Akt erscheint, [...] soll nach meiner Intention gerade hundert Jahre alt sein, und ich bin nicht gewiß, ob es nicht etwa gut wäre, dies irgendwo ausdrücklich zu bemerken.« Die Hundertjährigkeit Fausts deutet auf das Ende, aber auch auf die Vollendung seines irdischen Lebens hin.

Diese Bemerkung Goethes führt die *marxistische* Faust-Interpretation als einen der Beweise für ihre These an, die Wanderung Fausts durch die Bereiche der Welt repräsentiere den Gang der Menschheit durch die Epochen ihrer Geschichte. Das Alter von hundert Jahren sei nicht das Alter eines natürlichen Menschen, sondern weise auf Epochen hin. Gerhard Scholz (S. 59 f.) sagt dazu: »In der Hexenküche wird die organische Verjüngung und Lebensverlängerung besorgt. Ab da währt Fausts Leben hundert Jahre – und ein solches Säkulum steht für den Epochencharakter der Dichtung [...]. Faust, der die realen Kämpfe von Jahrhunderten erlebt hat, wird zum potentiellen Vollzieher dessen, was von den kommenden Klassen vollzogen, konkret-historisch wird.« Eine der Aufgaben des Teufelsbündnisses und der Magie sei es, diese Zusammenraffung ganzer historischer Epochen in einer poetischen Person zu ermöglichen.

Der großen Macht- und Arbeitswelt Fausts ist das *Idyll* der Philemon-Baucis-Welt entgegengesetzt. Sie stellt die kleine, idyllische Welt schlechthin dar; *Philemon und Baucis* als Figuren des antiken Märchens, wie es bei Ovid (Met. VIII, 600-713) erzählt worden ist, sind nur als Symbolgestalten der Gastfreundschaft überhaupt vom Dichter eingeführt worden. Zu Eckermann sagt Goethe am 6. Juni 1831: »Mein Philemon und Baucis [...] hat mit jenem berühmten Paare des Altertums und der sich daran knüpfenden Sage nichts zu tun. Ich gab meinem Paare bloß jene Namen, um die Charaktere dadurch zu heben. Es sind ähnliche Personen und ähnliche Verhältnisse, und da wirken denn die ähnlichen Namen durchaus günstig.«

Der Idyllcharakter zeigt sich schon in der Szenerie, die vom Dichter als »offene Gegend« bezeichnet wird. Diese offene Gegend, die dann im folgenden von dem Wanderer als Bereich der Dünen (V. 11050), bewachsen mit »dunkeln Linden« (V. 11043), beschrieben wird, steht durchaus im Gegensatz zu dem Ziergarten und zu der von einem »gradgeführten Kanal« durchzogenen Kulturlandschaft (folgende Szene), die den Lebensraum Fausts bildet. Es ist diese »offene Gegend« ein Bereich der ursprünglichen Natürlichkeit, der Sicherheit bietet sowohl vor dem Toben der Elemente (Rettung des Wanderers) als auch (wenn auch nur scheinbar) vor der technisch-zivilisatorischen Tätigkeit Fausts, der die Natur nur noch als Objekt der Umgestaltung erscheinen kann. In dieser gleichsam natürlich-ewigen, vor-geschichtlichen Welt leben die beiden Alten ohne Reflexion glücklich dahin. »Hütte, Kapelle und Linden bezeichnen eine unvergänglich-ewige Welt, die in heiterer Stille die Gesamtheit alles rein irdischen Tuns in Frage stellt« (Emrich 2, S. 402). Die in der Erinnerung reproduzierte Rettung des Wanderers ist nicht durch menschliche Fertigkeit, sondern gewissermaßen durch die Natur selbst erfolgt, von der die gütigen und frommen alten Leute nur ein Teil sind. Güte, Frömmigkeit (V. 11055) und Gastfreundschaft (V. 11057), aber auch naive Einfachheit des Lebens sind Attribute jenes statischen, naturnahen Daseins, wie es sich hier vollzieht. Gegen diese Welt richtet sich die rastlose Tätigkeit und die ganze Existenz Fausts. »Diese Lindenbäume sind das letzte Bild der natürlichen Weltordnung, gegen die Faust sein ganzes Leben lang Sturm gelaufen ist« (Politzer, S. 367).

In der Weise, in der die beiden Alten das Werk Fausts betrachten, wird freilich auch noch die Welt dieses Naturidylls differenziert. Philemon als Mann ist bereit, auch die Andersartigkeit, ja die Fortschrittlichkeit des neugeschaffenen Zustandes gelten zu lassen (V. 11083 ff.); er ist auch davon überzeugt, daß »legal‹ alles in Ordnung ist« (Eschmann, S. 612 zu V. 11115). Baucis mißtraut hingegen aus konservativer Haltung, aber auch aus sicherem Instinkt heraus dem Werke Fausts und hat das richtige Gespür dafür, daß hier nicht alles »mit rechten Dingen« zugegangen ist (V. 11114); sie erkennt den magischen Charakter seiner Tätigkeit (V. 11123 ff.), seine Gottlosigkeit (V. 11131) und seinen rücksichtslosen Machtwillen (V. 11134). Sie traut weder dem »Wasserboden« (V. 11137) noch dem großzügigen Angebot Fausts, das alte Ehepaar in ein »schönes Gut im neuen Land« umzusiedeln (V. 11135 f.). Der Gatte, von ihr überzeugt oder nicht, gibt seinem Vertrauen auf den *alten Gott* Ausdruck:

> »Laßt uns zur Kapelle treten,
> Letzten Sonnenblick zu schaun!
> Laßt uns läuten, knien, beten
> Und dem alten Gott vertraun!« (V. 11139 ff.)

Der »alte Gott« ist ohne Zweifel der christliche Gott, dem der Mensch sich im demütigen Ritual (»läuten, knien, beten«) nähert; in diese christliche Frömmigkeit mischt sich jedoch schon moderne Naturfrömmigkeit, die im kontemplativen Betrachten der schönen Natur (»letzten Sonnenblick zu schaun!«) Genüge findet. Die Welt dieser naiven Pietät enthüllt sich zugleich als eine abendliche, vergehende Welt, die bald in die Finsternis der Mitternacht entschwinden wird.

In der neueren Literatur hat auch die Gestalt des *Wanderers* größere Beachtung gefunden. May bemerkt noch (S. 249), der Wanderer stehe »nur am Rande als Reizfigur«. Daß dies nicht richtig ist, ergibt sich schon aus der großen Bedeutung, die das Wanderer-Motiv in der gesamten Dichtung Goethes besitzt. Durch sein Jugendwerk zieht sich dieses Motiv ebenso wie durch das späte Opus (Wilhelm-Meister-Romane). *Hans-Joachim Schrimpf* hat in seinem Buch »Das Weltbild des späten Goethe« die Bearbeitung dieses Motivs in Goethes Dichtung ausführlich untersucht. Der Wanderer ist eine der Kontrastfiguren zu Faust. Auch Faust wandert durch die Welt. Sein Wandern ist Ausdruck seines rastlosen Strebens; es führt weg von der Natur; es entfernt ihn von der Statik einer in sich ruhenden natürlichen und gesellschaftlichen Welt. Der Wanderer der Philemon-Baucis-Szene hingegen ist in den Stürmen der Welt umhergetrieben worden und wird nun in die heile, ruhende Welt zurückgeworfen (»Als die sturmbewegte Welle / Mich an jene Dünen warf!«, V. 11050 f.).

Auch *Gerhard Scholz* hält die Wanderer-Gestalt in seinem Sinne für bedeutsam. Der Gegensatz zwischen der Philemon-Baucis-Szene und der folgenden Szene ist für ihn gekennzeichnet durch die Kontradiktion von *Hütte* und *Palast* (S. 177). In der sozialen Welt der Hütte spiele der Wanderer die Rolle des Bauernhelfers, der freilich in der Zeit des Übergangs zum Kapitalismus eine reaktionäre Figur geworden sei. Er, der einst wohl ungläubig gewesen sei, sei durch seine Rettung bekehrt worden; und es gelinge ihm nun, den seinerseits abtrünnig werdenden Philemon zum alten Glauben zurückzubringen. »Das bedeutet den Triumph des neugläubigen Wanderers. Alles, was im folgenden geschieht, kommt weitgehend auf seine

Kappe. Der Konzeption Fausts, der einen Raum wirklich freier Hütten anstrebte, stand die durch den Wanderer verstärkte und durch ihn eigentlich geführte Hüttenpartei am Ende schroff reaktionär gegenüber [...]. Der ursprünglich revolutionäre Bauernhelfer steht am Ende des Goetheschen Lebenswerkes auf ideologisch reaktionärer Position, die in ihrer christlich-mystischen Idyllik der von Goethes romantischen Zeitgenossen nahekommt, mit denen sich der Dichter auseinandersetzte« (S. 183).

Metscher (S. 83 f.) erklärt, in Philemons Bericht V. 11083-11106 werde die Transformation von Natur in Kultur, die Faust durch seine planerische Tätigkeit bewirkt habe, dargestellt. Die Trennung von Kopfarbeit und Handarbeit, die den voll entfalteten Prozeß gesellschaftlicher Arbeit und Klassenteilung in der bürgerlich-kapitalistischen Gesellschaft charakterisiere, werde verdeutlicht: »Kluger Herren kühne Knechte [...]«.

Die *sprachliche* und *metrische* Gestaltung der Szene entspricht dem Inhalt. Es herrscht der *trochäische Viertakter*, dessen sich alle drei Personen bedienen. »Die Heiterkeit des Alters, Begrenztheit, Geborgenheit, Ruhe wird Klang in kurzen Viertaktern, aber ohne das Tempo, das diesem Maße sonst eigen ist. Sprachlich eine gewisse Umständlichkeit des Alters, zugleich eine fast kindliche Art, zumal bei Philemon (Baucis ist rüstiger), die Sätze meist schlicht-aufzählend aneinander gereiht. Wo der Reim schließt, endet auch jedesmal der Satz« (Trunz, S. 611). May sieht in der metrischen Gestaltung »ein hohes Maß von Naivität, von letzter kindlicher Einfalt des greisenhaften Alters« ausgedrückt, nicht aber »senile Auflösung« (S. 250). Diese Sprache hebt sich (nach May, S. 252) ebenso »von der formelhaft erstarrten, konventionell zeremoniösen Hofsprache« wie »vom Impetuoso der faustischen Diktion« ab. Sie ist gekennzeichnet durch einfache Aufzählungen, einen geringen, einfachen Wortschatz, Schlichtheit der syntaktischen Schemata, die nächstliegenden Reime. »Auch die klangliche Profilierung ist vielfach schwach. Mehrfach wird das Reden wie aus zahnlosem Munde kommend charakteristisch verlautet« (May, S. 253; er weist auf die vielen *l* in V. 11059 ff. hin).

PALAST

Auf den Gegensatz der Szenerie »weiter Ziergarten, großer, gradgeführter Kanal« zu der »offenen Gegend« der Philemon-Baucis-Szene ist schon hingewiesen worden. Es ist die Welt der zivilisatorischen Tätigkeit Fausts, die von Menschenhand umgestaltete Natur. Die Personen dieser Szene stellen konträre Existenzen dar: auf der einen Seite finden wir Lynkeus, das statische und kontemplative Dasein; auf der anderen Seite die drei gewaltigen Gesellen, die brutalen gewissenlosen Tatmenschen; zwischen ihnen Faust.

Die Szene stellt den Übergang zwischen der idyllischen Naturwelt Philemons und Baucis' und Fausts Welt der Tat dar. Die Zeichen dieses Übergangs reichen bis in die *Metrik* hinein. Der einfache Vierheber wird beibehalten, ist jetzt jedoch nicht mehr trochäisch, sondern jambisch. »Diese Jambik wird hier nach einem ungeschriebenen Gesetz herangezogen von der anwachsenden dramatischen Spannung [...]. Erst die verwandelte Diktion in den Versen Faustens (11151 f.), die sich der anspringenden Jambik verbindet, verschärft das Verhältnis zum Kontrast und läßt keinen Zweifel, daß in Faust eine mächtig anwachsende Spannung mit Gewalt zur Lösung drängt« (May, S. 255 f.).

Der Beginn der Szene ist noch ganz von kontemplativer Stimmung beseelt. *Lynkeus* der Türmer preist die Welt, die Faust umgeschaffen hat. Die Bändigung der Elemente, das frohe Leben der Menschen in einer neugeschaffenen Welt des Reichtums und des wirtschaftlichen Erfolges erscheinen ihm als Grundlage des Glücks. Die sinkende Sonne, die Philemon und Baucis noch einen letzten Blick auf ihre versinkende Lebenswelt gestattet (V. 11140), bestrahlt nach den Worten des Lynkeus (V. 11143) eine neue, scheinbar in sich vollendete Welt. Froher Sinn und Seligkeit sind in dieser Welt den Menschen geschenkt; Faust selbst begegnet »das Glück zur höchsten Zeit« (V. 11150). Lynkeus nimmt in seiner *Kontemplation* das vorweg, was Faust erst empfindet, nachdem er die Sorge überwunden hat, nachdem er erblindet ist und nachdem das Licht in seinem Innern erstrahlt ist: das Bewußtsein des höchsten Augenblicks. Das, was Faust erst am Ende seines Lebens zuteil wird, nachdem er Welten durchwandert und sie erfahrend sich angeeignet hat, nachdem er durch seine Taten Schuld auf sich gehäuft hat, fällt dem nur betrachtenden Lynkeus auf einmal zu: »Lynkeus steht zwischen dem ganzen verhängnisvoll verhängten Ereignis wie ein strahlender Hinweis darauf, daß trotz aller Verschuldung und Verstrickung letztlich die Macht des Auges, die ja nach Goethes Überzeugung selbst auch von innen die Sonne erschafft, die ›Unsterblichkeit‹ der Entelechie garantiert« (Emrich 2, S. 403).

Im Gegensatz zu dem Betrachter Lynkeus, der die positiven Seiten von Fausts Werk sieht und beschreibt, demonstriert die Tätigkeit der *drei gewaltigen Gesellen* und Mephistos die andere Seite von Fausts Tun. Sein Hinausgreifen und Heranziehen der Welt, seine Veränderung der Natur ist nicht möglich ohne das Böse, das in dem gewaltsamen Eingriff in die Natur als solchem enthalten ist. Faust kann das, was er erreichen will, nicht mit den natürlichen, dem Menschen gegebenen Mitteln durchsetzen; deshalb bedarf er des Bündnisses mit den mit magischen Kräften ausgestatteten Gesellen des Teufels. Für diese ist Seefahrt und Handel mit Raub und Gewalttat notwendigerweise verbunden:

> »Krieg, Handel und Piraterie,
> Dreieinig sind sie, nicht zu trennen.« (V. 11187 f.)

Die dumpfe Brutalität wird auch im Versrhythmus zum Ausdruck gebracht. Diese kurzen, jambisch oder trochäisch gestalteten, in der Taktzahl schwankenden Verse »prägen mit ihren kleinen, kurzen Schritten, den häufigen starken Betonungen, bei vielfacher Einsilbigkeit des Wortkörpers und männlichen Ausgängen den wuchtigen Schritt der plumpen Gesellen, ihr brutal kräftiges Auftreten und Auftrumpfen« (May, S. 256).

Den Kern der Szene bildet das Gespräch zwischen *Faust* und *Mephisto* (V. 11219 ff.). Mephistos (wie seine Schlußworte in der Szene zeigen, ironische) Ausführungen vom »erhaben Glück« (V. 11220), das er seiner »hohen Weisheit« (V. 11221), seinem Arm, der »die ganze Welt umfaßt« (V. 11226), seinem »hohen

Sinn«, seinem »Fleiß« (V. 11231) zu verdanken habe, können Faust nicht überzeugen. Allzu schmerzlich ist er sich der grundsätzlichen Begrenztheit und Beschränktheit dessen, was er erreicht hat und was er erreichen kann, bewußt:

> »Das verfluchte *Hier*!
> Das eben, leidig lastet's mir.
> Dir Vielgewandtem muß ich's sagen,
> Mir gibt's im Herzen Stich um Stich,
> Mir ist's unmöglich zu ertragen!« (V. 11233 ff.)

Das stille, glückliche Leben der Alten, die Linden, die Hütte, der Klang des Glöckchens (V. 11239 ff.) sind für Faust keine echten Hindernisse; sie sind vielmehr Symbole einer ganz anderen Welt, deren Wesen mit der von ihm geschaffenen Welt nicht harmonieren kann.

Eine ganz andere Existenzmöglichkeit wird Faust hier vorgehalten: eine in der Tiefe seines Selbst längst »verschollene« reine Daseinsweise *traumhafter*, nicht von der Tat geprägter Art (V. 11268) wird ihm aufgedrängt, in die er nach seinem Lebensgange nicht mehr zurückkehren kann.

Mephisto weiß Rat; seine kommentierende Bemerkung »ad spectatores« (V. 11286 f.) zeigt erneut seine nihilistische Auffassung von der ewigen Gleichheit und Nichtigkeit des Weltlaufs. Sinnlos zerstörend und immer wieder gleich wie das Toben der Elemente ist auch das Handeln des Menschen in der Geschichte.

Zu der Anspielung auf »Naboths Weinberg« sagt Trunz (S. 612 f.) kommentierend: »Im 1. Buch der Könige, Kap. 21, wird erzählt, daß der reiche König Ahab von Samaria den seinem Palast benachbarten Weinberg des frommen Naboth haben will. Dieser verkauft ihn aber nicht. Ahab mag vor Ärger nichts mehr essen. Daraufhin intrigiert seine Frau Isebel ohne sein Wissen gegen Naboth: dieser wird verklagt; bestochene Zeugen sagen gegen ihn aus, und er wird wegen Gotteslästerung durch Steinigung getötet. – Es ist möglich, daß Goethe durch das Naboth-Motiv zu dieser *Faust*-Szene angeregt ist.«

Sozialgeschichtlich werden Mephistos letzte Worte von *Scholz* gedeutet: »Mit dem biblischen Hinweis unterstellt Mephisto, daß die Zeiten sich nicht ändern und auch der Vorgang immer derselbe ist: die Gier der Mächtigen und Reichen übervorteilt den kleinen Mann und beutet ihn aus« (S. 202). Im übrigen diene die Szene »Palast« dazu, in Faust ein Krisenbewußtsein hervorzurufen, das in der Begegnung mit der Sorge manifest werde. Mit der sich anbahnenden »Hüttenkatastrophe« sei von Goethe die Schiffahrts- und Seeraubkatastrophe verbunden worden. Damit werde nicht nur die Welt der Hüttenbewohner (»in ihrer Armut wie in ihrer Abhängigkeit von Kaiser und Bischof lebendige Statussymbole feudaler Formation«, S. 197) in ihrer historischen Überfälligkeit in Frage gestellt, sondern auch die neue kapitalistische Welt, gekennzeichnet durch »eine gewissenlose Freiheit, die Handelsfreiheit, die zu vollkommenem Relativismus in Rechts- und Moralnormen führt« (S. 196). »Faust sah in der gesellschaftlich-geschichtlichen Qualität solchen Lebens als Traum für das Tätigwerden der Menschen im Kampf um Neues, für eine Veränderung der Welt und damit überalterter Weltzustände eine so unerhört gefährliche Barriere, daß er für ihr Zerbrechen auch Unrecht in Kauf zu nehmen gestatten will« (S. 199). »Mit dem Zusammenhang des einen und des anderen Szeneninhalts, der patriarchalischen Hütte und dem Palast des kapitalistischen Reeders, ist die Frage gestellt nach dem wirklichen Fortschritt in den historischen Veränderungen« (S. 194).

Zu den Versen 11163-66 sagt *Metscher* (S. 87): »Diesem Oberflächenbild einer frühbürgerlichen Handelsidylle aber wird in einem scharfen Kontrast das wahre ökonomische Prinzip des Handelskapitals von Mephistopheles mit zynischer Offenheit entgegengestellt. Mephistos Darstellung hat die Funktion, das hinter der Erscheinungsebene versteckte sozialökonomische Wesen sichtbar zu machen.«

Zur Vernichtung der Existenz der beiden Alten erklärt *Binswanger* (1, S. 140 f.): »Die Wirtschaft von Philemon und Baucis, die naturbedingte, bescheidene Wirtschaftsweise, muß zerstört werden. Faust erkennt in ihr das entscheidende Hemmnis für den Fortschritt auf dem von ihm gewählten Weg der modernen Wirtschaft. Dieses Hemmnis läßt ihn bei seinem Blick auf den unendlichen Fortschritt nicht froh werden. [...] Auch der letzte Rest einer nicht dem Geld untergeordneten Subsistenz- und Versorgungswirtschaft, wie er durch Philemon und Baucis verkörpert wird, darf nicht bestehen bleiben, da er immerhin die Möglichkeit einer anderen Wirtschaftsweise aufzeigt und damit die Entschlossenheit schwächt, die notwendig ist, um den Fortschritt der Wirtschaft mit Hilfe des Geldes zu sichern.«

TIEFE NACHT

Tiefe Nacht ist es inzwischen geworden, Nacht auch für Faust, der seiner letzten und schwersten Versuchung, der Begegnung mit der Sorge, entgegengeht. *Lynkeus*, in dieser Finsternis auf seine Innerlichkeit, sein inneres Licht zurückgeworfen, preist in seinem Lied noch einmal das Glück des Schauens. Die ganze Welt, Ferne und Nähe (V. 11292 f.), unbelebte und belebte Natur (V. 11294 f.), faßt er mit seinem geistigen Auge zusammen: Schönheit, in der sich Gott offenbart (»ewige Zier«, V. 11297), die den betrachtenden Menschen mit dem Gefühl tiefen Glücks erfüllt (V. 11300 ff.). Das Werk Fausts bezieht er in sein Preisen nicht ein – ahnt er vielleicht schon Unglück und Schuld, die diesem Werke verhaftet sind? May (S. 259 f.) sagt zu dem Lied des Türmers: »Die Gesangverse Lynkeus' des Türmers in ihren tanzenden Daktylen bilden zur folgenden Sprachpartie, welche die Schreckensbotschaft bringt, eine sehr eindringliche Folie. Im Ausdruck der Seligkeit des Schauens schwingen die Verse im Rhythmus einer gleichmäßig schaukelnden Tanzbewegung hin und her. Im Versgang ist ein selbstgenügsamheiteres Sich-hin-und-her-Wiegen zu empfinden und in Verbindung mit dem Versgehalt vom Preis des beglückten Schauens ein wunschlos glückliches, zeitlos in sich versunkenes Gestimmtsein ausgesprochen; das verbindet sich natürlich mit der entsprechenden sprachlichen Stilisierung [...]. Diese Verse sind im ganzen, so wie sie aus der antikisierenden Formsprache früherer Szenen stammen, ein letzter, voller Nachklang der ›ästhetischen Stimmung‹, in der wir auf das bleibende Wesen der Dinge schauend gerichtet sind, die Haltung, die im Reiche der Helena herrschte.«

In erregten trochäischen Rhythmen ist der folgende Bericht des Türmers über das »greuliche Entsetzen«, das der Vernichtung der Philemon-Baucis-Welt entspringt, gestaltet (V. 11304 ff.). Starke Effekte der Lautcharakteristik und der Vokalsymbolik, »ein überreiches Aufgebot klangmalender Reize« (May, S. 261) werden eingesetzt. In ganz kurzen Sätzen, »wie stoßartig spitzig hingestochen« (May, S. 262), erscheint im Gegensatz der Bericht Mephistos und der drei Gesellen. »Auf die Stimme des hilflosen, weichen Herzens und der wachen Sinne folgt die kalte Roheit Mephistos, der nun die Untat [...] meldet. Männlich hart abschließende, wie unmutig aufstampfende Verskadenzen, viele helle, wie blechern klingende Reimvokale (gequält, entseelt, versteckt, gestreckt) gehen zusammen mit Lautpartien, die im ganzen auffallend klanglos, d. h. dürr und trocken wirken, stockig und zäh sich entwickeln« (May, S. 262).

Faust selbst, der bereit ist, die »ungeduld'ge Tat« (V. 11341) noch hinzunehmen, muß nach dem Bericht vom Tod der Alten und des Wanderers seine furchtbare Verstrickung erkennen (V. 11370 ff.). Drohend bestätigt der Chorus der bösen Täter, daß Faust sich in Kühnheit selbst gewagt habe (V. 11376 f.). Gegen ihn schweben aus dem Rauch der verkohlten Hütte drohende Gestalten »schattenhaft« heran (V. 11383).

Zur *Spiegelung* der Szenen führt Trunz (S. 613) aus: »Faust als Herrscher: Tat und Wirklichkeit, aber keine Schönheit. Lynkeus: Schönheit und Wirklichkeit, aber keine Tat. Fausts Schlußmonolog: Tat und Schönheit, aber keine Wirklichkeit. So spiegeln die verschiedenen Szenen einander wechselseitig, und es gehört zur Tragik des Aktes, daß immer die Verbindung zweier dieser Motive das dritte anzuschließen scheint.«

MITTERNACHT

Aus den heranschwebenden Rauchschwaden des niedergebrannten Besitzes der beiden Alten bilden sich »vier graue Weiber«, die auf Faust drohend zukommen: Mangel, Schuld, Sorge, Not (V. 11384 f.). Die einzige dieser allegorischen Gestalten, die zu Faust Zutritt findet, ist die *Sorge*:

> »Ihr Schwestern, ihr könnt nicht und dürft nicht hinein.
> Die Sorge, sie schleicht sich durchs Schlüsselloch ein.« (V. 11390 f.)

Daß Mangel und Not bei einem Reichen (V. 11387) nicht eingelassen werden, leuchtet ein; es bleibt jedoch zunächst unverständlich, warum die *Schuld* Faust nicht erreichen kann, zumal er gerade schwerste Schuld auf sich geladen hat. Dieses Problem ist lange Zeit von der Forschung nicht gelöst worden. *Bielschowsky* (S. 663) bemerkt resignierend: »Hier müßte alles ganz klar sein, und ist doch alles ganz dunkel.« *Erich Schmidt* (Bd. 14, S. 392) hilft sich mit der These, es handele sich hier um »Geldschulden«, die den Reichen nicht anfechten könnten. Diese abwegige Deutung wird von *Kühnemann* (S. 538) und von *Rickert* (S. 417) wiederaufgenommen. *Beutler* (S. LXXVIII) meint, Faust könne die Schuld nichts anhaben, »denn seine Stellung ist so mächtig, daß ihn niemand für seine Taten zur Rechenschaft ziehen kann«. Ähnlich argumentiert *Lohmeyer* (1, S. 128): »So schuldig Faust auch ist, die Welt kann von ihm nichts eintreiben; Faust ist, als ein Reicher, der Welt keine Rechenschaft schuldig.« *Kommerell* sieht die Schuld Fausts als ein »Schuldverhältnis nicht moralischer, eher geschäftlicher Art«: »Der Reiche ist sicher, auch vor Schuld. Goethe deutet an, daß er gefeit ist gegen Schuld, weil er sich loskaufen kann. Die Schuld ist nicht für ihn, sie kann ihn nicht einholen« (S. 84).

Burdach hat in seinem bedeutsamen Aufsatz »Faust und die Sorge« erkannt, daß die Schuld hier hinter der Sorge zurücktritt, freilich auch deshalb, weil nach seiner Deutung die Sorge der Reue ganz nahesteht (1, S. 28). Außerdem zeigt Burdach die Herkunft der allegorischen Gestalten aus den Dichtungen des Horaz (c. III, 1 und II, 16) und des Vergil (Aeneis VI, 266 ff.). Hier treten im Vorhof des Hades unter grauen, das Leben ertötenden allegorischen Gestalten die »ultrices curae« auf, aus deren ultrix-Funktion die Schuld erst abgeleitet sei (1, S. 39 f.). Dies sei einer der Gründe für das Zurücktreten der Schuld.

Emrich hat schließlich in umfassender Weise dargelegt, daß Goethe hier die Schuldproblematik bewußt ausgeklammert hat. Die Schuld, die Faust an den verschiedenen Stationen seines Lebensganges auf sich geladen hat, ist als solche gewiß nicht bestreitbar. Aber die Schuld Fausts ist hier zugunsten des Angriffs durch die Sorge eliminiert.

Wenn Faust im Sinne der Intentionen des Faust-Dramas schuldig geworden ist, dann liegt die Schuld darin, daß er sich in seiner Tätigkeit »in sich selber verstrickt und dem offenen Naturzustand entfremdet« (Emrich 2, S. 392). Diese Entfremdung zeigt sich schon darin, daß Faust sich in einer Kulturlandschaft (»Palast«, »Ziergarten«) befindet, die sich von der natürlichen »offenen Gegend« des Lebensbereiches der beiden Alten kontrastierend abhebt. Diese Art der Schuldproblematik hat Goethe im Alter entwickelt, wie Emrich (ebd.) an Beispielen aus den »Wanderjahren«, den »Wahlverwandtschaften«, der »Natürlichen Tochter«, der »Pandora«, der »Novelle« demonstriert. Die kulturelle, zivilisatorische Tätigkeit als solche erscheint als eine Verschuldung, weil sie von der reinen Natur wegführt. Daneben ergibt sich jedoch ein anderes Problem: es geht ja in diesem Drama keineswegs um die Bewahrung des reinen, in sich selbst ruhenden Naturzustandes, sondern um die reine und freie Tat des Menschen. Wenn es Faust noch nicht gelungen ist, zu einer reinen, auf den Augenblick gerichteten Tätigkeit zu kommen, so liegt hierin eine andere Art von Verschuldung, aus der er sich selbst aber nur durch die Tat befreien kann. Faust befindet sich in einem Zustande *zwischen* der einfachen Natürlichkeit und der reinen, durch Rückwärts- und Vorwärtsschauen nicht mehr getrübten Tätigkeit, und in diesem Zwischenstadium ist er anfällig für die Sorge. »Eine doppelte Problemstellung also scheint hier gegeben: Einmal führt die rastlose zivilisatorische Tätigkeit in Verstrickung und Naturfremdheit, anderseits befreit reine, gegenwärtige Tätigkeit auch von dieser Verfremdung und Sorge. Schuld und Erlösung scheinen beide aus Fausts Tätigkeit zu entspringen. Sein unendlicher Wunsch, alles zu besitzen, vernichtet die reine Natur, sein reines Tun richtet ihn wieder auf« (Emrich 2, S. 393).

Der *Sorge* sieht sich Faust allerdings erst angesichts des *Todes* konfrontiert. Auch Mangel und Not sind Situationen, die den Menschen in seiner freien Tätigkeit, seiner Entfaltung einengen; aber erst im Angesicht des Todes bedrängt ihn die Frage, ob sein Tun überhaupt von Dauer sein kann und ob er sich und seine Tätigkeit in diesem begrenzten irdischen Dasein überhaupt vollenden kann. Die Schwesternschaft mit dem *Tod*, der im Hintergrund schon erscheint, wird von den grauen Weibern ausdrücklich betont:

»Dahinten, dahinten! von ferne, von ferne,
Da kommt er, der Bruder, da kommt er, der – – – Tod.« (V. 11396 ff.)

Bisher hat Faust die Sorge nicht gekannt:

»Ich bin nur durch die Welt gerannt;
Ein jed' Gelüst ergriff ich bei den Haaren,
Was nicht genügte, ließ ich fahren,
Was mir entwischte, ließ ich ziehn.
Ich habe nur begehrt und nur vollbracht
Und abermals gewünscht und so mit Macht
Mein Leben durchgestürmt [...]« (V. 11433 ff.)

Nun aber wartet auf ihn der Tod: »Im Angesicht des Todes erhebt sich die Frage
nach der Vollendung eines Menschen, der sein ›Leben durchgestürmt‹ hat und sich
in unaufhörlichem Tun verzehrte. D. h. die Frage nach der Ewigkeit und Dauer
eben dieses bedenkenlos tätigen Daseins überschattet groß und beherrschend diese
Szene bis zu dem Schlußwort Fausts: ›Es kann die Spur von meinen Erdetagen
Nicht in Äonen untergehn‹. Um die Dauer der Tat, nicht um ihre ethische Sicherung scheint es also Goethe primär zu gehen. Daher scheint das Schuldproblem
einer anderen, überaus komplizierten inneren Dialektik der Tat zu weichen, die
Goethe fast sein ganzes Leben beschäftigt hat« (Emrich 2, S. 395).
Die reine und freie Tat aber ist für den Menschen als endliches Wesen gar nicht
möglich. Immer ist sein Tun getrübt durch die Gier nach Besitz und Macht, durch
die Vernichtung des Natürlichen, durch die letztliche Vernichtung des Werkes,
die im Lauf der natürlichen und geschichtlichen Welt unvermeidbar ist. Das
spricht Mephisto ironisch aus: »Die Elemente sind mit uns verschworen, / Und
auf Vernichtung läuft's hinaus.« (V. 11549 f.)

Ein endgültiger Sieg über die alles wieder zerstörenden Elemente ist nur visionär-
utopischen Charakters. Um die visionäre Utopie aufleuchten lassen zu können,
muß Faust die Sorge abweisen und erblinden. »Nicht eine moralische Schuld
Fausts [...] wird hier dokumentiert, sondern ein Schicksal des Weltlaufs, das
unlösbar mit allem Herrschen und Arbeiten verknüpft ist. Ihm entgeht darum
auch Faust nicht durch Reue oder ›geschäftliche‹ Abtragung und Abzahlung der
Schuld, sondern durch einen Sprung aus der Zeit, d. h. erstens durch einen visio-
när-transzentendalen Kampf gegen gerade jene ›Elemente‹, denen er selber verfiel,
gegen das ewig sich wiederholende Kommen und Gehen, Aufrichten und Zerstören der Meereswogen, und zweitens durch Erblindung gegen außen und Aufflam-
men des inneren Lichts. Die Arbeit Fausts am Meer erscheint also einmal als reales
Kämpfen und Streiten um Besitz, zum anderen als gigantisch-überirdischer Sieg
über die Elemente überhaupt« (Emrich 2, S. 400).
In Faust erwacht zunächst das Bewußtsein des bevorstehenden Todes:

»Vier sah ich kommen, drei nur gehn;
Den Sinn der Rede konnt' ich nicht verstehn.
Es klang so nach, als hieß' es – Not,
Ein düstres Reimwort folgte – Tod.« (V. 11398 ff.)

Angesichts des Todes wird sich Faust auch in vollem Maße seiner Situation klar: seines Zustandes zwischen der bloßen Natürlichkeit und einer freien, reinen Tätigkeit. In den Zustand der Natürlichkeit, wie er ihm in der Existenz von Philemon und Baucis entgegengebracht worden ist, kann er nicht mehr zurückkehren; ein freier Mensch aber, der als tätiger Geist der Natur souverän gegenübersteht und die Welt frei und souverän gestaltet, der im Augenblick eine ganze Welt schöpferisch gestaltet, ist er nicht geworden (»Noch hab' ich mich ins Freie nicht gekämpft«, V. 11403). Schmerzlich wird er hier vor dem Tode seiner Endlichkeit inne. Um diese Kluft zwischen seiner Beschränktheit und der Möglichkeit einer reinen, unendlichen Tätigkeit zu überbrücken, hat er sich bisher der *Magie* bedient:

> »Könnt' ich Magie von meinem Pfad entfernen,
> Die Zaubersprüche ganz und gar verlernen,
> Stünd' ich, Natur, vor dir ein Mann allein,
> Da wär's der Mühe wert, ein Mensch zu sein.« (V. 11404 ff.)

Magie ist angesichts seiner Verstrickung für ihn nicht mehr zu vermeiden (V. 11411). Faust erkennt, daß er den Weg des Mißgeschicks (V. 11415) gegangen ist. Er ist kein »Mensch« mehr, wie er es einmal gewesen ist (V. 11408); er möchte wieder »Mensch« werden (V. 11407). Daß es aber wesenhaft das Schicksal des Menschen ist, zwischen Natur und Freiheit zu schweben, wird ihm schmerzlich bewußt. In einen Bereich des Gespenstisch-Unwirklichen hat er sich begeben (V. 11410; 11413; 11416); hier dringt die leben- und freiheithemmende Sorge auf ihn ein.

Der Begriff der *Magie* in dieser Szene und überhaupt in dem zweiten Teil der Dichtung hat in der Literatur keine einheitliche Deutung erfahren.
Eine der vorgetragenen ähnliche Ansicht vertritt *v. Wiese*: »Die *Magie* ist es, die ihm den Weg zu den eigentlich menschlichen Lösungen und damit zu jeder Form von Humanität und Entsagung bis ans Ende verbaut und ihn in jenes Zwischenreich hineinstellt, wo sich das Dämonische zwar in einer ›durchaus positiven‹, über die Durchschnittsgrenzen des Menschlichen hinausgreifenden ›Tatkraft‹ entfaltet, aber auch die Seele in jene ungreifbare, trübe Atmosphäre verwickelt wird, aus der sie sich nicht mehr herauslösen kann. [...] Im ersten Teil begegnet uns Magie noch im handfesten, der Überlieferung folgenden Sinne als Geisterbeschwörung, die sich der Geisterwelt zu bestimmten Zwecken bedienen will. Magie ist Zauber, der das Geheime und Verborgene herbeirufen und bannen kann. [...] Aber auch hier bereits steht Magie in einem tieferen Zusammenhang mit dem Faustischen Wesen. Die magisch andrängende Geisterwelt, in die Faust hineingestellt ist, zeigt sich als schöpferisch und vernichtend, als steigernd und herabziehend zugleich; sie wird zur eigentlichen Faustischen Welt, zur unmittelbaren Entsprechung eines Seelendämons, der sich in die geheimsten Ursprünge der Natur einfühlen und mit ihnen eins werden will, gerade aber in den höchsten Augenblicken immer wieder erfahren muß, daß dem Menschen nichts Vollkommenes geschenkt wird. Magie ist Teilnahme des zum Göttlichen drängenden großen Einzelmenschen an einem als Geisterwelt geschauten Kosmos; aber in allem Magischen lauert stets die Gefahr der dämonischen Hybris und eines abgründigen Sturzes in die Tiefe. Der Mensch, berufen, reiner schaffender Gottesspiegel zu sein, kann mit Hilfe des Magischen die Urbilder immer nur trübe und unvollkommen spiegeln, weil die Kluft zwischen seiner ewigkeitssüch-

tigen Endlichkeit und dem reinen, preisenden Anschauen Gottes, wie es den Erzengeln zuteil wird, sich niemals schließt. So ist Magie im ›Faust‹ Ausdruck der Gottessehnsucht und des Gottesabfalls, tragisches Los der zwei Seelen in der einen Brust« (S. 128 f.). »Noch einmal läßt sich von hier aus die zentrale Bedeutung der Magie erfassen. Von ihrer positiven Seite aus gesehen ermöglicht *Magie eine Steigerung der Faustischen Fähigkeiten und eine die ganze Welt umfassende Ausbreitung seiner ›Monade‹*. Vom Negativen her ist *Magie* immer *Gefährdung* des *Menschen*, der sich ins abgründig Dämonische verstrickt und die wohltätig gesetzten Grenzen zerbricht« (S. 138 f.). »Es zeigt die tragische Lage Faustens in der Welt, daß er zu dieser Absage an die Magie gelangt, als es zu spät ist und ihn der Tod bereits überschattet und die ungerufenen Dämonen ihn im Innersten bedrängen. Der Weg zurück in die vormagische Zeit, als er noch nicht mit ›Frevelwort‹ sich und die Welt verfluchte, ist versperrt; aber ihm bleibt die Freiheit, inmitten einer von geisterhaftem Spuk erfüllten Welt *seinen* Weg bis ans Ende zu gehen, entschlossen ein Mensch zu sein, der keiner anderen Geisterstimme mehr vertraut als der in der eignen Brust« (S. 162 f.).

Danckert (S. 468 f.) führt aus: »Magie im herkömmlichen Sinne, elementare naturbezwingende Magie hat der gealterte Faust längst verlernt. Ein ganz anderer Bereich des ›Magischen‹ tritt ihm zuletzt als ›Sorge‹ und ›Traumgespinst‹ entgegen: Trübung der reinen Vision von der Wiederbringung mythischer Urzeit durch den Einbruch von Macht- und Besitzregungen, die zwangsläufig die grotesken, aber streng vernunftmäßigen Greuel zivilisatorischen Wirkens heraufbeschwören. [...] Nicht nur der Primitive, auch der zivilisatorisch Verstrickte treibt ›Magie‹, indem er an Stelle freier, dem Augenblick verpflichteter Tat den machtgierigen Vorgriff ins Künftige setzt. Auf dieser Stufe sind daher Magie und Sorge fast wesenseins. Diese zivilisatorische Magie schafft ›Traumgespinste‹, Phantome: die Alpträume des Maschinenwesens, die durch und durch künstliche, anorganische, gespenstische Surrogatwelt der Technik.« Von einer Gleichheit von Magie und Sorge spricht auch *Emrich* (2, S. 394): »Magie und Sorge werden hier geradezu identisch. Nicht vertreibt die Magie, wie in der gewöhnlichen Vorstellungswelt, durch ihre Möglichkeit, alle Wünsche zu befriedigen, die Sorge, sondern zieht sie geradezu an.«

Flitner deutet Magie als Ausdruck der dämonischen Maßlosigkeit Fausts. »Die letzte Freveltat Fausts wird von dem Gealterten nicht mehr wie früher überwunden, er ermattet. Zum erstenmal graut dem Unmenschen vor der Gespensterwelt, in die er eingedrungen ist, und nun erfolgt die Absage an die Magie, der Entschluß zur Geduld, die Befreiung Fausts von seinem dämonischen Wahn« (S. 288).

In die Seele Fausts hat die Deutung *Robert Petschs* die Magie gelegt. So wie Petsch in Mephisto »die dämonische Verkörperung der anderen Seele Fausts« sieht, so ist für ihn die Magie, der Faust abschwört, unmittelbarer »titanischer Drang über die Grenzen der Menschen und der Menschheit hinaus, Leben in Gottesferne und in selbstgenügsamer, selbstgerechter Vereisung und Verkrampfung der Seele« (1, S. 61 f.).

Metscher (S. 108) deutet *Magie* als »gesellschaftlich notwendiges falsches Naturverhältnis des Menschen«, das gleich in der ersten Szene des »Faust I« entfaltet werde. Magie sei ein »vor-humanes Naturverhältnis«. Wenn Faust Magie von seinem Pfad entfernen möchte (V. 11404), so intendiere dies Naturbeherrschung durch Arbeit und »Humanität als Resultat menschlicher Arbeit« (S. 120). *Schlaffer* sieht in den Versen 11404 ff. eine idealisierte »Robinsonade«, die auf die traditionelle Arbeitsweise des Bauern und Handwerkers, die vor der Natur »allein« standen, verweise. Da jedoch dieses Naturverhältnis nicht mehr möglich sei, spreche Faust im Optativ. »Magie hatte sich Arbeitsresultate ohne Arbeit imaginiert; Technik verkürzt und denaturiert den Weg zum Arbeitsresultat, so daß es wie durch Zauber erreicht zu sein scheint« (2, S. 130).

Mitten in der Reflexion über die Magie und ihre Überwindung ist Faust schon von der *Sorge* ergriffen. »Bin einmal da« (V. 11421), sagt sie auf Fausts Frage, und »Ich bin am rechten Ort« (V. 11422). Zur Endlichkeit des Menschen gehört es, der Sorge verfallen zu sein. Sie ist immer schon da, und der Mensch kann sie nur von sich schieben und verdrängen, so wie es Faust getan hat, als er »nur durch die Welt gerannt« ist (V. 11433). Der Mensch sucht sie nie, versucht ihr zu entgehen, und dennoch ist sie »stets gefunden« (V. 11430). Sie versetzt den Menschen in *Angst*, die ihn als endliches und freies Wesen stets beherrscht (»ewig ängstlicher Geselle«, V. 11429; »ängstlich« bedeutet hier »Angst machend«; so auch Trunz, S. 615). Angst ist mit der Freiheit der Entscheidung essentiell verknüpft; von Angst überschattet ist die Entscheidung, die der Mensch, rückwärts und vorwärts schauend, das Vorausgegangene und die Folgen bedenkend, treffen muß, um tätig zu werden. »Die Bedenken und Zweifel der Tat, das Abziehen vom ›Gegenwärtigen‹ und der Drang ins Zukünftige bzw. Vergangene sind es eigentlich, was als Sorge den Helden zu übermannen droht« (Emrich 2, S. 393). Das wird auch durch die Selbstcharakterisierung der Sorge bestätigt: Wen sie einmal ergriffen hat, der

> »Ist der Zukunft nur gewärtig,
> Und so wird er niemals fertig.« (V. 11465 f.)
> »Soll er gehen, soll er kommen?
> Der Entschluß ist ihm genommen;
> Auf gebahnten Weges Mitte
> Wankt er tastend halbe Schritte.« (V. 11471 ff.)

Diesen Charakter der Sorge hat schon *Burdach* in seinem bekannten Aufsatz klar erkannt: »Die hemmende, Leben störende, Bewegung lähmende, Entschluß und Tat, zielbewußtes Planen und Wirken hindernde Macht ist die Sorge. Darum widerspricht sie dem innersten Wesen Fausts. Er leistet ihr Widerstand, weil er immer noch festhält am unablässig vorwärtsdrängenden Streben« (1, S. 32). »Die Sorge ist [...] die Feindin der Tat, des schöpferischen Wirkens« (1, S. 34). Während Burdach die vier grauen Weiber aus Vergils (Aeneis VI, 266 ff.) allegorischen Gestalten Egestas, Labos, Ultrices Curae und Letum, aus Horaz' vitiosa cura und aus der Sorge-Fabel des Hyginus ableitet, weist *Kommerell* auch auf christliche Vorstellungen als Quelle hin: Die Todesboten seien eigentlich nicht antik, sondern entstammten dem christlichen Drama. Faust sei eine Art Jedermann (Einfluß der englischen Moralitäten und Calderons). Auch Form und Stimmung der Sorge-Szene seien eigentlich unantik, sie seien mehr mittelalterlich-christlich (S. 81 f.). Zum Wesen der Sorge-Gestalt Goethes führt Kommerell noch aus: Das Leben erfülle sich für Goethe in Augenblicken, die aneinandergereiht seien. Die Sorge hingegen sei das »Erfassen der Zeit«. Das Vergangene und das Künftige würden in den Augenblick hineingezogen; das Künftige werde als Gefahr gesehen. In diesem Sinne habe Goethe in der Mummenschanz auch die Furcht und die Hoffnung als zwei Menschenfeinde entlarvt (S. 103 ff.). In der Konzentration auf den Augenblick lehne Faust auch das Jenseits ab. Das rufe die Sorge wach: »Die Dinge aber nicht um ihretwillen und aus sich begreifen, sondern sie auf ein Drüben zu beziehen, das heißt: sie schief sehen durch Sorge, denn es hindert den Akt der Weltberührung im Augenblick« (S. 110). Zu einer positiveren Deutung des Sorge-Phänomens kommt *Schrimpf* (S. 93 f.): »Durch die

Begegnung mit der Sorge wird Faust nicht allein aufgerufen, sich gegen sie *zusammenzufassen*, sondern auch – und darin liegt vor allem ihr positiver Sinn – die Magie als einen Irrweg einzusehen. So paradox es scheinen mag: die Sorge bringt ihn zum Widerruf seines Lebens. [...] Die Sorge bringt Faust dazu, der Magie endgültig abzusagen, sich zur Freiheit durchzuringen. Der Kampf um die Wiedererlangung der Freiheit (›ein Mann allein‹) aber befähigt ihn nun wiederum, die Sorge jetzt wahrhaft (ohne ›Zauberwort‹) zu überwinden. So allein kann der Doppelstreit gegen Magie und Sorge zugleich verstanden werden, denn beide fallen keineswegs zusammen. Die tragische Ironie aber der Szene liegt darin, daß es zu spät ist (›Könnt' ich . . .‹). Die freie Tat, zu welcher Faust vordringt, ist eine Illusion. Seine eigene Wirklichkeit ist ihm vorausgeeilt. [...] Mit der Absage an die Magie aber hat Faust zuvor auf ein mögliches Menschsein diesseits der Hochspannungen bis zum Äußersten gesteigerter Grenzsituationen verwiesen.«

Die *marxistisch* orientierten Interpreten deuten das Erscheinen der Sorge als Versuchung Fausts durch den »anthropologischen« (Scholz, S. 204) und »weltanschaulichen Pessimismus« (Lukács, S. 176).

Binswanger (1, S. 84 f.) erklärt, die *Sorge* Fausts beziehe sich auf die mit der modernen Wirtschaft verbundenen Gefahren: »die Vernichtung des Schönen, die Risiken der Technik, die Ungewißheit der künftigen wirtschaftlichen Entwicklung«. Faust weist die Sorge zurück: »Faust sucht den Ausweg durch den Fortschritt in die selbst geschaffene, in die alchemistische Welt der Wertschöpfung, von der die Sorge ausgeschlossen ist, weil in ihr die Begrenzung der Welt, die Begrenzung der Zeit, aufgehoben ist. Es handelt sich um die Utopie des modernen Menschen, er könne alle negativen Folgen der Technik und des wirtschaftlichen Wachstums mit *immer noch mehr* Technik und *immer noch mehr* wirtschaftlichem Wachstum überwinden. Faust verläßt sich auf die Vision der Zukunft, die ihm aus seinen eigenen Plänen entgegenstrahlt. Aber die Sorge behauptet ihre Macht. [...] Befangen von seiner Vision des ewigen Fortschritts verliert er die Wirklichkeit aus den Augen und verwirkt damit ›die Zeit‹«.

Faust weist die Sorge ab: »Doch deine Macht, o Sorge schleichend groß, / Ich werde sie nicht anerkennen.« (V. 11493 f.) Die Abweisung verbindet er mit einem Bekenntnis zum Hier und Jetzt, zur Tat im Diesseits (V. 11441 ff.). Er muß sich zu diesem Hier und Jetzt bekennen, wenn er die Magie von seinem Pfade entfernen will: Bedeutete Magie für ihn das Mittel, das Unendliche im Endlichen, das Ganze im Augenblick zu ergreifen, so muß er mit der Beseitigung der Magie auch darauf verzichten, »in die Ewigkeit zu schweifen« (V. 11447).
Die Sorge *blendet* Faust durch ihren Anhauch. Sie wirft ihn zurück auf seine *Innerlichkeit*, die sie als den Boden der Verstrickung im Illusionären betrachtet, in der die Menschen, »im ganzen Leben blind« (V. 11497), sich verfangen haben. Faust aber gewinnt durch dieses Zurückgeworfensein in seine Innerlichkeit die Fähigkeit, sich über die Zerstörbarkeit und Nichtigkeit seines Werkes hinwegzusetzen. Das »*helle Licht*«, das »im Innern leuchtet« (V. 11500), strahlt nach außen als Kraft des Geistes, der sich visionär zur zeitlosen, das Endliche überdauernden Tat erhebt: »Blind wird Faust seinem realen Werk gegenüber, [...] wie vor allem die Todesszene es deutlich macht, in der dem blinden Faust die reale Nichtigkeit seines Werkes entzogen wird. [...] Sehend und überirdisch klar wird aber Faust im Vertrauen auf die zeitlos zeugende Kraft ewig tätigen Geistes« (Emrich 2, S. 397). »Der visionäre Sieg über die Meeresflut am Ende läuft parallel mit dem

Sieg des inneren Lichtes über das Traumgespinst der Sorge und Magie, wie er später sich wiederholt in dem Sieg der tätigen Entelechie Fausts über den ›Streit der Elemente‹ im Leichnam« (2, S. 399).

Eine entsprechende Deutung des »inneren Lichts« gibt *Wolfgang Streicher* (S. 200 f.): »Indem die ›Sorge‹ Faust anhaucht, damit er erblinde, macht sie die letzte, ›reinste‹, innerlichste, durch keine Wirklichkeit mehr beengte Tätigkeit Fausts frei, der sich über Freiheitsvisionen zum Glück des ›höchsten Augenblicks‹ steigert.« Auch *Rickert* (S. 425 f.) hat schon in der Blendung durch die Sorge die Befreiung zur reinsten Tat gesehen: »Worin besteht nun das ›helle Licht‹, das sogar durch die Erblindung nicht ausgelöscht wird? Genau in dem, was die Sorge zerstören wollte: in der unveränderten Entschlußfähigkeit des Tatmenschen.« *Paul Stöcklein* (S. 114) sagt zum Anhauch der Sorge: »Ihr Angriff erreicht aber nur die leiblich-vitale Sphäre; an der Entelechie prallt er ab. Nur die Physis wird getroffen, sie wird alt, ihre Weltverbundenheit, ihre Sinne erlöschen, sie zahlt den irdischen Dämonen ihren ›Zoll‹, sie wird todesreif. Die Psyche altert nicht, sie zieht sich nur weiter in sich selbst zurück, indem sie im absterbenden Organismus sich in sich selbst zu konzentrieren beginnt.« Ähnlich sagt *Trunz* (S. 615): »Der Anhauch der Sorge ist ein Anfang des Todes. Aber an Fausts Wesen, seine Entelechie, kann sie nicht heran. Ihr bleibt die Macht, aber ihm die Freiheit.« Es finden sich jedoch auch andersartige Deutungen: *Böhm* sieht im Anhauch der Sorge nur die Bestätigung dessen, was schon immer gewesen sei: »Die körperliche Blendung wird zum besiegelnden Symbol seiner seelischen Verblendung« (2, S. 249).

Dieses Ereignis stellt nach Requadt (2, S. 366) das »Zentrum des letzten Faustaktes« dar. Die Erblindung bedeutet für Faust den radikalen Weltverlust, sie ist aber zugleich Durchbruch des »inneren Lichts«. Requadt deutet im Anschluß an die Interpretation der Szene durch *Peter Michelsen* Fausts inneres Licht als einen illusionären Irrtum: Faust sei durch seine Überspannung der Ausbreitungstendenz, »weil er in seinem regimentalen Handeln durch die im Zauber symbolisierte Vermittlung ohne die Andacht des Wanderers vor der Natur sie zum Stoff degradiert und sich damit des Gegenhaltes in der Welt beraubt« habe, in eine »Disproportion zum Äußeren« (Requadt 2, S. 371) geraten. »Seine Erblindung ist nur Folge und Ausdruck dieses Weltverhältnisses: die Augen, die das Unendliche sehen wollen, sehen nichts« (Michelsen, S. 34). »Es ist [...] der radikalste Irrtum seines Lebens« (Requadt 2, S. 371). Er beharre in diesem Irrtum bis zu seinem Tode, indem er Befehle gebe, die man nicht mehr befolge. Anstatt sein Werk zu vollenden, schaufele man sein Grab. Im *Tode* allerdings kehre Faust aus dem Irrtum zurück, indem er die Vision eines freien Verhältnisses zur Natur denke, das frei von Magie und imperatorischem Zwang sei. Erst im Tode, in dem die Welt von ihm abfalle, sei das innere Licht in der Lage, die »Wahrheit« zu finden, nämlich die »reine« Tat zu tun. »Der Faust, der nach Verlust des Augenlichts weiter Befehle austeilt und sie sogar verschärft, hat noch nicht am reinen Tun teil, denn er handelt, von sich aus gesehen, noch in die reale Welt hinein. Erst als diese wirklich (d. h. im Sterben) verlorengeht, in seinen letzten Worten, verwirklicht er die ›reine Tat‹« (2, S. 384). »Was Goethe in Fausts letzten Worten dokumentiert, ist nicht mehr eine reale Tat, wie es die Ausführung des Selbstmords gewesen wäre: Es ist innere Aktion, Rückkehr aus dem Irrtum, d. h. aus jener Überspannung menschlicher Autonomie in der Befehlshaltung und Naturfremdheit, und Hinwendung zu einem Zustand, in dem es kein Befehlen und kein Gehorchen mehr gibt. Und diese Rückkehr kann als ›reine Tat‹ gelten, weil der Zauber, der bis dahin Fausts unangemessene Weltaneignung ermöglicht hatte, im Übergang vom Leben zum Tode abgestreift und weil das ›innere Licht‹, bar jeder Weltsubstanz [...] herausgetreten ist. Deshalb konnte man auch von einer Leistung Fausts sprechen, zu der die Gnade ergänzend hinzukommt« (2, S. 386).

Flitner (S. 290 f.) sagt, die Sorge werde über Faust Herr: »Ein weiterer Schritt zur Vermenschlichung und Entkrampfung. [...] Jetzt erscheint ihm, dem Geblendeten, sein Ziel erst in seiner reinen Sachlichkeit, frei von der leidenschaftlichen und ungeduldigen Wut auf die Elemente. Der eigentliche Sinn des Herrschens wird ihm lebendig, das Vernünftige darin, das schlicht Sachliche.«

Die *marxistisch* orientierten Interpreten sehen im inneren Licht das Mittel, mit dem sich Faust über die Beschränktheit der historischen Möglichkeiten seiner Zeit hinwegsetzt. Die Verwirklichung der freien, sozialistischen Gesellschaft sei nur in der geträumten Utopie möglich: »Eine Entwicklung der Produktivkräfte in der bürgerlichen Gesellschaft ist eben nur kapitalistisch möglich. [...] Darum ist sein Traum von der lichten Zukunft der Menschheit nur ein Traum« (Lukács, S. 177). »Goethe setzt dem Erblinden Fausts im Anhauch der Sorge als utopische Antwort das Entstehen des inneren Licht entgegen« (Scholz, S. 210).

Nach der Ansicht *Schlaffers* verliert Faust durch seine Blendung vollends das Organ für die natürliche Welt. *Fausts Isolierung*, die sich im fünften Akt vollendet, mache ihn selbst zu einer *allegorischen Figur*. Schlaffer macht dazu grundsätzliche Ausführungen (2, S. 144 f.): »Derart isoliert, kann Faust nicht das Subjekt einer dramatischen Handlung sein. Denn um in einen inneren wie äußeren Konflikt mit anderen Personen zu geraten, müßte er mit ihnen die gleiche menschliche Natur teilen. Aber die sinnlichen und sittlichen Wahrnehmungsfähigkeiten des unablässig planenden Faust sind gering (weshalb die beliebte, der Tragödientheorie verpflichtete Frage nach Fausts Schuld am Entwurf der Person wie an den Formbedingungen von *Faust II* vorbeigeht): die Nachricht von der Ermordung Philemons und Baucis ›verdrießt‹ ihn lediglich (11341), weil sie eine Modifikation seiner Pläne erzwingt. In allen Szenen des 5. Akts zeigt Faust unangemessene oder gar keine Reaktionen gegenüber der jeweiligen Lage: er beachtet nicht das heimkehrende Schiff (›Nicht Dank und Gruß‹, 11189); die Mahnung der ›Vier grauen Weiber‹ erreicht ihn nicht (›Den Sinn der Rede konnt' ich nicht verstehn‹, 11399; ›Ich mag nicht solchen Unsinn hören‹, 11468); er bemerkt nicht einmal, daß er ›erblindet‹ ist; er versteht nicht Mephistos makabre Ironien und hält schließlich das Ausschaufeln des Grabs für die kolonisatorische Arbeit des Grabens. In eben solcher Beziehungslosigkeit, wie sie der 5. Akt thematisiert, steht Faust jedoch seit Beginn des Zweiten Teils neben den Situationen und Personen. Nie ist er engagiert. Ein einziges Mal scheint er jemandem verfallen, aber was er sucht und gefunden glaubt, Helena, ist nichts als das Wahngebilde seines poetischen Traumes. Ähnlich beziehungslos bewegen und äußern sich die anderen Hauptfiguren. Wie Faust sind Mephisto, Homunculus, Thales u. a. eher reisende Kommentatoren als dramatische Akteure. Belehrt und belehrend betreten und verlassen sie die Schauplätze, ohne Folgen davonzutragen. Der Wissende hat kein Schicksal. Die Konstellationen aller Figuren zueinander sind temporär und erinnerungslos. Ihnen mangelt die Kohärenz eines Charakters, in dessen Gedächtnis sich Werke und Handlungen als fortdauernde Notwendigkeiten eingraben könnten. Sie sehen und reden aneinander vorbei, ›ad spectatores‹. In einem gewissen Sinne sind alle Figuren blind. Die Augen von Allegorien sehen nichts, damit der Betrachter sie ungehindert anschauen kann. Die Bedeutung der Rede einer allegorischen Figur und der Zusammenhang der Bedeutungen der Reden mehrerer allegorischen Figuren wird nicht von diesen selbst erfahren, sondern erst vom Zuschauer festgestellt. Die Isolation der Figuren und die abstrakte Bedeutsamkeit ihrer Reden sind also komplementäre Phänomene eines allegorischen Theaters.«

Zu *Vers* und *Sprache* der Szene sagt Trunz (S. 615): »Sprachlich ist die Szene eine der großartigsten Leistungen dieses Spätstils. Fausts Sprache völlig in alter Kraft, tief, aber zugleich sehr wechselreich, eine bewegte Kurve der Leidenschaft; die

Stimme der Sorge hoch, gleichmäßig, einlullend, eine wahre *Litanei* (11469).«
May weist auf Einzelheiten hin. Die anapästisch-daktylischen Verse der vier
grauen Weiber machten deren Auftreten »marionettenhaft-mechanisch, unheimlich und unbegreiflich vorberechnet und abgezirkelt« (S. 264). Fausts Absage an
die Magie verrate in ihrem regelmäßigen Fünftakter klare Entschlossenheit; das
zeige auch der »Verzicht auf das madrigalische Schwanken« (ebd.). Interessant sei
der Dialog zwischen Faust und der Sorge: »Die andrängende Jambik fällt Faust zu,
und die Sorge antwortet im gegenläufigen Rhythmus widersprechend« (vgl.
V. 11423; 11424; 11433; 11452; 11453; 11467; 11471; 11487). »Daß die beiden im
Metrum sozusagen nicht zusammenkommen, daß ihre Verse sich immer wieder
rhythmisch gegeneinander sperren, voneinander abspalten, voneinander weglau-
fen, das gestaltet den Kampf der beiden, die Ferne und Fremdheit des einen Part-
ners zum andern überhaupt« (S. 265). Erst am Schluß, wo die Sorge unmittelbar
auf Faust eindringt (V. 11495 ff.), »springen auch ihre Verse ins jambische
Metrum um« (S. 266). Während die Sprache Fausts von ungebrochener Lebendigkeit und Gefühlsgeladenheit ist (May sieht darin ein Zeichen dafür, daß Faust auch
von der Sorge nicht bewegt werde), ist die Sprache der Sorge durch Antithesen
gekennzeichnet (z. B. V. 11428; 11430; 11431; 11461; 11463; 11471; 11480;
11482; 11483; 11484). »Solche Antithesen im Munde der Sorge [...] dienen dazu,
genau wie in der Diktion des Mephisto, mit dem die Sorge innere Verwandtschaft
hat, vorgestellte Ganzheiten aufzuspalten, und lassen dann diese auseinander-
gespaltenen Teile für sich bestehen, auf sich beruhen« (S. 272).

GROSSER VORHOF DES PALASTS

Der erblindete Faust will nun sein Werk vollenden. Daß er Mephisto nur noch als
Aufseher über seine Arbeiter betrachtet (V. 11551), zeigt den Abstand, den er von
ihm gewonnen hat, als er der Magie entsagte. Mephisto hat keine Macht mehr über
ihn, und Faust ist sich dessen wohl bewußt. Er weiß auch, daß er als Handelnder
Unrecht tun und Gewalt anwenden muß, um seine Vorstellungen zu verwirklichen. Noch ist die Menge nicht frei, noch hat sie kein Bewußtsein von dem, was
erreicht werden soll, noch ist sie nicht von dem »Gemeindrang« beseelt, dem die
Spontaneität der Realisierung von Fausts utopischen Vorstellungen entspringt.
Faust muß die Menge sich »frönen« lassen (V. 11540); er muß seine Arbeiter
»durch Genuß und Strenge« ermuntern lassen und sie durch Bezahlung, Lockung
und Pression zur Arbeit zwingen (V. 11551 ff.). Zwar bedient sich Faust nicht
mehr der Magie, aber sein das Bewußtsein der Menschen überfliegender Geist
(»Genügt ein Geist für tausend Hände«, V. 11510) kann diese zur Verwirklichung
seiner Ideen nur durch die bösen Mittel der Macht zwingen. Seine Blindheit hindert ihn daran, die Wirklichkeit zu sehen: er erkennt weder, daß sein naher Tod
ihm die Weiterführung und Vollendung seines Werkes nicht mehr ermöglichen
wird noch daß auch sein Vorhaben wie jedes endliche Werk letztlich der Vernichtung anheimfallen wird (»und auf Vernichtung läuft's hinaus«, V. 11550). Nur
diese Verblendung gibt ihm die Kraft, seine *Utopie* zu verkünden.

Das bisher Erreichte, die Eindämmung des Meeres, die Zurückweisung der zerstörerischen Elemente des Wassers, die Gewinnung fruchtbaren Landes, die Ansiedelung von Menschen auf diesem Kooge, genügt ihm nicht. Ein Sumpf zwischen Meer und Gebirge (V. 11559 f.) soll noch entwässert und kultiviert werden:

>»Den faulen Pfuhl auch abzuziehn,
>Das Letzte wär' das Höchsterrungene.« (V. 11561 f.)

Jedoch ist die Urbarmachung des Sumpflandes nicht Selbstzweck: sie ist nur das Signum des Sieges über die zerstörenden Elemente. Was Faust vorschwebt, ist eine kultivierte Natur, aus der vernichtende Mächte ausgeschlossen sind: »Grün das Gefilde, fruchtbar« (V. 11565); »ein paradiesisch Land« (V. 11569). An eine Wiederkehr des Goldenen Zeitalters ist gedacht, wie sie allen Utopien zugrunde liegt: gesteigerte Fruchtbarkeit, Glück für Mensch und Tier, Harmonie zwischen Mensch und Kreatur:

>»Grün das Gefilde, fruchtbar; Mensch und Herde
>Sogleich behaglich auf der neusten Erde« (V. 11565 f.).

Die Goldene Zeit freilich ist nicht der Natur wie von selbst entsprungen; sie ist durch die Tätigkeit der Menschen neugeschaffen, und sie bedarf immer neuer Anstrengungen und neuer Tätigkeit, um erhalten zu werden. Insofern kostet sie die Anstrengung täglicher neuer Eroberung (V. 11576). Der Idee einer paradiesischen Natur entspricht die Vorstellung einer freien Gesellschaft, eines »*freien Volkes*« auf »*freiem Grund*« (V. 11580), beseelt vom *Gemeindrang* (V. 11572), in »kühnemsiger« Tätigkeit die andrängenden Naturelemente abzuwehren und dem Werk der Kultivierung Dauer zu verleihen.

Was hier in den Worten Fausts aufleuchtet, ist ein Bild der menschlichen Gesellschaft und des Menschen, wie sie sein sollen. Die Gesellschaft wird vertreten durch ihre typischen Repräsentanten »Kindheit, Mann und Greis« (V. 11578). *Freiheit* meint hier gewiß nicht, jedenfalls nicht primär, politische Freiheit. Frei ist ein Mensch, frei ist ein Volk, wenn es sich mit eigener Kraft den zerstörerischen Zwängen der Natur entzogen hat. Solche Freiheit wird durch *Tüchtigkeit*, durch rastlose *Tätigkeit* errungen. »Das Wort frei meint hier vor allem: frei von Mangel, Schuld, Sorge und Not (das ist die unausgesprochene Beziehung zur vorigen Szene), aber auch frei von Magie« (Trunz, S. 619).

Auch der Begriff »*freier Grund*« (V. 11580) ist nicht primär politisch gesehen; frei ist der Grund und Boden insofern, als er nicht nach den Gesetzen der Natur gewachsen, sondern von freien Menschen geschaffen worden ist. »Auch bei dem Worte *Volk* ist der Goethesche Sprachgebrauch zu beachten, der, ans 18. Jahrhundert anknüpfend, anders ist als der heutige, durch Romantik und 19. Jahrhundert geprägte. *Volk* bedeutet für Goethe meist eine Menge von Menschen« (Trunz, S. 619).

Faust geht es bei seiner Utopie und bei der letzten rastlosen Tätigkeit zu ihrer Verwirklichung um die Überwindung der Endlichkeit, um den Sieg über den sinnlosen Kreislauf der Elemente, um die Sinngebung seines Lebens und seiner Tätigkeit und damit letzten Endes um die eigene Rettung. Eine Rettung in der Natur und durch die Natur, wie sie dem Wanderer in der einfachen, natürlichen Welt von Philemon und Baucis zuteil geworden ist, ist für Faust nicht mehr möglich. Er hat zuviel Welt erfahren, er hat schon zuviel Bewußtsein entwickelt, er hat sich schon zu weit von der Natur entfernt. In dieser Entfernung liegt seine Schuld, aber auch seine Größe. Er hat sein Wesen in sein Werk gelegt, und um die Erhaltung und Dauerhaftigkeit seines Werkes geht es ihm. Diese Dauerhaftigkeit ist aber nicht unter den Bedingungen der empirischen Wirklichkeit möglich, sondern nur im idealen Bereich der Utopie. Sein Geist überwindet die Schranken der Endlichkeit.

Fausts Utopie hat zahlreiche unterschiedliche Beurteilungen erfahren. Besonders die Interpreten des 19. Jahrhunderts neigten dazu, in Fausts Vision die eigenen politischen und sozialen Zielvorstellungen hineinzulegen. Sieg der Technik über die Natur, Schaffung einer neuen Gesellschaft, die man je nach den eigenen Idealen als liberal, als sozialistisch, als national bezeichnete – das waren die Gesichtspunkte, unter denen sich Goethes Utopie den jeweiligen Bedürfnissen anzupassen schien. Derartige Deutungen sind, wenn auch nicht mehr im Bereich einer kritischer gewordenen Fachwissenschaft, auch heute noch weit verbreitet. Auch den Vorstellungen einer moralistischen Pädagogik schien die Läuterung von Fausts Existenz entgegenzukommen; es lag schließlich auf der Hand, seine Vision als die Überwindung einer individualistischen, egozentrischen und egoistischen Lebensform und einer unverbindlichen, bloß ästhetischen Existenz zugunsten einer moralischen und gemeinschaftsbezogenen Haltung zu betrachten. Negative Beurteilungen Fausts und seiner Utopie werden seit der Jahrhundertwende geäußert. Die Forschung bietet, z. T. freilich noch an traditionelle Interpretationen anknüpfend, ein reich differenziertes Bild der Deutungen, aber auch polarer Wertungen.

Rickert (S. 428 f.) sagt: »Es fallen endlich auch die Schlacken von ihm ab, die bis zuletzt charakteristisch für sein Übermenschentum waren. Prosaisch ausgedrückt heißt das: Faust stellt nicht mehr sich allein ins Zentrum seiner Arbeit, um der ›Allerhöchste‹ zu bleiben, dem die übrigen sich unterzuordnen haben, sondern er bringt sich selbst mit den Millionen, für die er tätig ist, auf die gleiche Ebene der Selbständigkeit. In diesem nach dem Wortlaut des Textes nicht zu leugnenden Solidaritätsbewußtsein mit der Menge, für die er schafft, besteht die letzte Wandlung in Fausts Entwicklung«.

Beutler (S. LXXXI) stellt fest, Faust wirke nun »für die Allgemeinheit des Volkes«. *Hefele* (S. 191) spricht von einer »Apotheose der Gemeinschaft«. *Korff* (IV, S. 686) sieht in Fausts Vision die Vorwegnahme einer neuen Zeit, nämlich die »Darstellung der *Welt der Arbeit*«, wie sie im 19. Jahrhundert sich herausbildet. Damit nimmt er schon etwas von der Theorie *Schlaffers* vorweg, der im »Faust II« eine allegorische Darstellung der Welt des 19. Jahrhunderts sieht. Fausts Utopie weist nach Schlaffers Ansicht (1, S. 773 ff.) auf eine bürgerlichliberale Wirtschaftsform hin, »eben wie die liberale Ideologie des 19. Jahrhunderts unter dem ›freien Volk‹ den bürgerlichen Nationalstaat verstand, der durch militärische Macht (›kühn‹) nach außen und durch wirtschaftlichen Fleiß (›emsig‹) im Innern konsolidiert war«. Als positive Utopie betrachten auch die *marxistisch* orientierten Interpreten den Inhalt von Fausts Schlußmonolog. Für sie ist er schlechthin die gedankliche Vorwegnahme eines freien und sozialistischen Endzustandes der Gesellschaft, die als Utopie formuliert werden muß, weil die Zeit für ihre Verwirklichung noch nicht reif ist. »Goethe hat«, sagt Scholz (S. 65), »mit der philosophischen Disposition der Faust-Natur, die in der Persönlichkeitsentwicklung die feudale und die kapitalistische Gesellschaft als ›Überwesen‹ umgreift, an der Schwelle des Durchbruchs kapitalistischer Produktionsverhältnisse in Deutschland um 1830 nur gerade noch die Aussicht zu spiegeln vermocht auf die Liquidierung der Elemente von Überfremdung. [...] Der in der optimistischen Tragödie angelegte poetische Gedanke der Befreiung des Menschen zum eigenen Planen der Geschichte gilt als in der Zukunft endgültig zu erfüllende Wette.«

Metscher, ebenfalls von marxistischen Positionen ausgehend, sagt, Goethe habe in Fausts Schlußutopie »dem welthistorischen Tatbestand der konkreten Möglichkeit einer real freien Gesellschaft, bei aller zugestandenen gedanklichen Unschärfe, in der Idee der Humanität durch Arbeit entsprochen« (S. 121). »Die Schlußvision Fausts ist Goethes Testament an die kommenden Generationen. Sie formuliert deren historische Aufgabe, den epochalen Auftrag der Menschheitsbefreiung« (S. 62). Die »gegebene historische Faktizität« werde von Goethe überschritten (S. 51).

Staiger (S. 446) sieht in Fausts Worten eine Vorausnahme demokratischer Vorstellungen: »Er denkt den Siedlern des neuen Landes kein bequemes Genießen, sondern unermüdliche Tätigkeit zu. Sie müssen seinesgleichen sein, wenn ihr Besitz bestehen soll. [...] Man pflegt dies als Bekenntnis zur demokratischen Lebensform zu lesen. Mit gewissem Recht.«

Von einer Rückkehr Fausts zu einer einfachen und vor allem christlichen sozialen Sittlichkeit spricht *Flitner* (S. 291): »Jetzt erscheint ihm, dem Geblendeten, sein Ziel erst in seiner reinen Sachlichkeit, frei von der leidenschaftlichen und ungeduldigen Wut auf die Elemente. Der eigentliche Sinn des Herrschens wird ihm lebendig, das Vernünftige darin, das schlicht Sachliche. Schwerlich hat Goethe hier eine neue sittliche Idee verkünden wollen – eher scheint er auszudrücken, daß Faust in diesem Endstadium die Lebensaufgaben menschlich und schlicht anzusehen beginnt. Denn daß Herrschaft rein sachlich betrachtet auf Freiheit und Wohlfahrt zielt, ist das sittlich Selbstverständliche; die christliche Überlieferung kennt keine andere Begründung, nur daß die ältere Zeit dabei an die Freiheit zum Seelenheil, die jüngere darüber hinaus auch an die irdische Wohlfahrt, an des Nächsten Nahrung und Notdurft, Recht und Bildung dachte. Herrschaft ist im christlichen Sinne stets Dienst an den Beherrschten, ihrem zeitlichen und ewigen Lebensziel. [...] Das ist kein ›sozialistisches Ideal‹, sondern das schlicht Selbstverständliche, wo christliche und abendländisch-philosophische Sinnesweise herrscht.«

Den zwiespältigen Charakter der Vision betont *v. Wiese* (S. 165): »Über den verborgenen Doppelsinn der letzten Szenen, die mit der ganzen abgründigen Ironie des Tragikers Goethe geschrieben sind, darf man nicht hinweglesen. Der kolonisierende, vom Gemeinwohl durchdrungene Faust, das ist zugleich der dämonische Herrscher, der noch eben ein auf dem Boden der Natur gewachsenes Idyll aus dem Willen zur Macht zerstört hat und dessen groß geplantes Werk auf der Seeräuberei der in Mephistos Diensten stehenden drei Gewaltigen ruht.« Auch *Emrich* weist auf den Doppelsinn der Szene hin (2, S. 400): »Die Arbeit Fausts am Meer erscheint [...] einmal als reales Kämpfen und Streiten um Besitz, zum anderen als gigantisch-überirdischer Sieg über die Elemente überhaupt. Nur so ist jene widerspruchsvolle Spannung zwischen Seeräuberei, [...] ja Menschenschlächterei und Gier nach Besitz [...] auf der einen Seite und der visionären Opfer-, Freiheits- und Gemeinschaftsethik auf der anderen Seite zu verstehen.« *Trunz* (S. 617) sagt: »Hier steht der Dichter tief ironisch daneben: während Faust von Ewigkeit redet, ist der Tod und damit der Verfall seines Werkes ganz nah.«

Im Gedanken an den Sieg über die Elemente, an eine utopische freie Menschengesellschaft wird sich Faust der Erfüllung des *Augenblicks* bewußt:

»Zum Augenblicke dürft' ich sagen:
Verweile doch, du bist so schön!
Es kann die Spur von meinen Erdetagen
Nicht in Äonen untergehn. –
Im Vorgefühl von solchem hohen Glück
Genieß' ich jetzt den höchsten Augenblick.« (V. 11581 ff.)

Im Genuß des Augenblicks sinkt Faust *tot* zurück. Sein Tod vollzieht sich in der Spannung zwischen Zeit und Ewigkeit, zwischen Endlichkeit und Vergänglichkeit einerseits und Unendlichkeit andererseits, wenn auch keineswegs im Sinne christlicher Religiosität. »Fausts Tod begreift beides in sich, das Erfüllen und Vollenden der Zeit und das sinnlose Abbrechen und Verenden im Zeitlauf« (Emrich 2, S. 405). Sein irdisches Werk wird hier abgebrochen, und es kann kein Zweifel bestehen, daß es wie alles Geschaffene der Vernichtung durch die Elemente anheimfällt. Nur die gewaltige geistige Kraft selbst, die in der Entelechie des bedeutenden Menschen vorhanden ist, verbürgt die Möglichkeit weiterer Vollendung, weiteren tätigen Strebens, wenn auch nicht mehr im Bereich des Irdisch-Endlichen.

Fausts Vision spiegelt sich in der Kommentierung durch *Mephistopheles*. Er wirkt dem erblindeten Faust entgegen:

»Man spricht, wie man mir Nachricht gab,
Von keinem Graben, doch vom Grab.« (V. 11557 f.)

Er gibt auch der schnellen Vergänglichkeit, der Vernichtung jedes menschlichen Werkes überzeugenden Ausdruck:

»Aus dem Palast ins enge Haus,
So dumm läuft es am Ende doch hinaus.« (V. 11529 f.)
»In jeder Art seid ihr verloren; –
Die Elemente sind mit uns verschworen,
Und auf Vernichtung läuft's hinaus.« (V. 11548 ff.)

Bei seiner Tätigkeit bedient sich Mephisto als Arbeiter der »schlotternden Lemuren, / Aus Bändern, Sehnen und Gebein / Geflickte Halbnaturen« (V. 11512 ff.).

Das Auftreten der *Lemuren* kommentiert Trunz (S. 617): »Die *Lemuren* (lemures) kannte Goethe aus seinen Studien antiker Kunst. Karl Ludwig Sickler, Hauslehrer bei Wilhelm v. Humboldt in Rom, dann Geistlicher und Gymnasialdirektor in Hildburghausen, hatte die bildlichen Lemuren-Darstellungen eines Grabes bei Cumae veröffentlicht, und Goethe, voll Interesse, schrieb daraufhin den Aufsatz ›Der Tänzerin Grab‹, 1812, in dem es u. a. heißt: ›Ich gehe zum zweiten Blatt. Wenn auf dem ersten die Künstlerin uns reich und lebensvoll ... erschien, so sehen wir hier in dem traurigen lemurischen Reiche von allem das Gegenteil ... alles gibt den Ausdruck des Stationären, des Beweglich-Unbeweglichen: ein wahres Bild der traurigen Lemuren, denen noch so viele Muskeln und Sehnen übrigbleiben, daß sie sich kümmerlich bewegen können, damit sie nicht ganz als durchsichtige Gerippe erscheinen und zusammenstürzen.‹ – Die Lemuren sind Geister von Verstorbenen, die als Gespenster umgehen, und zwar nicht als friedliche, sondern ruhelose und erschreckende.« Goethe hat darüber vermutlich auch in Hederichs ›Lexicon mythologicum‹ nachgelesen.

Das Wirken der mumienhaften Gestalten (deren Lied, V. 11531 ff., Goethe dem Totengräberlied aus dem V. Akt von Shakespeares »Hamlet« frei nachgebildet hat) zeigt deutlich die Verfallenheit auch des faustischen Werkes an den Tod. In diese Verfallenheit ist auch die *Kunst* eingeschlossen: »Hier gilt kein künstlerisch Bemühn« (V. 11523). »Vor Tod und Verwesung erkennt selbst die Kunst ihre Grenzen, die umso schärfer hervortreten, je näher sie sich der religiös rettenden Sphäre befinden« (Emrich 2, S. 406).

Den *höchsten Augenblick*, den Faust im Vorgefühl genossen hat, kann Mephisto nur als »den letzten, schlechten, leeren Augenblick« (V. 11589) betrachten. Fausts Endvision ist für ihn nicht Ausdruck des Bewußtseins der Vollendung eines Lebenswerkes, sondern ein Fortbuhlen »nach wechselnden Gestalten« (V. 11588). Faustens selbst ist die Zeit Herr geworden; seines Werkes wird sie Herr werden (V. 11592). Mephistos blasphemisches Zitat »Es ist vollbracht« (V. 11594) wird von dem Lemurenchor korrigiert: »Es ist vorbei!« Mephisto freilich besinnt sich weiter und stellt die totale Nichtigkeit alles Geschaffenen fest (V. 11597), die Sinnlosigkeit des ewigen Kreislaufs (V. 11602); er bekennt sich zum »Ewig-Leeren« (V. 11603).

Zu dem Doppelsinn der letzten Worte sagt *Emrich* (2, S. 404 f.): »Die religiöse Welt vermöchte nur ein ›Vollbracht‹ auszusprechen, in dem ein und für allemal Welt ausgelöscht und erlöst wird; die poetisch-tragische Welt dagegen kennt die Doppelheit von ›Vollbracht‹ und ›Vorbei‹, ein Vollenden und Retten der Welt im visionär-überrealen Erlebnis der paradoxen Einheit von ›Augenblick‹ und ›Äonen‹, und (im ›Vorbei‹) ein Rückschauen auf den nichtig realen Ablauf der Zeit, die trotz aller visionären Erlösung unveränderlich und unaufhaltsam weiter ihr Wesen zu treiben vermag und immer treiben wird, solange Menschen atmen und leben. Die unauflösliche Spannung von flüchtigem Moment und äonengleich beharrendem Augenblick, in der sich die Schlußentwicklung des ganzen Faustdramas konzentriert, läßt die Tragödie des Daseins unaufhörlich sich wiederholen, sie zwingt zur immer erneut poetisch-tragischen Darstellung in der Pluralität von Tragödien. Fausts Tod begreift beides in sich, das Erfüllen und Vollenden der Zeit und das sinnlose Abbrechen und Verenden im Zeitlauf.«

Das Problem der *Wette* und der Bedeutung von Fausts Tod hat die Forschung immer wieder beschäftigt und sie zu keinen übereinstimmenden Deutungen kommen lassen. Es scheint, daß die Wette im Verlaufe des zweiten Teiles überhaupt an Gewicht verloren hat, wie auch von Versuchungen Fausts im zweiten Teil nur noch in eingeschränktem Sinne gesprochen werden kann. Darauf deutet auch *Goethes* anscheinend ausweichende Mitteilung an *Karl Ernst Schubarth* am 3. November 1820 hin: »Mephistopheles darf seine Wette nur halb gewinnen, und wenn die halbe Schuld auf Faust ruhen bleibt, so tritt das Begnadigungsrecht des alten Herrn sogleich herein, zum heitersten Schluß des Ganzen.«
Ada M. Klett hat in ihrer Darstellung der Faust-II-Interpretationen festgestellt (S. 67), daß von der Jahrhundertwende an bis zum Erscheinen ihres Buches (1939) einundzwanzig Interpreten der Meinung gewesen sind, Faust habe die Wette gewonnen; zehn Exegeten haben erklärt, Faust habe die Wette zwar im Wortsinne verloren, sie aber auf gleichsam höherer Ebene gewonnen; dreizehn weitere Forscher haben die Ansicht vertreten, daß Faust die Wette verloren habe.

Hören wir dazu die Stimmen einiger Faust-Forscher: *K. J. Obenauer* (S. 206) sagt, die Wette sei für Mephistopheles verloren, da er keine dauernde Gewalt über Faust habe erringen können. *Rickert* (S. 434) hält die Wette eindeutig für Faust für verloren. *Binswanger* (1, S. 78) meint zwar, Faust habe die Wette verloren, aber: »Faust hat *nicht* seine Seele verpfändet. Das ist der entscheidende Punkt! Er hat beim Abschluß des Wettvertrages vielmehr erklärt, wenn Mephistopheles die Wette gewinnt, dann sei für ihn *die Zeit vorbei*.«

Kurt Hildebrandt (S. 552) sagt: »Faust wollte in der Wette sagen, daß er strebe, solange er lebe, nicht aber daß er leiblich unsterblich sei. Der Ausgang der Wette Faust-Mephisto ist zweideutig: Mephisto siegt, da Faust jene Bitte ausspricht – Faust siegt, da er sie erst im Tode ausspricht. Aber für den Vollzug des Paktes ist jene Zweideutigkeit ohne Belang, denn so oder so ist der Pakt fällig mit dem Tode.«

Walter Hof (S. 31 f.) führt aus: »Töricht ist die Frage: wer gewinnt, wer verliert die beiden Wetten? Diese Entscheidungsfragen werden ebenso wie die Wetten belanglos, sinnlos vor dem, was hier geschieht. Zwei Ebenen gibt es in diesem Drama und in der Welt überhaupt. Die erste, die Ebene des Herrn, auf der das Stück im Prolog beginnt, auf der es endet, schließt in jedem Sinn die andere, die menschliche ein. Faust ist ein ›guter‹ Mensch, er kann dem Herrn gar nicht verloren gehen, er kann es erst recht nicht, indem er den Pakt mit dem Teufel schließt. Denn von der göttlichen Ebene aus gesehen tut er das gar nicht selbst, wie aus den Worten des Herrn hervorgeht (V. 340 ff.).«

Eindeutig ist der Ausgang der Wette nach *Th. W. Adorno* (S. 16): »Die Wette ist verloren. In der Welt, in der es mit rechten Dingen zugeht, in der Gleich um Gleich getauscht wird – und die Wette selbst ist ein mythisches Bild des Tausches – hat Faust verspielt. [...] Vielmehr wird Recht selber suspendiert. Eine höhere Instanz gebietet der Immergleichheit von Credit und Debet Einhalt. Das ist die Gnade, auf welche das trockene ›gar‹ [V. 11938] verweist: wahrhaft jene, die vor Recht ergeht; an der der Zyklus von Ursache und Wirkung zerbricht.«

Andere Akzente setzt *Flitner* (S. 292): »Unter der Spur, die äonenlang bleibt, kann nur die Prägung verstanden werden, die in der unsterblichen Seele hervorgebracht wird, wenn das Erdendasein gelingt und Frucht bringt. Das Glück der Erde jedoch im ›Vorgefühl‹ ist nach des Dichters Ansicht durchaus genügend, es ist tief erfüllend. [...] Diesen Überzeugungen des Dichters rückt Faust nahe und erklärt sich auf einmal für befriedigt. Der Dichter läßt es unentschieden, ob Faust tot umsinkt, weil er das bedungene Wort gesprochen hat, oder ob er es sprechen konnte, weil der Tod kam; aber die zweite Annahme ist nach dem Aufbau der Szene die wahrscheinliche. Indem sich der Held zur Klarheit durchkämpfte, mußte er untergehen; seine Wette mit dem Teufel lief darauf hinaus, daß er sterben sollte, sobald er wieder wahrer Mensch würde; ein neues Leben nach der Bekehrung ist nicht mehr möglich. Dies ist ein tragisches Moment«.

Staiger (S. 448) sagt: »Nur in der letzten Stunde gelangt auch Faust zu diesem Glück oder glaubt er es doch bereits vorauszusehen. Er hat damit die Wette verloren, sofern wir unter dem ›Augenblick‹ das Weilen im ständigen Weiterschreiten, den reinen Frieden der ›Stufe‹ verstehen; denn diesen grüßt er jetzt beglückt. Er hat die Wette gewonnen, wenn als ›Augenblick‹ noch immer die stumpfe, träge Gegenwart gelten soll; denn diese haßt er nach wie vor.«

Binder (S. 80) führt aus: »Dabei verliert der Teufel die Wette; denn der Genuß, mit welchem er Faust betrügen wollte, teilt mit einem solchen Genießen nur mehr das Wort. Gleichwohl bleibt noch in der höchsten Bedeutung des Wortes die Sache gegenwärtig, um deren Möglichkeit gewettet war. Was sich der rechtlichen Entscheidung entzieht, kann darum der Gnade anheimgestellt werden.«

Scholz (S. 65) meint, Faust habe die Wette gewonnen, freilich historisch zu früh, und das sei seine Tragik. »Der in der optimistischen Tragödie angelegte poetische Gedanke der Befreiung des Menschen zum eigenen Planen der Geschichte gilt als in der Zukunft zu erfüllende Wette.«

GRABLEGUNG

Die Szene »Grablegung« führt aus dem irdischen Bereich hinaus und zurück in die Sphäre, die sich schon im Prolog im Himmel eröffnet hat. Hier verliert Mephisto auch seine souveräne Sicherheit, die er als Herr der Elemente in der Region des Irdischen gehabt hat. Es erscheint ihm ungewiß, ob der »blutgeschriebene Titel« (V. 11613) tatsächlich hinreicht, um Fausts Seele in Besitz zu nehmen, denn »leider hat man jetzt so viele Mittel, / Dem Teufel Seelen zu entziehn« (V. 11614 f.). Mephisto klagt darüber, daß nun sogar »der alte Tod« seine »rasche Kraft« verloren habe (V. 11632); das »Wann«, »Wie«, »Wo«, ja sogar das »Ob« des Todes sei zweifelhaft (V. 11631 ff.). Daß sich der Teufel im Laufe der Zeiten auf eine immer schwächere Position hat zurückziehen müssen, ist das Ergebnis der wissenschaftlichen Aufklärung und der Fortschritte der Medizin. Daß es Goethe hier aber um nichts weiter gegangen sei, als um eine nochmalige »Parodie auf wissenschaftliche Gedanken der Goethezeit« (Buchwald 1, S. 239 f.), ist gewiß unwahrscheinlich. Fortschreitende Bildung, wissenschaftliche Aufklärung und immer freiere Entwicklung der menschlichen Persönlichkeit geben dem Menschen auch die Möglichkeit der Befreiung von diabolischer Magie und der Entfaltung immer bedeutenderer Entelechien, die wie Faust das sich ewig wiederholende zerstörerische Spiel der Elemente zwar nicht aufheben, aber doch mit der Kraft ihres Geistes überfliegen. So scheint die Zeit der Macht des Teufels zwar nicht vorbei zu sein, aber seine Herrschaft doch in Verfall zu geraten. Schon in der Walpurgisnacht des ersten Teiles hat Mephisto bei der Konfrontation mit dem Geiste der Aufklärung »sein Fäßchen trübe« laufen sehen (V. 4094), und er ist da »auf einmal sehr alt« erschienen. Hier verblaßt seine Macht wohl nicht nur, weil er sich nicht mehr in der Menschenwelt, sondern »im Zusammenhang des Geisterreiches« (Trunz, S. 620) befindet, sondern auch, weil die Menschenwelt selbst beginnt, seine Macht zu beschränken.

Das »Ob« ist freilich nicht nur eine Frage der medizinischen Wissenschaft. Das Problem ist dies, ob die Geisteskraft des Menschen mit dem Leib zerfällt (wie es nach Goethes Glauben bei unbedeutenderen Geistern geschieht) oder ob sie dem Streit der »Elemente, die sich hassen« (V. 11628), entgeht und sich in einer reineren Existenzform erhalten kann. »In dem Augenblick des Todes, da die Elemente auseinanderstreben, ist sie in Gefahr, zugleich mit den Elementen sich selbst aufzugeben. Die Erhaltung der Entelechie hängt von ihrer Befreiung von den Elementen ab – von ihrer ›Erlösung‹, in der metaphorischen Sprache dieses Schlußteils gesprochen. Denn die Elemente sind beim Tode in der Vereinigung nicht zu halten. Soll die Geisteskraft, die sie einigte, bestehen, so muß sie von den Elementen geschieden werden« (Lohmeyer 1, S. 130).

Die zunehmende Machtlosigkeit des Teufels zeigt sich in der komischen Rolle, die er jetzt mehr und mehr spielt. Mit »phantastisch-flügelmännischen Beschwö-rungsgebärden« (nach dem Flügelmann in einer Heeresabteilung haben sich die anderen Soldaten zu richten) ruft er als »Helfershelfer« (V. 11619) die »Dickteufel vom kurzen, geraden Horne« herbei. Zugleich läßt er den »greulichen Höllenra-chen« auffahren (V. 11639).»Die Beschreibung des Höllenrachens mit den Eck-zähnen rechts und links, dazwischen der Blick über die Wasser in den Hinter-grund, wo die ›Flammenstadt in ew'ger Glut‹ loht, das ist die typische Barock-dekoration der Hölle auf dem Theater des 17. und 18. Jahrhunderts, wie sie als Muster für alle deutschen Bühnen Burnacini 1688 in Wien in der Oper ›Il pomo d'oro‹, Akt 2, Szene 6, geliefert hatte« (Beutler, S. 639 f.).

Fausts Seele, seine Entelechie, bleibt im Körper, solange dieser noch nicht zerfal-len ist, solange die schöpferische Seele die Form des Körpers erhält. Emrich (2, S. 407) weist auf die Unverweslichkeit Mignons und Ottiliens hin; hier zeige sich, daß für Goethe »die körperliche Form Bewahrung schaffender, bildender Kraft ist«, und deshalb werde »ihre Dauer [...] für Goethe dringliches Anliegen«. Solange der geformte Körper noch da ist, d. h. solange die vis activa et formativa noch tätig ist, ist der Mensch eigentlich noch nicht tot. Daher rechnet Mephisto auch mit einem Scheintode Fausts (V. 11635). Der Streit der Elemente aber zer-stört allmählich die Form. »Eine immanente Garantie der Ewigkeit der vis activa et formativa gibt es also nicht mehr. Aus diesem Grunde setzt eine Garantie ›von oben‹ ein. Diese unterscheidet sich aber wiederum von jeder religiösen Erlösungs-und Rettungsvorstellung grundsätzlich dadurch, daß sie im Grunde die Offenba-rung der seither verborgenen Formkraft der Seele und des inneren Lichts, nicht aber ein erlösend unbegreiflicher Einbruch aus dem Jenseits ist« (Emrich 2, S. 407).

In einer »Glorie von oben rechts« erscheint die *himmlische Heerschar* (V. 11676 ff.). Als »Gesandte« (ángeloi, Engel) stellt sich die Heerschar vor; »Himmelsver-wandte« nennen sie sich (V. 11677). »Gemächlichen Flugs« (V. 11678) nähern sie sich, souverän im Gegensatz zu den hektisch-aufgeregten Teufeln, die sich nach Mephistos Willen »ohne Rast« versuchen sollen (V. 11671). Aufgabe der Engel ist es, »Sündern vergeben« (V. 11679); sie stehen am Eingang zu dem Bereiche, in dem es Sünde und Schuld nicht mehr gibt, weil hier der Kampf der Elemente, der das irdisch-innerweltliche Geschehen kennzeichnet, transzendiert wird. »Staub zu beleben«, gehört ferner zur Tätigkeit der Engel, und »allen Naturen freund-liche Spuren« einzuwirken (V. 11680 ff.). In den Engeln ist die Kraft der *Liebe* wirksam, die *Leben* schafft (indem sie Tote erweckt) und Leben steigert und erhöht, indem sie dem Lebenden unvergängliche Wesenszüge einprägt. Näher-schwebend, streuen die Engel *Rosen* (V. 11699): Symbole der göttlichen Liebe. Das Rosenmotiv, das die folgenden Verse des Engelchores erfüllt, hat Goethe wohl aus Tassos »Befreitem Jerusalem« (III,1) übernommen. Die Rosen, als Lie-bessymbole Leben stiftend (»Frühling entsprieße«, V. 11706), wandeln auch die Ruhestätte des Toten in ein Paradies (V. 11708 f.). »Purpur und Grün« (V. 11707), die Farben der Rose, sind von tiefster »mystischer« Bedeutung (im Sinne von Goethes *Farbenlehre* § 918): Die Farbe Purpur drückt eine »ideale

Befriedigung« aus (§ 794); »sie gibt einen Eindruck sowohl von Ernst und Würde als von Huld und Anmut« (§ 796). Purpur aber bedarf zur »Totalität und Harmonie« des Farbbildes der Komplementärfarbe Grün, in der unser Auge eine »reale Befriedigung« findet (§ 802).

Die Rosenblüten wirken zugleich wie *Flammen* (V. 11727): Sie konzentrieren in sich das himmlische Licht, das im irdisch-weltlichen Bereich »Liebe« und »Wonne«, in der himmlischen Region die Klarheit des Wortes verbreitet. Mephisto und seine Teufel können im Gesang der Engel nur »Mißtöne« und »garstiges Geklimper« hören. Die Geschlechtslosigkeit der »bübisch-mädchenhaften« Engel, dem menschlichen Geschlecht zur »Vernichtung« ersonnen (Unfruchtbarkeit des Hermaphroditismus), wird, das muß Mephisto erkennen, zum Moment der Läuterung der Liebe von allem Irdischen (V. 11685 ff.).

Die Stelle hat verschiedene Auslegungen erfahren. Eine der unseren ähnliche Deutung bietet Buchwald (1, S. 241); Beutler (S. 640) hingegen versteht unter »dem Schändlichsten« (V. 11691): »Gottes Sohn an das Kreuz zu schlagen«.

Die Liebe, die die Teufel ergreift, ist freilich nicht die rein geistige, ungeschlechtliche Liebe der Engel. Auf die Teufel wirkt die Liebe nur als Eros und Sexus. Sie fühlen sich mit den »eignen Waffen« bekriegt, und so können sie die Engel nur als verkappte Teufel ansehen (V. 11695 f.). Das Licht der himmlischen Liebe, in den Rosenflammen sich konzentrierend, verwundet Mephisto; er fühlt sich von »fremder Schmeichelglut« umwittert (V. 11725). Als »Irrlichter« (V. 11741), die ihn verführen, empfindet er die Flammen; die Liebe, die ihn ergreift, hält ihn als sexuelle Liebe in ihrem Bann (V. 11759 ff.). So wird Mephisto letzten Endes durch sich selbst besiegt, durch seine gemeine Sinnlichkeit, durch seine Perversität, die ihn Liebe nicht anders empfinden lassen kann.

Die siegreichen Engel »nehmen, umherziehend, den ganzen Raum ein«; die göttliche Liebe verbreitet sich und ermöglicht die Rettung Fausts. In dieser Sphäre verliert der Streit der Elemente seine Bedeutung: hier wird die selige Harmonie des Gegensätzlichen im »Allverein« (V. 11807) hergestellt. Hier beginnt auch durch die Liebe jene Reinigung vom Irdischen, Materiellen, Elementaren, die die Bedingung für die freie Entfaltung des reinen Geistes ist und für ein Fortwirken der bedeutenden Seele Fausts (V. 11823 f.). Indem die reine göttliche Liebe durch das Wirken der Engel bis in den irdischen Raum hineinreicht, kann Fausts Entelechie der Vernichtung im Elementenstreit entgehen; ein neues Leben beginnt für sie. Die Engel erheben sich, »Faustens Unsterbliches entführend«; der Teufel ist wie in der volkstümlichen Fabel der Geprellte. Die Rolle, die *Mephisto* hier spielt, zeigt erneut sein proteushaftes Wesen. War er bisher der intellektuelle Souverän, der große Magier, der Kunstverständige, ja der Künstler, so erscheint er hier als der fast bedauernswerte Tor. Die Schwäche Mephistos beruht darauf, daß er hier seinem eigentlichen Boden, der Welt, entfremdet ist. Das Nichtige, Nichtende des Weltlaufs ist sein Element; da, wo reine Natur, von Liebe beseelt, möglich ist, verliert er seine Macht. Emrich (2, S. 408) sagt dazu: »Rettung und Erlösung kreisen bei Goethe beide Male um das Problem der Gewinnung ureigenster Natur. Die

Teufelsnatur, die ihrem Wesen nach dadurch definiert ist, daß sie jede Natur von sich abzieht und daher der Liebe grundsätzlich entgegengesetzt ist, kann bezwungen nur werden, indem sie selbst dem ihr feindlichen, ›fremden‹ Elemente der Liebe verfällt. [...] Fausts Rettung wird also ausdrücklich damit begründet, daß Mephisto selbst der ihm fremden Macht sich beugte, daß er dem Läuterungsprozeß Fausts nichts mehr entgegenzuhalten vermochte und Fausts ursprünglicher Natur freien Weg ließ.« Die Szene ist *metrisch* und *sprachlich* auf den Gegensatz zwischen Engeln und Teufeln hin angelegt. Die Tanzrhythmen der Lemuren eröffnen die Szene; Mephisto fährt in den bekannten jambischen Madrigalversen fort. Seine Verse sind in mannigfaltiger Weise aufgelockert; sie zeigen seine Unsicherheit und sein Schwanken.

Als Beispiel führt May (S. 280 f.) den Vers 11635 an, in dem zwei Doppelsenkungen auftreten:»Es war nur Schein, das rührte, das regte sich wieder.‹ In ergötzlicher Drastik wird hier die Vorstellung eines plötzlichen, programmwidrigen Sichregens, einer zappelnden Bewegung des scheintoten Körpers rhythmisch mitgegeben.«

Die Szene wird jedoch beherrscht von den *Chorversen* der Engel, die immer wieder die madrigalischen Sprechverse Mephistos durchbrechen. Es handelt sich um *alternierende Vierheber*, nicht etwa um daktylische Zweiheber,»denn in der Tat wäre das rhythmische Tänzeln, die Bewegung im Walzertakt für diese Chorverse unerträglich, mit der Würde, mit der Weihe der Gestalten, ihres Seins und Tuns unvereinbar« (May, S. 281). Es ist also zu lesen:

> »Fólgèt, Gesándtè,
> Hímmèlsverwándtè« usw.

Die Verse sind gekennzeichnet durch Aufeinanderstoßen dynamischer Gipfel und durch Wiederkehr der gleichen rhythmischen Form. Sprachlich gestaltet sind die Verse der Engel vor allem durch Nominalismus, Gebrauch von Partizipien, Auflösung grammatischer Strukturen und freie Schaltung mit der Wortstellung. Hierin drückt sich Dauerhaftigkeit und Souveränität,»Einheit und Indifferenz von Dauer und Bewegung« (May, S. 286) aus.
In den englischen Chorversen, die in mannigfaltiger Gestalt die Schlußszene beherrschen, bricht erneut die *Oper* in das Drama ein. Auch hier ist es wieder der verklärende Schluß des Werkes, der das Dramatische ins Opernhafte verwandelt. Für die künstlerische Darstellung der Sphäre der Erlösung und Verklärung reicht das Wort nicht mehr aus; es muß sich mit der höchsten Kunst, der Musik, verbinden. Der unterliegende Mephisto hält sich im Bereich des rein Sprachlichen; seine Madrigalverse bilden nicht nur versrhythmisch den Gegensatz zur feierlichen Hymnik des Engelchores, sondern auch in der sprachlichen Gestaltung: seine Sätze zeugen von seiner ohnmächtigen Wut; sie haben interjektorischen Charakter (z. B. V. 11656 ff.; 11670 ff.); das Wortmaterial tendiert zum Vulgären (z. B. V. 11735 ff.).

BERGSCHLUCHTEN

Die Schlußszenerie erhebt sich von den Tiefen irdischer Bergschluchten, den Engeln und der Entelechie Fausts folgend, die an den Gebirgen angesiedelten heiligen Anachoreten hinter sich lassend, in die Region des Himmels. Wie das Werk mit dem »Prolog im Himmel« begonnen hat, so endet der Epilog wiederum im Himmel. Die Seele Fausts, sich vom Irdischen, Materiellen läuternd, ist selbst in diesen Bereich eingetreten.

Die *Landschaft* des Szenenanfangs ist bestimmt durch »Bergschluchten, Wald, Fels, Einöde«. Das Motiv ist Goethe nahegebracht worden durch die Fresken von Campo Santo in Pisa, durch die Visionen Dantes, durch Wilhelm von Humboldts Schilderung des spanischen Montserrat aus dem Jahre 1800, die der Autor Goethe gewidmet hat, durch die literarischen Beschreibungen des Berges Athos, mit denen Goethe sich 1814 und in den zwanziger Jahren beschäftigt hat. Der Berg der Anachoreten ist der Ort, von dem aus die himmlische Unendlichkeit erscheint und erreicht wird. Die Landschaft ist anders als die anmutige Szenerie des ersten Aktes, anders als die mythisch-historische Landschaft Thessaliens, anders als die Gebirgslandschaft Arkadiens, anders auch als das Hochgebirg des vierten Aktes. Von diesen Gipfellandschaften führte der Weg hinab in die weiten Ebenen, in denen Faust tätig geworden ist; von hier aus führt die Bewegung nach oben. Die Landschaft selbst ist in Bewegung, im Werden: Die Waldung »schwankt heran«, die Wurzeln »klammern an« (V. 11844 ff.); tausend Bäche »strahlend fließen« und stürzen in die Schluchten hinab, indes der Baumstamm »sich in die Lüfte trägt« (V. 11871). Das Werden dieser Landschaft ist Symbol; es ist ein Sinnbild dafür, daß das Jenseits, in das Faust eingeht, selbst im Werden ist. Diese Natur aber, die noch alle elementaren Gewalten in sich birgt, ist nicht mehr bestimmt durch den sinnlos zerstörerischen Kampf der Elemente. Die Polarität der Elemente steigert sich zu einem harmonischen, friedlichen Ganzen. Bedrohlich lastende Felsen bilden zugleich eine schützende Höhle (V. 11845 ff.); die bedrohliche Wasserfülle der Sturzbäche ist »berufen, gleich das Tal zu wässern«; der flammend niederschlagende Blitz verbessert die Atmosphäre (V. 11874 ff.); die Raubtiernatur ist ungefährlich geworden (»Löwen, sie schleichen stumm- / freundlich um uns herum«, V. 11850 f.). In dieser Natur offenbart sich unmittelbar die *Liebe* (V. 11853; 11882), die von dem »ewig schaffenden« Wesen der Natur Kunde gibt. Die vier Bereiche Bergschluchten, Wald, Fels, Einöde haben wir uns übereinandergeschichtet zu denken. »Auch hier geht eine symbolische Physik in die seelendeutenden Szenerien mit ein: die Staffelung von dem Wasser, aus dem alle anderen Elemente sich erst herausheben, ins Trockene, vom Dunkel ins Licht« (Flitner, S. 298 f.). (Der Weg des vom Materiellen sich reinigenden Geistes führt vom Feuchten ins Trockene, so wie umgekehrt der Weg des die materielle Verkörperung suchenden Homunculus vom Trockenen ins Feuchte leitete.) Diesen geschichteten Regionen zugeordnet sind die *Anachoreten*, aus deren Chor sich die vier Stimmen des Pater ecstaticus, des Pater profundus, des Pater Seraphicus und des Doctor Marianus herausheben. Sie besingen die göttliche Liebe in ihren verschiedenen Stufen, auf denen sie selbst jeweils stehen.

Der *Pater ecstaticus*, in der Leidenschaft seiner Gefühle »auf und ab schwebend«, in dieser Bewegung Irdisches und Himmlisches unmittelbar verbindend, ist in einer noch geistfernen Form der Gottesliebe befangen. Aber er sehnt sich nach der Entstofflichung, nach der Verflüchtigung des Nichtigen (Materiellen), nach dem Erscheinen des Wesens ewiger Liebe. Dazu bedarf es des läuternden Feuers (der Blitze) und des Martyriums, das den Geist die Körperlichkeit besiegen läßt (V. 11854 ff.).

Der *Pater profundus* (V. 11866 ff.), sich ebenfalls noch in der »tiefen Region« befindend, hält sich als der Vater der Tiefe in der Sphäre der fundamentalen Erkenntnis auf. Die Natur und das Toben der schließlich freundlichen Elemente erkennt er als den Sitz der ewig schaffenden göttlichen Liebe. Natur ist jetzt nur noch Gleichnis (vgl. die Versansätze »wie . . . wie . . . so . . .«). Die Liebe wird hier vom Geiste »verworren, kalt« (V. 11885) erkannt; ihr wahres Wesen enthüllt sich, wie der Pater wohl weiß, auch ihm noch nicht; er bedarf noch der Erleuchtung (V. 11889) durch die göttliche Offenbarung.

Der *Pater Seraphicus* (V. 11890 ff.), der höheren »mittleren Region« angehörend, den Seraphim nahe, ist einer weiteren, erhabeneren, wahreren Form der Liebe teilhaftig, der tätigen und lehrenden Liebe. Er weiß um des »ewigen Liebens Offenbarung« (V. 11924), die ihn befähigt, die in einem »Morgenwölkchen« emporschwebende »junge Geisterschar« (V. 11890 ff.), den Chor frühverstorbener, ungetaufter Knaben liebend zu lehren. Er nimmt sie, die noch blind und ohne jede Erfahrung sind, in sich hinein und läßt sie an der Sehkraft seiner Augen teilhaben, damit sie das Irdische in seiner Großartigkeit, aber auch seiner Schrecklichkeit erschauen. Diese Erfahrung des Negativen müssen sie gewinnen, um zunehmender Klarheit und Seligkeit teilhaftig werden zu können. In kreisenden Bewegungen umschweben sie bald die höchsten Gipfel, nach der liebenden Belehrung durch den Pater von der Hoffnung auf das Glück der Gottesschau erfüllt. Die Aufwärtsbewegung vollzieht sich jetzt nicht mehr vertikal, wie bei der ekstatischen Unmittelbarkeit des Pater ecstaticus, sondern in Kreisen, die Gegensätzliches umfassen und harmonisch zusammenschließen.

Den Knaben wird »*Faustens Unsterbliches*« anvertraut, das die Engel emportragen. Faust muß hier ganz von vorn anfangen; er beginnt eine neue Entwicklung, ehe er in die Nähe Gottes gelangt:

> »Sei er zum Anbeginn,
> Steigendem Vollgewinn
> Diesen gesellt!« (V. 11978 ff.)

Noch im »Puppenstand« befindet sich Faust, als ihn die seligen Knaben »freudig empfangen« (V. 11981 f.). Sein Erdenleben ist nur ein Vorstadium der eigentlichen Entfaltung seiner Entelechie gewesen, ein »Raupendasein, dessen beflügeltes Dasein noch immer in der Ferne liegt« (Flitner, S. 299). Faust und die Knaben helfen sich gegenseitig – das ist das Wesen der karitativen Liebe, wie sie der Pater Seraphicus gezeigt hat. Die frühgestorbenen Knaben sind Faust überlegen, weil sie gleichsam noch keine Welt in sich aufgenommen haben; sie können ihm helfen, die

Welt des Irdischen wie »Flocken« (des Puppengespinstes) von sich abzulösen (V. 11985). Sie wiederum lernen von ihm, der Welt erfahren und in sich aufgenommen hat, denn auch sie bedürfen zur Weiterentwicklung ihrer Entelechien der Erfahrung von Welt (vgl. V. 11906 ff.):

> »Doch dieser hat gelernt,
> Er wird uns lehren.« (V. 12082 f.)

So erlangen sie »englisches Unterpfand« (V. 11984), d. h. die Möglichkeit, selbst Engel zu werden. Faust, im Besitze der Welterfahrung, die nun latent in ihm ruht, wird sich schneller weiterentwickeln:

> »Er überwächst uns schon
> An mächtigen Gliedern« (V. 12076 f.).

An der höchsten Stelle der Patriarchenhierarchie, »in der höchsten, reinlichsten Zelle«, thront der Doctor Marianus (V. 11989 ff.). Er ist »ganz Wissender, Schauender, Verehrender und Verkünder. Er ist der Mund, durch den sich die ewige Liebe im höchsten Irdischen ausspricht, der reinste Widerhall des Göttlichen in der Welt« (Lohmeyer 1, S. 139). Er befindet sich an der Stelle, an der die letzten Schichten des Irdischen in die Regionen des Himmels übergehen. Die Höhe, in der sich die aufsteigenden Knaben befunden haben, überragt er noch, sein Blick ist nach oben gerichtet, angezogen von den vorbeischwebenden Frauen (V. 11991), vom Glanze der Himmelskönigin (V. 11995 f.) und der Bläue des Himmels (V. 11998 f.), die nach der Farbensymbolik Goethes die Farbe ist, die »uns nach sich zieht« (Farbenlehre § 781). Er ist »entzückt«; aber seine Entzückung ist nicht mehr das unmittelbare emotionale Ergriffensein des Pater ecstaticus, dessen ungeklärte Leidenschaftlichkeit. Das Gefühl des Doctor Marianus beruht auf Wissen, Schau und Offenbarung. Seine Liebe vereint in sich Ekstase, Erkenntnis und tätige Karitativität, die sich in seinem Gebet für »die leicht Verführbaren« (V. 12022) ausdrückt. Auch er steht erst am Anfang der Gottesschau; er muß für sich selbst noch um die Offenbarung des göttlichen Geheimnisses beten (V. 11997).

Neben dieser Hierarchie der noch irdischen Patres erhebt sich die der himmlischen Geister, der *Engel*. Sie gliedern sich in die »jüngeren« und die »vollendeteren« Engel. Die Jüngeren frohlocken und jubeln über die Rettung der Seele Fausts und über den Sieg im Kampfe gegen den »alten Satansmeister« (V. 11942 ff.); sie übergeben die Seele Fausts den seligen Knaben, die von sich klärenden Wölkchen umgeben sind wie der körperlose Homunculus von seinem Glase (V. 11966 ff.). Die vollendeteren Engel, an Erkenntnis reicher, reflektieren über das Wesen der Liebe und die Schwere der Verwandlung zum reinen Geiste. Auch sie tragen noch einen »Erdenrest« (V. 11954), von dem sie sich lösen müssen. Die »Geisteskraft« irdischer Kreaturen »rafft die Elemente an sich heran«; dies ist das Wesen des Menschen, der aus Materie und Geist sich zu einer »geeinten Zwienatur« (V. 11962) zusammenfügt. Wirkung der von außen tätig werdenden »ewigen« *Liebe* ist es, den Geist und die Elemente wieder zu scheiden (V. 11963 f.). Die Liebe im Bereich des Göttlichen hat also nicht eine integrierende, das Gegensätzliche zusammenbindende und harmonisierende Funktion, sondern sie desintegriert und löst den Geist aus der Umklammerung durch die Materie.

Die Aussage der Formel »geeinte Zwienatur« hat *Andreas B. Wachsmuth* (S. 299 ff.) untersucht. Er macht darauf aufmerksam, daß Goethe nicht nur das Wesen des Menschen mit dieser Formel zu erfassen versucht, sondern daß die Natur im Ganzen, aber auch der Geist nach Goethes Auffassung den Charakter der Zwienatürlichkeit aufweist. Die Natur ist Geist (als natura naturans) und Materie (als natura naturata); die Natur will immer beides sein, denn »nur mit Hilfe der Materie kann der Geist in die Erscheinung treten« (S. 316). Im Bewußtsein selbst ist diese Zwiespältigkeit lebendig; der menschliche Geist ist in die zwei Seelen differenziert, die in der Brust wohnen und in entgegengesetzte Richtungen ausgreifen (V. 1110 f.; Wachsmuth, S. 302 f.). Wachsmuth sieht in der Formel auch die wesentliche naturphilosophische Aussage über Welt und Mensch, über die hinaus Weiteres zu sagen nicht mehr nötig sei: »Eigentlich hätte der Dichter das Drama ›Faust‹ mit dem Wort von der ›Zwienatur‹ des Menschen ausklingen lassen können. Denn was noch folgt, gehört der Erde nicht mehr an, und das Schlußwort des Chorus mysticus gilt nicht mehr dem Menschen Faust« (S. 320).

Die *Liebe*, die geeinte Zwienatur scheidet, ist die *eine* Form der Liebe, ganz anders als die der synthetischen natürlich-irdischen Liebe. Dazu führt *Lohmeyer* aus (1, S. 141): »Die Liebe, die Homunculus ins Leben zieht, [ist] dieser Liebe entgegengesetzt, und Galathea scheint mit der heiligen Jungfrau sich nicht zu vertragen. Aber ihr Gegensatz ist nicht der von irdischer und himmlischer Liebe, sie beide sind die Eine göttliche Liebe, die je nach dem Akte, dem sie förderlich ist, anders erscheint. Dort führte sie die geistige Lebenseinheit in den Stoff, daß sie sich im Stoff von Verwandlung zu Verwandlung steigere; hier löst sie die Entelechie vom Stoff, daß sie sich in ihrer hohen Mächtigkeit erhalte und ihre ausgelebte Form gegen eine angemessenere eintausche. Wie die Geburt ist auch der Tod ein Mysterium der Liebe. Beide verhalten sich zueinander wie Ausatmen und Einatmen, als die polare Bewegung alles Lebens.«

In den höchsten Rängen der englischen Hierarchie, gleich unterhalb Marias, der Mater gloriosa, befinden sich die ehemals »leicht Verführbaren« (V. 12022), die *Büßerinnen*. Aus ihrem Chor heben sich als Einzelstimmen heraus die »Magna Peccatrix«, die Jesus die Füße gesalbt hat (V. 12037 ff.), die Mulier Samaritana, mit der Jesus an Jakobs Brunnen in Sichar gesprochen hat (V. 12045 ff.), und die Maria Aegyptiaca, die zur Buße für ihre Sünden vierzig Jahre lang in der Wüste gelebt hat (V. 12053 ff.). Alle drei beginnen einen Satz, den sie dann im Gebet für *Gretchen*, die einmal nur gefehlt habe, im Chor fortsetzen (V. 12061 ff.). Diese aber, ihre Worte der Verzweiflung aus der Zwinger-Szene des ersten Teiles (V. 3587 f.) wiederaufnehmend und in der Fülle des nun gewonnenen Glücks verwandelnd, erkennt Faust und schließt ihn in ihre Fürbitte ein (V. 12069 ff.). Auch die *Liebe* dieser Büßerinnen ist eine trennende Liebe, indem sie in der *Entsagung* das Materielle und Triebhafte vom Geistigen scheidet. Sie bittet zugleich für andere Seelen und hilft diesen tätig. Sie läßt damit auch die karitative Liebe des Pater Seraphicus wirksam werden und wird so zur »errettenden Liebe« (Lohmeyer 1, S. 140). Wie Faust die welterfahrenen Knaben lehren kann, so möchte Gretchen den »früh Geliebten« »belehren« (V. 12073; 12092). Dieser, am Anfang einer neuen, reinen Existenzform, in der er sich in »erster Jugendkraft« zeigt

(V. 12091), steht erst im Vorbewußtsein dessen, was er nun wird: »Er ahnet kaum das frische Leben« (V. 12086). Die *Ahnung* aber ist der Leitstrahl des Weiterstrebens, das den Kern der faustischen Persönlichkeit auch hier erfüllt; es ist das Vorwissen des reinen Daseins in der Unmittelbarkeit des Göttlichen, das ihn in der reinen entsagenden und rettenden Liebe Gretchens emporzieht: »Wenn er dich ahnet, folgt er nach.« (V. 12095) Wieder verfällt Faust – beim Übergang in die neue Existenz – in einen Zustand der Lethe, der bewußtlosen Vergessenheit – allerdings nicht in einen Heilschlaf, sondern in einen »Puppenstand«, aus dem heraus ihm sein künftiges reines Dasein in der Ahnung entgegendämmert.

Bei der ›Umartung‹ zum »seligen Geschick« (V. 12098 f.) spielen die Knaben und das noch kindhafte Gretchen eine bedeutsame Rolle. Diese noch im Ursprung ihrer Jugendkraft stehenden Gestalten (vgl. den Knaben Lenker und Euphorion) sind gleichsam die Vermittler zwischen der natürlich-irdischen und der metaphysisch-himmlischen Welt. Dazu sagt Emrich (2, S. 415): »Die eschatologische Umformung und Höherentwicklung der Natur in eine himmlische Klarheit vollzieht sich durch das Medium von Knaben und Kindern, deren radikal außerirdische Geistigkeit und vorgeschlechtlich idealische Schwungkraft die wirkliche Welt gleichsam von zwei Seiten einklammern und bändigen: von der Erinnerung an einen reinen ›Ursprung‹, an eine ›erste Jugendkraft‹, und von der vorweisenden Sehnsucht nach Wiedererringung ›erster Jugendkraft in ätherischem Gewande‹. [...] Deutlich ruht Goethes Metaphysik und Erlösungsidee auf einem triadischen Kreislauf von frühem Ursprung, Abfall und Wiederherstellung.«

Den Sinn dieses Geschehens spricht, soweit er auszusprechen ist, der *Chorus mysticus* aus (V. 12104 ff.). Das Attribut »mysticus« deutet auf den Geheimnischarakter, auf die Unaussagbarkeit, auf die Gleichnishaftigkeit des Gesprochenen hin. Der Chorus beschreibt die Beziehung des endlichen Weltbereiches (zu dem auch die himmlischen Regionen der Schlußszene gehören) zum Unendlichen, Absoluten. Die endliche Welt, deren Seiendes wesenhaft ein Vergängliches ist, hat *Gleichnis*charakter für ein Anderes, Absolutes, Un-Endliches, das im Endlichen nur durchscheint. Insofern *ereignet* sich dieses Absolute, das *unzulänglich* ist (d. h. das man nicht erlangen kann), im Bereich des endlichen Seienden, aber als ein Werdendes; das *unbeschreibliche* Absolute, nicht unmittelbar und im Ganzen erfaßbar, entfaltet und vollendet sich in der Aktion, der Tätigkeit (»hier ist's getan«). Die Tätigkeit aber – Tätigkeit nicht eines einzelnen oder einzelner, sondern Kategorial der Welt überhaupt – enthüllt sich als im Kern als die *Liebe*, in ihrem Wesen als das *Ewig-Weibliche* sich manifestierend, die alles Endliche *hinanzieht* in immer größere Nähe zum Göttlichen.

Zu dieser oder einer ähnlichen Deutung der Worte des Schlußchores ist die Forschung im allgemeinen gelangt. *Gundolf* z. B. sagt (S. 780): »Bloß endliches, annäherndes, unzulängliches Gleichnis ist es auch, wenn Goethe die allanziehende alldurchdringende göttlich-geistige Liebeskraft das Ewig-Weibliche nennt. Er hat damit das empfangende, aufnehmende, lösende, erlösende Weltprinzip gemeint, welches dem bindenden, zeugenden, plastischen, schaffenden als der andere Pol alles Seins entgegengesetzt ist«.

Ein früher Vertreter einer naturphilosophischen Deutung des Goetheschen Liebe-Begriffes ist *G. W. Hertz:* »Die Kraft der Natur [...] nannte er die Liebe. [...] Diese liebevolle Schöpfungskraft und schöpferische Liebeskraft der Monade ist nach Goethes Auffassung keine jenseitige Macht, sondern eine natürliche, wenn auch unbekannte Energieform, deren Urquell es nicht zu erforschen gilt, sondern zu verehren« (1, S. 82 f.). Die Liebe sei in ihren verschiedenen Manifestationen Wesen der Natur, ob sie sich nun in Aphrodite-Galatee oder in der Mater gloriosa personifiziere (beide seien im wesentlichen identisch). Sie sei aber auch das unverwandelbare Wesen der einzelnen entelechischen Monade. Von diesem Gedanken her interpretiert Hertz die Worte des Chorus mysticus: »Das verkündet der Schlußchor: der Wandel des Helden in der vergänglichen Welt war nur ein Gleichnis; er offenbart sich im Ausklang als Ausdruck seines unvergänglichen Wesenskerns. Die dort mit unzulänglichen Mitteln erstrebte Vollendung durch Selbstgestaltung ist hier erreicht; das Unzulängliche ist Ereignis geworden. Damit ist die Spannung zwischen Sollen und Vollbringen, Wille und Tat, Sehnsucht und Schicksal gelöst« (1, S. 89).

Staiger (S. 466) äußert sich über den Schluß der Szene: »Nur den Saum an dem Vorhang des Ewigen hat der Dichter beklommen gelüftet. Und selbst was er in Bildern und Gestalten zu offenbaren gewagt hat, soll uns nur ein ›Gleichnis‹ sein, wie alles Vergängliche nur ein Gleichnis dessen ist, was der menschliche Geist als reines Sein zu ahnen vermag. So mahnt der ›Chorus mysticus‹, ein Chor, den niemand singt, der nur als Stimme das Universum erfüllt. ›Das Unzulängliche, Hier wirds Ereignis.‹ Das wird fast immer mißverstanden. Goethe folgt hier nämlich dem Sprachgebrauch, den Zinzendorf noch kennt, der einmal sagt, daß Gott in einem ›unzulänglichen Lichte‹ wohne. ›Unzulänglich‹ heißt also nicht, was selbst nicht zulangt, sondern: ›inaccessibile‹, was kein Zulangen erreicht.«

Den Begriff des »Unzulänglichen« deutet *Beutler* (S. 648) anders: »Faust vor dem Richterthrone ist unzulänglich, aber seine Erlösung wird Vollzug, Ereignis durch Gnade.«

Von der Reflexion über Goethes naturwissenschaftliches Werk kommt *Carl Friedrich v. Weizsäcker* (S. 233) her: »Unvergänglich ist das Wesen. Das Wesen ist gegenwärtig in jeder seiner Erscheinungen. Will die Erscheinung aber im Sein beharren, so hört sie auf, Erscheinung des Wesens zu sein; gerade dann zerfällt sie in nichts. Das Vergängliche ist nur ein Gleichnis, denn das Wesen, das in ihm gegenwärtig ist, ist unvergänglich. Aber nur in der Unzulänglichkeit des Vergänglichen ist uns das Wesen gegenwärtig; die Erfüllung unseres Seins ist, daß dieses Unzulängliche Ereignis wird.«

In *Danckerts* tiefenpsychologischer Interpretation erscheint das Ewig-Weibliche als der zentrale Begriff einer von archetypischen Vorstellungen erfüllten Urreligion. Bei dem von Frauengestalten belebten Himmel handele es sich nicht um die Manifestation eines »privaten erotischen Mystizismus Goethes, sondern um eine religiöse Intuition, die geradenwegs bis zum Herzen der Urreligion vorstößt« (S. 529).

Die *göttliche Liebe*, im Begriff des Ewig-Weiblichen nur unzureichend benannt, ist eines der Momente, die Fausts *Erlösung* bewirken. Das andere Moment der Erlösung ist das *strebende Bemühen*:

> »Gerettet ist das edle Glied
> Der Geisterwelt vom Bösen,
> *Wer immer strebend sich bemüht,*
> *Den können wir erlösen.*
> Und hat an ihm die Liebe gar
> Von oben teilgenommen,
> Begegnet ihm die selige Schar
> Mit herzlichem Willkommen.« (V. 11934 ff.)

»In diesen Versen«, sagte Goethe zu Eckermann am 6. Juni 1831, »ist der Schlüssel zu Fausts Rettung enthalten: in Faust selber eine immer höhere und reinere Tätigkeit bis ans Ende, und von oben die ihm zu Hilfe kommende ewige Liebe. Es steht dieses mit unsrer religiösen Vorstellung durchaus in Harmonie, nach welcher wir nicht bloß durch eigene Kraft selig werden, sondern durch die hinzukommende göttliche Gnade.«

Kaum beachtet worden von der Forschung ist die Frage des Verständnisses der Worte »*wer immer*«. Handelt es sich um ein temporales Adverb (wer immer = qui semper) oder um ein verallgemeinerndes Relativpronomen (wer immer = quicumque)? Böhm (2, S. 297) entscheidet sich (auch aus metrischen Gründen) für »wer immer« = quicumque; und dem ist wohl auch von dem gemeinten Sinn her zuzustimmen. Gewiß kann die Permanenz des strebenden Bemühens nicht Bedingung der Möglichkeit der Erlösung sein.
Sprachlich unklar erscheint in diesen Versen ferner das Wort »*gar*« (V. 11938). Es kann kaum im Sinne von »sogar« (so allerdings Adorno, S. 16) verstanden werden, da das Tätigwerden der Liebe nicht als etwas Exzeptionelles betrachtet werden kann. Man muß mit Burdach (2, S. 41) und Buchwald (1, S. 394) das »gar« wohl als ein »steigerndes Adverb« ansehen; d. h. »gar« im Sinne von »ganz«, »in vollem Maße« lesen.

Die *Liebe*, die hinanzieht, ist das innerste Prinzip der göttlichen *Natur*, gewiß aber nicht göttliche Liebe im christlichen Sinne. »Liebe ist eine schrittweise Umformung, Bändigung, Reinigung, Heiligung und Erhöhung der Naturkräfte« (Emrich 2, S. 411). Die Wirkung der Liebe ist das Ausscheiden des Materiellen, die Vergeistigung der Natur, die sich in Fausts Postexistenz exemplarisch vollzieht. Die Liebe macht das eigentliche Wesen der Natur, Geist, Gott zu sein, in der Steigerung und allmählichen Ablösung des Elementaren approximativ offenbar. Insofern unterstützt sie das strebende Bemühen der Entelechie Faust, die auch von sich aus als eine bedeutende Entelechie nach Erhöhung, Vergeistigung, Reinigung vom Elementaren, nach Entmaterialisierung strebt. In dieser Entelechie kommt die Liebe des Natur-Wesens ganz und »gar« zur Wirkung und ermöglicht somit die *Erlösung* Fausts.
Daß diese *Erlösung* nichts mit einem Gnadenakt Gottes im christlichen Sinne zu tun hat, dürfte dabei klargeworden sein. Erlösung ist ein Akt der *Natur*, den diese an sich selbst und am Menschen als einem Teil ihrer selbst vollzieht. »Eine ›Umartung‹ von Leib und Seele, das ist der Erlösungsprozeß Fausts, nicht eine Bekehrung oder ein total die Natur verwerfender und erneuernder religiös transzendenter Umwandlungsprozeß« (Emrich 2, S. 412).

Die Weiterentwicklung Fausts in einer Postexistenz ist keineswegs ein poetisches Gleichnis. Goethe glaubte daran, daß der bedeutende Mensch in einer anderen, uns freilich unbegreifbaren Daseinsform weiterlebt. Das ist schon deutlich geworden am Ende des Helena-Aktes; das hat der Dichter in seinem Brief an Zelter vom 19. März 1827 ausgedrückt: »Wirken wir fort, bis wir, vor oder nach einander, vom Weltgeist berufen, in den Äther zurückkehren! Möge dann der ewig Lebende uns neue Tätigkeiten, denen analog, in welchen wir uns schon erprobt, nicht versagen! Fügt er sodann Erinnerung und Nachgefühl des Rechten und Guten, das wir hier schon gewollt und geleistet, väterlich hinzu, so würden wir gewiß nur desto rascher in die Kämme des Weltgetriebes eingreifen. Die entelechische Monade muß sich nur in rastloser Tätigkeit erhalten; wird ihr diese zur andern Natur, so kann es ihr in Ewigkeit nicht an Beschäftigung fehlen. Verzeih diese abstrusen Ausdrücke! Man hat sich aber von jeher in solche Regionen verloren, in solchen Sprecharten sich mitzuteilen versucht, da, wo die Vernunft nicht hinreichte und wo man doch die Unvernunft nicht wollte walten lassen.« Zu Eckermann sagte Goethe am 4. Februar 1829: »Die Überzeugung unserer Fortdauer entspringt mir aus dem Begriff der Tätigkeit; denn wenn ich bis an mein Ende rastlos wirke, so ist die Natur verpflichtet, mir eine andere Form des Daseins anzuweisen, wenn die jetzige meinem Geist nicht ferner auszuhalten vermag.«

Daß der Schluß des Faust-Dramas eine Interpretation im Sinne des Christentums oder gar des Katholizismus nicht erlaubt, darüber ist sich die moderne Faust-Forschung weitgehend einig. Der Himmel des Epilogs ist so wenig christlicher Himmel, wie die Erlösung Fausts eine Erlösung im Sinne der christlichen Religion ist. Daß eine christliche Interpretation nicht am Platze ist, geht aus Andeutungen Goethes selbst hervor. In dem Gespräch mit Eckermann am 6. Juni 1831 sagt der Dichter zum Schluß des Faust, es stehe die Idee von der immer reineren Tätigkeit Fausts und der von oben zu Hilfe kommenden ewigen Liebe »mit unserer religiösen Vorstellung durchaus in Harmonie«. Von einem christlichen Charakter des Epilogs ist also nicht die Rede, nur von einer *Harmonie* mit den Vorstellungen des Christentums. Goethe fährt dann fort: »Übrigens werden Sie zugeben, daß der Schluß, wo es mit der geretteten Seele nach oben geht, sehr schwer zu machen war, und daß ich bei so übersinnlichen, kaum zu ahnenden Dingen mich sehr leicht im Vagen hätte verlieren können, wenn ich nicht meinen poetischen Intentionen durch die scharf umrissenen christlich-kirchlichen Figuren und Vorstellungen eine wohltätig beschränkte Form und Festigkeit gegeben hätte.«
Die christliche Szenerie bot sich also Goethe als geeignetes Milieu zur Darstellung seiner Gedanken an. Die Welt des Christentums war eine der Bildungswelten des Dichters, die ihm vertraut war und mit der er sich Zeit seines Lebens beschäftigt hat. Sie war aber eben nur *eine* der geistigen Welten, die ihm die Tradition und sein Zeitalter entgegengebracht haben und die er in den Reichtum seines Lebens und seiner Dichtung hineingezogen hat. Insofern ist die Sphäre der Patriarchen, der Büßerinnen und der Himmelskönigin und die Erlösung Fausts nur ein *Gleichnis* – nicht mehr.

Die Interpreten des 19. Jahrhunderts haben Goethe den »*katholischen*« Schluß, dessen wahres Wesen verkennend, zum Vorwurf gemacht. So sagt z. B. noch *Bielschowsky* (S. 667): »Was man an dem Schluß des Goetheschen Faust getadelt hat, ist, daß er allzu gotisch-romantisch ausgefallen sei, daß der aus dem Geist des Protestantismus herausgeborene und so auch von Goethe übernommene behandelte Stoff hier am Ende ins Katholische umgebogen werde. Und es ist wahr, die ganze Welt des christlichen Mittelalters, Legenden, Marienkult, Purgatorium, Scholastik – alles ist da. Das ist in der Tat ein Herausfallen aus dem ursprünglichen Geist und Stil. Allein der Vorwurf dringt noch tiefer«. »Der sittlich gewordene Faust wird erlöst; allein ein sittliches Tun und Werden wird uns fast nirgends gezeigt, und so muß der Schlußakt unbefriedigt lassen« (S. 670). Die katholische Deutung hält auch noch *K. J. Obenauer* aufrecht. Er glaubt darin die Alterserkenntnis Goethes zu sehen, daß der mittelalterliche Mensch schließlich höher zu bewerten sei als »der

Mensch des Naturwissens und Naturumfassens, der Mensch des Humanismus und des Protestantismus« (S. 214 f.).

In der ersten Hälfte unseres Jahrhunderts hat sich weitgehend die Auffassung durchgesetzt, *daß der Faust-Schluß weder katholisch noch überhaupt christlich sei. Petsch* weist die Theorie vom katholischen Schluß schon 1923 zurück. *Burdach* stellt fest, daß die katholische Bildersprache der Schlußszene der christlichen Dogmatik nicht entspreche. Er sieht in dem unchristlichen Charakter von Fausts Erlösung einen Ausdruck von Goethes »religiösem Optimismus, seiner von unendlicher Menschheitsliebe herrührenden *Humanisierung* des kirchlichen Dogmas« (2, S. 47). *Kühnemann* (S. 563) weist die christlich-katholische Deutung ebenfalls zurück: »Die Wahrheit [...] ist, daß der Dichter in voller Freiheit des Künstlers katholische und swedenborgische Vorstellungen benutzt [...]. In der Sache behauptet er unberührt und unverändert den faustischen Urgedanken und steigert ihn in die Ewigkeit hinein.« *Hildebrandt* (S. 517) lehnt von seinem lebensphilosophischen Interpretationsansatz her ebenfalls eine Erlösung im christlichen Sinne ab: »Goethes Religion ist allein die Bejahung der schöpferischen Kraft, der schönen Gestaltung, der Erfüllung des irdischen Lebenssinns.« *Lohmeyer* (1, S. 141 f.) legt dar, die metaphysische Welt der Bergschluchten sei von einem christlichen Himmel durch mancherlei geschieden: »Das Christentum kennt keine bedingte Unsterblichkeit, besonders nicht diese, die an Reichtum und Macht der Person gebunden ist. Es kennt keine Rangordnung der Geister, vor Gott sind alle gleich. Es kennt keine Steigerung im Tode, da der Tod nur Erlösung zur ursprünglichen Freiheit ist. Unberührt von der Welt zu sein, ist ihm nicht Mangel, sondern Vorzug. Die Flucht aus der Welt ist grundsätzlich, ihr entspricht kein Drang zur Verstofflichung, mit dem sie in polarer Verkettung zusammen gedacht werden müßte.« *Viëtor* (S. 359) sagt: »Goethe benutzt in dieser Szene Vorstellungen und Gestalten der katholischen Glaubenswelt, weil hier allein das Christentum mythologische Gestalten geschaffen hat. Aber dieser Himmel hat wenig gemeinsam mit christlichen Jenseitsbildern sowohl wie mit denen der antiken Religionen. Nicht heilige Stille, nicht die Ruhe der Seligen herrscht hier. Die Bewegung des Lebens scheint sich über die große Grenze hinweg fortzusetzen. Auch der Tod ist nur eine Stufe ewiger Metamorphose, die Seele hört nicht auf, sich weiter zu entwickeln. Faust selbst spricht nun nicht mehr. Engel und Geister berichten, wie seine Entelechie in immer reineren Verwandlungen aufwärts drängt, zu dem göttlichen Zentrum, das er ahnend sucht. Auch zur letzten, transzendenten Stufe hebt ihn noch das rastlose Verlangen nach Steigerung empor, das seinem Dasein Sinn und Richtung gegeben hatte.«

Daß es sich bei Fausts »Erlösung« um keine Erlösung durch die Gnade des christlichen Gottes handelt, betont auch *Emrich* wiederholt (2, S. 412; 418 f.). *Benno v. Wiese* (S. 145) erklärt: »Nicht die himmlische Liebe rettet bei Goethe vor den Gefährdungen der irdischen, sondern die irdische wächst noch in den Himmel hinein und wird Trägerin einer erotischen Mystik, die die Tragik des Mannes durch das übertragische Symbol des Weiblichen auflöst.« Auch *Hans Pyritz* (S. 91) ist der Ansicht, die Goethesche Altersfrömmigkeit bedeute »keineswegs eine Wiederannäherung an christliche Glaubenslehren«.

Ausführliche Erörterungen über den nicht-christlichen Charakter des Faust-Schlusses finden sich bei *Gerhard Möbus* (S. 291 f.): »Die Erscheinung der Mater gloriosa verschwebt indessen vor den Augen des Beschauers und wandelt ihre Gestalt, wenn es von ihr heißt: Jungfrau, Mutter, Königin, Göttin, bleibe gnädig! Das ist nicht mehr die Gottesmutter christlicher Glaubenslehre, die niemals Göttinnen und Göttern gleichgesetzt wird. Die Mater gloriosa als Jungfrau, Mutter, Königin, Göttin ist vielmehr ein Sinnbild, in dem noch einmal letzte Lebensgedanken Goethes vergegenwärtigt sind. [...] Die Mater gloriosa ist eine von ihnen [den Müttern], Göttin und Mutter, die Fausts Unsterbliches zu höherem

Dasein hinaufzieht: die große Mutter alles Lebens. Ihre Erscheinung webt in den Bilderteppich der Gleichnisse zum letzten Male ein Grundmotiv Goetheschen Daseins. [...] Das Bild des Weibes, das hier erscheint und Macht hat, ist nicht die Gottesmutter des Christentums; es ist das Ewige, wie es Goethe in der Begegnung mit der Frau zum Erlebnis geworden ist.« Zu den Versen 11934 bis 11941 sagt Möbus (S. 294 f.):»Kein Wort dieser Verse ist christlich gemeint; denn wie in ihnen der Böse diesen Namen zu Unrecht trägt, so ist die Erlösung in Wahrheit die Umwandlung im Tode zu einer neuen Lebensstufe: Metamorphose der entelechischen Monade im Prozeß ihrer rastlosen Tätigkeit. Die Verse ›Und hat an ihm die Liebe gar / Von oben teilgenommen‹ fügen zur Brücke ins Metaphysische, die von der Goetheschen Naturlehre aus geschlagen ist, die andere der Mystik des Liebeserlebens, durch das sich für Goethe Göttliches offenbart. Alle Bilder sind dem Dichter recht, woher immer sie genommen sein mögen, wenn sie sich nur eignen, sein ›offenbares Geheimnis‹ darzutun, daß Gott dem Menschen in der Natur und im Menschen begegnet und daß es anderer Offenbarung nicht bedarf. Die Erscheinung der Mater gloriosa ist ein Gleichnis, das zur Dichtung vielfache Beziehung hat; sie ist aber nicht im christlichen Sinne zu deuten. Sie gehört für Goethe zum Vergänglichen, das ihm zum Gleichnis dient, in das er seine eigenen Gedanken über das Unvergängliche kleidet. Goethe hätte es ebenso nahegelegen, sich eines Bildes und Gleichnisses aus dem Alten Testament oder aus dem Koran zu bedienen. Das ist für ihn ein Spiel mit Bildern, wie er es, von der Natur anspielend auf ›Allahs Namenhundert‹ in vollendeter Meisterschaft getrieben hat in dem Gedicht: ›In tausend Formen magst du dich verstekken‹. [...] Nicht der Glaube des Dichters, sondern das Gesetz der Dichtung hat die heiligen Gestalten des Christentums herbeigerufen; denn der Sagenstoff des Ursprungs wie die Entwürfe des Anfangs haben die Gestalten und das Geschehen des ›Faust‹ in die Atmosphäre christlicher Religiosität gehüllt. Die Gestalten und das Geschehen der Dichtung entfremden sich in dem Maße dem Christlichen, als der Dichter sich selbst im Laufe seines Lebens vom Christentum entfernt hat.«

Nur wenige Autoren finden noch *echte christliche Elemente* in der Schlußszene oder gelangen zu einer Deutung im Sinne des Christentums. Zu ihnen gehören Fritz-Joachim v. Rintelen (S. 261), Paul Friedländer (S. 93), Ludwig Curtius (S. 171), Reinhold Schneider (S. 77), Werner Kohlschmidt (S. 118 ff.).

Nach der Interpretation von *Heinz Schlaffer* sieht Goethe in der gesellschaftlichen und geistigen Entwicklung eine zunehmende *Entfremdung des Menschen von der Natur.* Im zweiten Teil werde der »Antagonismus von Natur und Moderne« dargestellt (2, S. 155). Faust selbst sei zunehmend von Natur und von Liebe isoliert. »In Fausts Leben und Tod haben die Unnatürlichkeit und Lieblosigkeit der Moderne eine extreme Verkörperung gefunden« (2, S. 163). Dem setze Goethe eine *»Religion der Liebe«* entgegen, die zunächst als Liebe zur Frau erscheine, am Schluß des Werkes aber zunehmend abstrakter werde. »Die Frau verspricht, Natur auch außerhalb der Natur am Leben zu erhalten. In der Liebe zur Frau scheint es deshalb möglich, auf Natur zu verzichten und sie zugleich wiederzugewinnen« (2, S. 162). In der Schlußszene hätten die einstmals konkreten Frauen sich in der Abstraktion des »Ewig-Weiblichen« aufgelöst (2, S. 165).

Nach Ansicht der *marxistisch* orientierten Faust-Interpretation ist der christliche Schluß nur ein Lückenbüßer; Goethes Bewußtsein sei in seiner historischen Situation noch nicht auf die Stufe des Abstrakt-Philosophischen gelangt; deshalb bediene er sich der religiösen Szenerie zur Darstellung seiner Gedanken über den Fortschritt der Menschheit. »Goethe benutzt den streng hierarchisch gegliederten ›katholischen Himmel‹, um eine theatralische Kulisse für den Gedanken zu bekommen, daß nach seiner Zeit sich neue Epochen anschließen werden, in denen die Menschheitsentwicklung unverwandt aufwärtsstrebend weitergeht« (Albrecht, S. 455).

Als ein offenes Rätsel sieht *Karl Otto Conrady* (S. 551 f.) den Faust-Schluß an: »Der Schluß des *Faust* stellt Fragen über Fragen, – und die Dichtung läßt sie offen. Eine einseitige Antwort würde sie verfehlen. Gewiß ist nur: ›Gerettet ist das edle Glied / Der Geisterwelt vom Bösen‹ (V. 11934) und: ›Das Ewig-Weibliche / Zieht uns hinan‹ (V. 12110 f.). Aber welche Perspektiven sich von diesem Epilog auf Fausts Schlußutopie und das Ganze des Werks ergeben, kann bloß fragend angedeutet werden. Wird dem Weiblichen die Erlösungsmöglichkeit anheimgegeben, weil in ihm noch Unverzerrtes, Heilendes und Geheiltes geborgen ist? Wird mit seiner Überhöhung nur auf subtile Weise das traditionelle Bild, das die Frau in ihrer anbetungswürdigen Reinheit und Mütterlichkeit zeigt, bestätigt, insofern sie ins Metaphysisch-Sakrale gehoben und der Wirklichkeit entrückt wird? Oder ist die Erlösung des Menschen erst zu erwarten, wenn sich die Geschlechter gegenseitig zu ihrer humanen Bestimmung verhelfen, im Hinaufstreben und Hinanziehen ihre prinzipiellen Möglichkeiten vereinend? Und unter den Aspekten der im Drama thematisierten Geschichtsentwicklung bleibt zu überlegen: Deutet sich in der Tatsache, daß das Geschehen des Schlusses der ›Liebe von oben‹, der Gnade anvertraut wird, Goethes Unsicherheit angesichts der Entwicklung der Geschichte an? Ist es Zeichen der bewußten Zurücknahme der Erwartungen Fausts in die Sphäre des schönen Scheins? Oder ist es vielleicht sinnbildlicher Ausdruck der Hoffnung, auch im Lauf der wirklichen Welt könne sich Versöhnung vollziehen? Wie an vielen Stellen im Stück hat der Leser auch hier Grund, sich an Goethes Bemerkung zu erinnern, das Ganze des *Faust* sei so angelegt, ›damit alles zusammen ein offenbares Rätsel bleibe, die Menschen fort und fort ergetze und ihnen zu schaffen mache‹ (an Zelter, 1. 6. 1831).«

Einige Worte sind noch zur *Metrik* und *Sprache* der Schlußszene zu sagen, die mit ihren »sangbaren Gesätzen« (Heusler, S. 89) wieder nach Musik verlangt und sich zur *Oper* steigert. May spricht von einem »neuen, letzten, gewaltigen Aufgebot von Klängen, Farben, Formen und Räumen« (S. 286), das diese Szene bestimme. Fast alle Verse des zweiten Teiles treten hier noch einmal auf, allerdings nicht das madrigalische Faustversmaß; Faust bleibt stumm; seine Seele befindet sich im Zustande der Bewußtlosigkeit, am Anfang einer neuen Entwicklung. Der Pater profundus, die Engel, die Büßerin Gretchen gebrauchen gereimte jambische Viertakter; die seligen Knaben, der Doctor Marianus, die Büßerinnen, Una Poenitentium singen in Tripodien; andere Personen und Gruppen äußern sich in gereimten trochäischen Viertaktern und sogenannten »falschen Daktylen« (darunter auch der Chorus mysticus). Es handelt sich um Verse, die nur scheinbar daktylisch sind; tatsächlich sind sie wegen ihres feierlich-schwebenden Charakters viertaktig zu lesen (nach Heusler, S. 89); z. B.:

> »Wáldùng, sie schwánkt heràn,
> Félsèn, sie lásten dràn« (V. 11844 f.).

Mit Pausen ist z. B. zu lesen:

> »⌒Uns blèibt ein Érdenrèst
> ⌒Zu trágen péinlich« (V. 11954 f.).

Die Verse des Chorus mysticus (V. 12104 ff.) müssen nach Heusler wie folgt gelesen werden:

> »Állès Vergänglichè
> ⌒Ist nùr ein Gléichnìs;

∧Das Únzulắnglichè,
Híer wìrd's Eréignìs;
∧Das Únbeschréiblichè,
Hier ìst's getán;
∧Das Éwig-Wéiblichè
Zíeht úns hinán.«

Die Verse der einzelnen Personen innerhalb der Gruppen (z. B. der Patres) sind voneinander abgehoben; andererseits fließen die Metren von einer Gruppe in die andere über (z. B. nimmt der Doctor Marianus V. 11989 ff. die Metren der folgenden Gruppen voraus). »Diese Verteilung zeigt deutlich: hier ist nicht Ordnung und nicht Ordnungslosigkeit, nicht System und nicht freie Willkür, Gesetz und Freiheit haben hier einen Bund miteinander geschlossen« (May, S. 289). May weist die einzelnen Metren wiederum auch bestimmten seelischen Tendenzen und Bewegungen zu: »So zeigt sich das jambische Grundmaß mit der poetischen Aussprache vom Wesen und Schicksal des faustischen Menschen unlösbar verbunden« (S. 290); dieses Metrum übernehmen schließlich auch Gretchen und die Mater gloriosa. Die trochäischen (fallenden) Verse hingegen »werden dem Ausdruck der innigsten Devotion dienstbar« (S. 291); sie und die falschen Daktylen »sprechen das staunende Ergriffensein vom Höheren, vom Wunderbaren, vom Heiligen aus« (S. 292).

Zusammenfassend sagt May (S. 293): »Die Szene ›Bergschluchten‹ bringt im Ganzen ihrer sprachlichen Ausprägung sämtliche Ausdrucksmittel in dichtester Anhäufung zurück, die wir uns vom faustischen Streben her, vom Ausdehnungs- und Tätigkeitsdrang der großen Monade Faust her organisierend gedeutet haben, seitdem sie uns einst im ersten Monolog in Anmutiger Gegend und später besonders in der Euphorionszene so überwältigend reich begegnet sind.«

3 Gedanken und Probleme

3.1 Zur Methodik der Faust-Interpretation

Erst verhältnismäßig spät hat sich in der Faust-Forschung die Erkenntnis durchgesetzt, daß eine *werkimmanente* Interpretation der Faust-Dichtung nicht möglich ist. Jeder solcher Versuche blieb schon insofern unbefriedigend, als zahlreiche Widersprüche, die zwischen der Sinngebung einzelner Teile aufklafften, nicht beseitigt werden konnten und als eine widerspruchsfreie und eindeutige Auslegung des ganzen Werkes auf immer wieder andere Interpretationsmöglichkeiten stieß, die in sich selbst keine geringere Rechtfertigung in Anspruch nehmen konnten. Erst verhältnismäßig spät hat man erkannt, daß die Motive des Werkes (und dies gilt im Prinzip für die ganze Dichtung Goethes), um in ihrem Wesen und ihrer Bedeutung verstanden werden zu können, auf ihre historischen und genetischen Wurzeln zurückgeführt werden müssen; d. h. es müssen die Ursprünge poetischer Motive sowohl in der Biographie des Dichters als auch in seiner geschichtlichen Bildungswelt aufgesucht werden. Dieser Methode, die *Wilhelm Emrich* (2, S. 26) als »*historisch-genetische Motivinterpretation*« bezeichnet, hat sich zuerst *Konrad Burdach* bewußt und mit nachhaltigem Erfolge bedient. Sie ist vor allem von Emrich weiterentwickelt worden zu seiner Methode der *Symbolinterpretation*, die in umfassender Weise in seinem Buch »Die Symbolik von Faust II« (2. Aufl. Bonn 1957) durchgeführt ist. Emrich hält die historisch-genetische Motivinterpretation für methodisch unzureichend, weil sie die Dichtung als Funktion des subjektiven Erlebnisses des Dichters und des Zeitgeistes betrachte und übersehe, daß die dichterische »Gestaltung selbst ein geschichtsbildender, geschichtszeugender Vorgang ist, in dem das Gesamtverhältnis des Dichters zu Leben und Geschichte immer völlig neu aufgerollt und als Problem gestellt wird, daß in ihm nicht etwa nur Stoffe und Motive der Geschichte produktiv verarbeitet werden, sondern daß eine eigene Geschichte erscheint, die aus eigenen Gesetzen lebt und sich wandelt« (2, S. 28). Ihm schwebt vielmehr vor »erstens die Aufgabe, die Verschränkung von Ursprünglichkeit und Geschichtlichkeit im dichterischen Vorgang und Bild selbst grundsätzlich zu klären, zweitens die Aufgabe, erst auf Grund einer solchen Klärung den Prozeß der Gestaltwerdung des Werkes entstehungsgeschichtlich aus dem Werden und Zusammenströmen seiner dichterischen Form- und Problemkreise zu verfolgen« (2, S. 29). Das bedeutet den Verzicht auf Voraussetzung eines ideologischen, philosophischen oder sonstwie abstrakten oder abstrahierbaren Gedankengerüstes. Es kommt vielmehr auf die *genetische* Entfaltung des Gewebes der Symbolgefüge und Symbolverflechtungen, auf die Abhebung der einzelnen Schichten der übereinandergefügten Bilder und Bildsysteme an, die es zu erfassen gilt. Grundlage dieser Methode ist die Erkenntnis, daß das Medium der Aussage des Goetheschen Alterswerkes das *Symbol* ist, das das Auszusagende immer nur durchscheinen läßt, es enthüllt und zugleich verbirgt, Wahrheit ist und zugleich nicht ist. Zum Zwecke der Durchleuchtung des Symbolgeflechtes mit seinen vieldimensionalen Bezügen und Spiegelungen erweist es sich als erforderlich, Aussagen Goethes über sein Werk heranzuziehen, aber auch die Entwicklung und Entfaltung der Goetheschen Symbolwelt in seiner ganzen Lebens- und Werkgeschichte in Tagebüchern, Gesprächen und Briefen, in dem dichterischen Gesamtwerk, in den Entwürfen und früheren Fassungen von Szenen des Werkes, die in den Paralipomena erhalten und überliefert sind, heranzuziehen. Diese Arbeit hat Emrich mit Gründlichkeit und Erfolg durchgeführt, und es scheint, daß diese Methode in der Faust-Forschung heute weitgehend anerkannt ist. Besonders hinzuweisen ist in diesem Zusammenhang auch auf die subtile Interpretation der Klassischen Walpurgisnacht durch *Gottfried Diener*.

Die vorliegende Abhandlung muß sich mit den Ergebnissen der Forschung auf diesem Gebiete begnügen und es sich bei dem gebotenen Umfang des Heftes weitgehend versagen, jeweils auf die Vorstufen der einzelnen Szenen, auf die Paralipomena, auf Parallelen in anderen Werken Goethes hinzuweisen. Daß hier eine Betrachtung anderer Teile des Alterswerkes (insbesondere des Wilhelm-Meister-Komplexes) von besonderer Fruchtbarkeit wäre, bedarf keiner besonderen Begründung.

Die Forschungen der letzten Jahrzehnte haben gezeigt, daß Goethe aus allen ihm verfügbaren Geschichts- und Bildungswelten Motive geschöpft und frei in der Faust-Dichtung verarbeitet hat. Es hat sich dabei herausgestellt, daß außer den in der Faust-Dichtung unmittelbar genannten und beschworenen Welten die Vorstellungen fernerliegender geistiger Mächte und Bereiche einen bedeutenden Einfluß ausgeübt haben. Während einige ältere Forscher, besonders *Heinrich Rickert*, auf die Beziehungen zum *Deutschen Idealismus* hinweisen (das tun auch *Georg Lukács* und *Hans Mayer*), zeigen *Burdach* (1) mannigfaltige Einflüsse der römischen Literatur (Vergil, Horaz), *Otto Seel* die Bezüge zum Geschichtswerk Caesars, *Gerhard Gollwitzer* den Einfluß Swedenborgs; *Katharina Mommsen* (1; 2) legt das tiefgreifende Einwirken der Erzählschemata der Märchen aus 1001 Nacht dar. *Horst Rüdiger* untersucht die außerordentlich mannigfaltigen weltliterarischen Einflüsse auf die Helena-Handlung. Dies sind nur einige aus der großen Zahl der Autoren, die sich thematisch oder nebenbei mit der Verarbeitung von Motiven aus entlegeneren geistigen Welten in der Faust-Dichtung beschäftigt haben.

Neben der Deutung des Symbolgefüges und der Aufhellung seiner Genese sind die Bemühungen zur Interpretation der *Form* besonders hervorzuheben. Hier ist vor allem das grundlegende Werk von *Kurt May* zu nennen, in dem die *Metrik* und die *Sprache* des »Faust II« in allen Einzelheiten szenenweise untersucht wird. May geht (nach Emrich 2, S. 22) von der Überzeugung aus, »daß das dichterische Werk reiner und unverfälschter in seiner unmittelbaren sprachlichen Ausdrucksgebung erfaßt werden kann als in der begrifflich-gedanklichen oder gefühlsmäßigen Deutung des Wortes«. Es ist nicht zu bezweifeln, daß diese Formanalyse tief in den künstlerischen Kern des Werkes hineinführt, indem es das eigentlich »Schöne« jenseits von jedem quasi-philosophischen System, jeder Weltanschauung, überhaupt von jedem gedanklichen Gehalt untersucht. Sie hat auch die permanente Verknüpfung von Aussage und sprachlicher und metrischer Form ans Licht gebracht und einen Begriff von der einmaligen dichterischen Leistung Goethes in diesem seinem zuletzt vollendeten Werk konstituiert. May zeigt, daß von Vers und Sprache her tiefe Einblicke auch in den Gehalt des Ausgesagten, in die Funktion der Personen usw. möglich sind. Dennoch ist nicht zu übersehen, daß diese Methode, so fruchtbar sie in dem interpretatorischen Werk Mays gewesen ist, nicht ausreicht, um die Symbol- und Bildstrukturen, den Aufbau des Werkes und die Funktionen der Personen und Szenen zureichend zu enthüllen.

Von neueren Versuchen, das Werk von der Form her zu interpretieren, ist der *Wolfgang Streichers* besonders bemerkenswert. Streicher verzichtet freilich auf eine Gesamtdeutung und beschränkt sich auf das Problem der dramatischen Einheit des Werkes. Er bedient sich dabei eines nicht der klassischen Kunsttheorie entsprungenen Kategoriensystems. Er arbeitet mit den der Dramentheorie Brechts entliehenen Kategorien *Substantialität* und *Funktionalität*. Zur Definition der beiden Begriffe sagt Streicher (S. 10): »Die Begriffe Substantialität und Funktionalität bedeuten Substanz- und Funktion-Sein. Mit der Kategorie der Substantialität sollen alle diejenigen literarischen Data erfaßt werden, die in einem Dichtkunstwerk ›um ihrer selbst willen geltend gemacht werden‹, mit der Kategorie der Funktionalität alle diejenigen, die ihre ästhetische Bedeutsamkeit aus dem prozessualen Fortschreiten einer Handlungslinie bekommen.« Neben dem Problem der Einheit behandelt Streicher besonders die Funktionen der Personen, ihre Beziehungen zu den Situationen, in denen sie auftreten, ihr Verhältnis zu Begriffen, welche sie verkörpern, zu Symbol und Allegorie, die Struktur der menschlichen Welt überhaupt, die Existenzen Fausts und Mephistos, und er gewinnt so interessante neue Erkenntnisse vom Aufbau und der Struktur der Dichtung.

Schließlich sind noch die wiederholten Versuche einer *psychologischen* Interpretation des Werkes zu nennen. Mit den Mitteln der Tiefenpsychologie arbeitet nach dem Vorgehen C. G. Jungs und Karl Kerényis vor allem *Werner Danckert*; dabei werden die Methoden der Psychologie nicht auf die Figuren des Dramas angewandt, sondern auf den Dichter selbst, dessen poetische Symbole als aus einer tellurischen Urreligion in das Bewußtsein des Autors emporgestiegene *Archetypen* gedeutet werden. Eine psychologische Interpretation der Dramenfiguren selbst findet sich in den »Goethe-Studien« von *Albert Fuchs*, der Faust und Mephisto als »Persönlichkeiten« und »Charaktere« deutet.

3.2 Symbolik und Allegorik

Die neuere Forschung hat den Gebrauch und die Verbindung von *Symbolen* als eines der wesentlichen Kennzeichen der Faust-II-Dichtung, ja des Goetheschen Alterswerkes überhaupt erkannt. Das Symbol ist das wichtigste künstlerische Mittel des *Spätstils*; die Struktur des Werkes ist primär Symbolstruktur. Diese Struktur der Altersdichtung ist nicht das Ergebnis des Zufalls oder der poetischen Willkür, sondern der Ausdruck der von Goethe entwickelten Kunsttheorie, wie sie auch in den ästhetischen Partien des zweiten Teiles des »Faust« dargestellt wird. »Alles, was geschieht, ist Symbol«, schreibt der Dichter am 2. April 1818 an

Schubarth, »und indem es vollkommen sich selbst darstellt, deutet es auf das übrige. In dieser Betrachtung scheint mir die höchste Anmaßung und die höchste Bescheidenheit zu liegen.«

Um das Wesen der Kunst zu verdeutlichen, bedient sich Goethe auch des Symbols, und zwar des Symbols des *Schleiers*. In dem Gedicht »Zueignung« aus der frühen Weimarer Zeit steht der bekannte Vers: »Der Dichtung Schleier aus der Hand der Wahrheit«. Der Vers setzt in der Schleiermetapher die Dichtung in Verbindung mit der Wahrheit und konstatiert damit eine Beziehung, die Goethe bis ins hohe Alter hinein als das Fragwürdigste am Wesen der Kunst erschienen ist. Das Schleiersymbol wird auch in der Eingangsszene des »Faust II« im Hinblick auf das Wahrheitsproblem genannt (V. 4714). Der Schleier hat die Funktion, etwas zugleich zu verhüllen und durchscheinen zu lassen. Verhüllung und Enthüllung des Wahren ist nach der Kunsttheorie des Zeitalters zugleich das Wesen der *Kunst*. Die Kunst sagt das Wahre aus, aber sie ist nicht selbst das Wahre. Die Wahrheit, um die es hier geht, ist freilich nicht endliche, empirische Wahrheit. Sie ist die Erscheinung des Absoluten, die der Mensch ebensowenig unmittelbar erfassen kann wie das »Flammenübermaß« der Sonne (V. 4708), von dem er sich geblendet abwendet, um sich mit »des bunten Bogens Wechseldauer« (V. 4722), mit dem »farbigen Abglanz« (V. 4727) zu begnügen. Das Absolute ist also nur in der Kunst zu erfahren, indem das Kunstwerk es durchscheinen läßt. Die Kunst ist in jener eigentümlichen Sphäre angesiedelt, die zwischen der Welt der endlichen Dinge und dem Absoluten liegt. Im Symbol wird das Absolute gleichsam »konkret« (im eigentlichen Sinne des Wortes: ›zusammengewachsen‹, ›verdichtet‹); es sammelt sich in das anschauliche Bild. Das durch den Schleier hindurchscheinende Licht ist die Emanation des Absoluten, die dem Auge des Künstlers, das dem Absoluten verwandt ist, sichtbar wird und in seinen Augen in ihrer Verwandlung durch den Schleier Gestalt annimmt. Die Symbolerscheinung der Wahrheit in der Kunst bringt es auch mit sich, daß eine rationale Auslegung des Kunstwerkes unmöglich ist, und hierauf gründet sich auch Goethes These von der *Inkommensurabilität* des Kunstwerkes (Eckermann am 3. Januar 1830; 13. Februar 1831). Aus dieser Bestimmung des Wesens der Kunst resultiert die ihr immanente *Ironie*, mit der sie sowohl die empirische Wirklichkeit als auch das Absolute betrachtet. Den Zusammenhang hat Emrich (2, S. 55 f.) klar herausgestellt: »Ironie ist das Mittel, genau zwischen Empirie und Abstraktion die Mitte zu wahren, jedes Haften an der Sache wie an der Idee durch freie Selbsterkenntnis zu überwinden und die ewig gesetzte ›Unergründlichkeit‹ der Wahrheit in jedem Augenblick der Symboldichtung mit ›Heiterkeit‹ zu bestätigen: Die Ironie der Faust-II-Dichtung richtet sich daher gegen deren sinnliche Vorgänge wie gegen ihre geistigen Hintergründe. Ironie ist Zeichen der Souveränität eines Geistes, der im Einzelnen das Höhere und im Höheren wieder das Einzelne aufzusuchen bemüht ist.« Empirische Wirklichkeit und Idee, Bedingtes und Unbedingtes, Anschauliches und Geistiges werden im Symbol miteinander verbunden. Aber auch Symbole und ganze Symbolwelten sind miteinander verknüpft, indem sie Gleiches und doch wieder Differentes enthalten. Auch der Standpunkt des Betrachters spielt eine Rolle; so kann zum Beispiel das gleiche Symbol Verschiedenes, ja Gegensätzliches durchscheinen lassen. In diesem Zusammenhang spricht *Emrich* (3, S. 50 f.) von »*antithetischen Symbolen*«, die Gegensätzliches bereits in sich tragen.

Das Symbol des *Schleiers* verhüllt und offenbart zugleich. Das Symbol des *Goldes* ist einerseits Signum übermächtiger geistiger Kraft, andererseits Zeichen der bösen Mächte der Gewaltherrschaft, des Geizes und der Sexualität (vgl. die Mummenschanz-Szene). Die *Elemente* sind rettend und vernichtend (vgl. die Philemon-Baucis-Szenen und die Szene »Großer Vorhof des Palastes« im fünften Akt). Im *Iris*-Symbol vereinen sich Bedingtes und Unbedingtes, Endliches und Absolutes. *Blumen* und *Früchte* zeigen eine Symbolik, in der Beharrung und Metamorphose sich ausdrückt.

Die Vielfalt der Beziehungen zwischen Wirklichkeit, Symbol und Idee, zwischen Symbolen und Symbolwelten, aber auch innerhalb der Symbolelemente selbst bezeichnet Goethe als »*Spiegelung*«. Er sagt dazu in dem Brief an K. J. L. Iken vom 23. September 1827:»Da sich manches unserer Erfahrungen nicht rund aussprechen und direkt mitteilen läßt, so habe ich seit langem das Mittel gewählt, durch einander gegenübergestellte und sich gleichsam ineinander abspiegelnde Gebilde den geheimeren Sinn dem Aufmerkenden zu offenbaren.«
In diesem Sinne kann man auch von einer Spiegelung verschiedener symbolischer Welten und Gestalten des ersten und des zweiten Teiles sprechen.

Beispiele gibt Trunz (S. 482):»Um das Drama zu verstehen, muß man zunächst einmal ganz einfach den Handlungszusammenhang kennen, doch er ist nur ein Faden, an den die bunten Edelsteine gereiht sind, die nun in ihrer Beziehung zueinander gesehen sein wollen. Zunächst die Beziehung zwischen Gelehrtenwelt, Gretchen, Helena und Herrschertum; jedesmal aus höchster Sehnsucht ein Ausgriff in edlen Bereich, doch nicht die Kraft, das Ergriffene zu halten, ein Erfahren der eigenen Grenzen. Die Grenzsituation Fausts, des Leidenschaftlichen und Großen, spiegelt sich kontrastierend in Nebengestalten, die auf ähnlichem Gebiet ganz anders erleben: Wagner, Schüler, Famulus, Baccalaureus. Ferner spiegeln einander wechselseitig alle Szenen, in denen von Regierung, Krieg, Herrschertum die Rede ist; ebenso alle, in denen die Frage aufgeworfen ist nach dem Sein in der Zeit und nach dem Überzeitlichen: die Mütter, der Hades, Helena und die Chormädchen, Gretchen als Una poenitentium. Auch der Knabe Lenker und Euphorion sind wechselseitige Spiegelungen des gleichen Motivs (Poesie, Freiheit im Geistigen).«

Die Spiegelung schließt auch andere geistige Welten in ihrem Bezug ein. So spiegeln sich im Faust-Drama die vorklassische und die klassische Welt Griechenlands, das Mittelalter, Klassik und Romantik, die orientalische Welt von 1001 Nacht, die poetischen Welten Dantes und Shakespeares usw. Die entelechische Monade Faust ist selbst Bezugspunkt von Spiegelungen; *Diener* spricht von einer »Weltmonade« von hohem Rang, in der sich »Natur und Welt, Geist und Seele in *Urphänomenen* und *Archetypen* spiegeln« (S. 9).
Auf den Zusammenhang zwischen der antinomischen Struktur von Goethes Symbolen mit seinem Begriff der *Polarität* weist *Franz Koch* hin. Koch sieht in der Polarität überhaupt die Grundstruktur der Faust-Dichtung (2, S. 6, 21 und 41).
Die Polaritäten Licht – Nacht, Ferne – Nähe, Lebensgenuß – Tatengenuß, Subjektivität – Objektivität seien die Schemata, nach denen Goethe das Werk gebaut

habe. Auch im Symbol zeige sich diese Struktur: »Das Wort Symbol wird sich als Klammer erweisen, die die Polaritäten seiner Natur-, Kunst- und Geschichtsbetrachtung zusammenhält, als der letztmögliche und höchstgesteigerte Wechselbezug von Gegenstand und Bedeutung, Zweck und Sinn, Organik und Metaphysik, Biologie und Ontologie, als Säkularisierung auch dessen, was Hamann und Herder als Chiffernsprache Gottes gedeutet hatten, als coincidentia oppositorum« (2, S. 254). »Wechselseitige Spiegelung [...] ist ein polarisierendes Verfahren« (2, S. 41).

Mit der Beziehung zwischen *Symbol* und *Urphänomen* beschäftigen sich Paul Böckmann und Hans Mayer. *Böckmann* (S. 198) sagt dazu: »Was in Goethes Naturforschung das Urphänomen zu leisten verspricht, eine Vergegenwärtigung der Grundformen des Lebens, bewirkt die Kunst durch das Symbol, das die bewegenden Mächte des menschlichen Daseins zur Darstellung bringt.« Ähnlich *Mayer* (2, S. 172): »Dem Urphänomen entspricht der Symbolcharakter der Kunst, der höchsten nämlich. Sie muß im Realen, nämlich dem Geschichtlich-Konkreten, das Überzeitliche, für Goethe: das Humane sichtbar machen. So will es der Realitätsbegriff der deutschen Klassik.«

Die *Faust-Gestalt* selbst wird von Wilhelm Flitner und von Benno v. Wiese als Symbol betrachtet. *Flitner* (S. 304) sagt: »So wird Faust das umfassende Symbol für die Menschenseele, die zwischen den Teufelskünsten hindurch in die Ewigkeit wandert, wenig wissend von dem gewaltigen Schaffen und der unermeßlichen Glorie, die im Leben nur kümmerlich geahnt wird, die uns der Poet in seinem Gedicht aber redend in den Sinn zaubert.« *Benno v. Wiese* (S. 148) führt aus: »Im zweiten Teil geht es nicht mehr um Faust als einmaliges, konkret beschreibbares Ich, wohl aber um *die an ihren Welten symbolisch dargestellte Faustische Monade*: ein Gleichnis für die höchsten Möglichkeiten und Grenzen, die dem Ich bei seiner Weltdurchdringung gegeben und gesetzt sind. Die Symbolik des zweiten Teils macht die *Individualität* selbst zu einem *Urphänomen*, das aus nichts anderem mehr abzuleiten ist und das nur in den Spiegelungen greifbar ist, in denen es erscheint, so wie die göttliche Sonne der Ariel-Szene in dem bunten Bogen des Wasserfalls sich spiegelt.«

Über *Wesen und Ursprung des Symbols* haben sich in der Forschung zwei Ansichten herauskristallisiert. *Danckert* deutet im Anschluß an die tiefenpsychologisch-mythologische Forschung C. G. Jungs und Kerényis die Symbole Goethes als Ausdrucksformen einer ungeschichtlichen, chthonischen, archetypischen Bilderwelt, die aus einem »geheimen Gravitationszentrum«, aus »unbewußten Wesenstiefen« seiner Person emporgestiegen und zur Darstellung gebracht sei. Es handele sich um *Traumsymbole*. »Fast alle Grundsymbole Goethes – Symbole wie Granit, Schleier, Licht, Gold, Höhle – sind alte *Natursymbole*, Bestandstücke der ›pelagischen‹ Urmythologie. Der Dichter wiederentdeckt sie rein intuitiv, nur geleitet von der Befähigung gesteigerter Bildempfänglichkeit. [...] Goethes Symbolempfänglichkeit dürfen wir also als urtümliche Mitgift, als Vermächtnis des tellurischen ›Psychismus‹ deuten« (S. 326). Während *Diener* sich diese Auffassung zum Teil zu eigen macht, wird sie von *Emrich* mit Entschiedenheit abgelehnt. Er vertritt die Ansicht, daß die Symbole Goethes nicht spontan aus irgendwelchen Tiefenschichten der Seele ans Licht getreten seien, sondern als *historische* Phänomene zu betrachten seien und dem *Bildungsgut* seiner Zeit angehörten. Zum Teil handele es sich um Alchimistensymbole, die durch den antinomischen Charakter, den ihnen der Dichter verleihe, in den Bereich des bewußten philosophischen Denkens gehoben würden. »Die Goetheschen Symbole sind trotz ihrer vorhandenen Analogien zu mythischen Symbolen aus ganz spezifischen geistesgeschichtlichen Situationen und seelischen Konflikten Goethes erwachsen, durch die sie jeweils völlig neuartige Umformungen und Veränderungen erfahren« (3, S. 55). »Aus dieser antinomischen Struktur der Symbole ergeben sich wichtige Konsequenzen. Die Symbole können jeweils nur in bezug auf die Stelle, in der sie in einem dichterischen Werk stehen, sinnvoll gedeutet werden. Sie haben keine von ihr losgelöste, ein- für allemal festgelegte Bedeutung an sich. Ihre Sinnstruktur ist z. B. abhängig von dem ethischen Vollzug, der sittlichen Haltung der jeweiligen Person in der Dichtung. Je nach dem ethischen Verhalten Eduards, Charlottes, Ottilies, Phileros', Epimelaias, Fausts oder des Kaisers bedrohen oder retten die Elemente den Menschen. Dieses Verhalten steht aber wieder in einem entscheidenden Bezug zur Gesamtproblematik, in die das jeweilige Werk gestellt ist, ja sogar zur gesellschaftlichen und zeitgeschichtlichen Situation, in der seine Personen stehen und die ihnen dichterisch aufgeprägt ist« (3, S. 51).

Im betonten Gegensatz zu Emrich und anderen Interpreten sieht *Heinz Schlaffer* im »Faust II« ein *allegorisches* Werk. Goethe habe die Kunstform der *Allegorie*, die mit dem Aufstieg der bürgerlichen Literatur im 18. Jahrhundert für überholt angesehen worden sei, bewußt wiederaufgenommen. Dies sei keine Fortsetzung vorbürgerlicher Literaturformen gewesen, sondern Goethe habe erkannt, daß die gesellschaftlichen Verhältnisse des heraufkommenden Industriezeitalters wegen ihres unpersönlichen, »abstrakten« Charakters sich nur in der Form der »abstrakten« Allegorie darstellen ließen. Die bürgerliche Literatur gehe auf die Darstellung des Privaten und Individuellen aus; aber gerade dies sei unter den gesellschaftlichen Verhältnissen des 19. Jahrhunderts nicht mehr möglich. Die in diesem Jahrhundert immer mehr um sich greifende Entpersönlichung des menschlichen Lebens mache die Menschen zu Rollen und Masken. Der Einbruch des Ökonomischen in alle Lebensverhältnisse mache alles, auch Menschen zur *Ware*. Schlaffer bedient sich bei der Darstellung der gesellschaftlichen und ökonomischen Verhältnisse der Analysen von Karl Marx (2, S. 49 ff.). »Faust II« sei eine »virtuelle Allegorie der gesellschaftlichen Verhältnisse« (2, S. 5). Goethe sei im Alter überzeugt gewesen, daß »ein grundsätzliche[r] Bruch zwischen der alteuropäischen Kultur, aus der er herkam, und der technisch-industriellen Welt, die auf ihn zukam, eingetreten« sei (2, S. 6). »Faust II« sei ein Versuch, »aus den ersten Anzeichen ein Gesamtbild einer Zukunft, die eben begonnen hat, zu imaginieren« (ebd.). Schon der Walpurgisnachtstraum des ersten Teiles sei eine allegorische Komposition; die Mummenschanz sei ein »Aufzug der Allegorien« (2, S. 65 f.). Dieser habe »die Entstehung allegorischer Verhältnisse zum Thema« (2, S. 98). Auch Faust verliere seine Individualität: »Von jetzt an wird Faust nicht mehr als identische Person, sondern nur noch in Rollen, in Masken erscheinen, [...] in wechselnden Situationen erfüllt er wechselnde Funktionen« (2, S. 67). Die Figuren des Stückes seien völlig beziehungslos; sie seien »eher reisende Kommentatoren als dramatische Akteure« (2, S. 145). Sie seien eingebettet in »allegorische Felder, um die sich die dramatis personae gruppieren« (ebd.). Die Notwendigkeit der Allegorie zur Darstellung der gesellschaftlichen Verhältnisse des 19. Jahrhunderts werde von Goethe im »Faust II« selbst zum Thema gemacht (2, S. 124). Nach Schlaffers Ansicht führt die Neuzeit in zunehmendem Maße zu einer »Ablösung von der Natur«. »Mit den konservativen und revolutionären Kritikern der bürgerlichen Gesellschaft von Rousseau bis Marx teilt er [Goethe] die Vorstellung, daß der beschleunigten Technisierung, Industrialisierung und Kommerzialisierung der Lebensformen die Negation des Naturzustandes inhärent sei« (2, S. 155). Aber er hoffe auf Fortdauer und Wiederkehr der Natur (2, S. 157). Für die schwindende Natur, in der vorüberziehenden Galathee verkörpert, müsse eine menschliche Stellvertretung gefunden werden: »In der Frau ist sie gefunden. In der Liebe zu ihr kann sich die Sehnsucht nach der untergegangenen Natur vergegenwärtigen« (2, S. 161).

3.3 Faust-Gestalt, Faust-Drama, Faust-Deutung

Das Verständnis der Faust-Gestalt und damit der ganzen Faust-Dichtung stand fast hundert Jahre lang im Lichte einer weltanschaulichen Deutung, durch die »vorerst die poetische Wirklichkeit des Gedichtes interpretatorisch verfälscht und durch philologisch unkontrollierte Wunschvorstellungen ersetzt« wurde (Schwerte, S. 9). Unter dem Schlagwort des »*Faustischen*«, des »*faustischen Menschen*«, des »*faustischen Deutschen*« wurde in die Faust-Gestalt ein Charakter eingepflanzt, der dem weltanschaulichen Wunschbild und dem in bestimmter Weise eingefärbten Menschenbild der Interpreten entsprach, nicht aber den Intentionen und der Aussage des Dichters. Faust wurde zu einer positiven Symbolfigur, in der sich nach den Vorstellungen zahlreicher Forscher des 19. Jahrhunderts das *große Individuum* oder der *humane Mensch* oder der *deutsche Mensch* exemplarisch verkörpere. *Oswald Spengler* schließlich belegte die ganze abendländische Geschichts- und Kulturepoche, die der »*faustischen Seele*« entsprungen sei, mit dem Attribut »*faustisch*«.

Spengler stellt der apollinischen und der magischen Seele die *faustische* entgegen (S. 237 ff.). Die faustische Kultur sei »Willenskultur« (S. 397), deren Dynamik in Analogie zu dem »Streben« Fausts die Geschichte weitertreibe und dem handelnden Ich das Ziel der eigenen Perfektion in Welt und Geschichte setze. »Dieses ›Ich‹ steigt in der gotischen Architektur empor; die Turmspitzen und Strebepfeiler sind ›Ich‹, *und deshalb ist die gesamte faustische Ethik ein ›Empor‹*. Vervollkommnung des Ich, sittliche Arbeit am Ich, Rechtfertigung des Ich durch Glauben und gute Werke, Achtung des Du im Nächsten um des eigenen Ich und seiner Seligkeit willen, von Thomas von Aquino bis zu Kant, und endlich das Höchste: Unsterblichkeit des Ich« (S. 398). Der faustische Mensch wolle über das Fremde herrschen; in Kopernikus und Kolumbus, in Newton und Galilei, in den Hohenstaufen und in Napoleon drücke sich die faustische Seele aus (S. 400 f.). Wille, Kraft, Raum, Gott seien die Urworte, die das Wesen und Handeln des faustischen Menschen und seiner Kulturepoche bestimmten (S. 404). Das Wort Leben werde gleichbedeutend mit Wollen.»Ausdrücke wie Lebenskraft, Lebenswille, tätige Energie füllen als etwas Selbstverständliches unsere ethische Literatur, während sie in das Griechisch der Zeit des Perikles nicht einmal übersetzbar gewesen wären« (S. 406). Das faustische Dasein wird von Spengler schließlich definiert als *das tätige, ringende, überwindende Sein* (S. 407).

Sah Spengler die Faust-Gestalt als Symbol einer ganzen Kulturepoche, so nahmen sie andere Interpreten als Symbolfigur des *Deutschtums* in Anspruch. So sagt z. B. *H. S. Chamberlain* (S. 746):»Faust ist wohl Mensch im umfassenden Sinne, trägt aber den unverkennbaren Charakter des deutschen Menschen.« *R. Buchwald* scheint der einzige zu sein, der dieser nationalistischen Deutung der Faust-Gestalt noch anhängt. Er nennt die Dichtung (2, S. 218) das»Gefäß einer neuen deutschen Welt- und Lebensanschauung«, Faust den»ewigen Deutschen« (2, S. 224) und sieht in ihr»Wesenszüge deutschen Menschentums« (S. 222).

Diese wenigen Stimmen aus einer heute überwundenen Epoche der Faust-Deutung mögen hier für viele stehen. Eine umfassende Darstellung der Geschichte der Faust-Interpretation hat *Hans Schwerte* in seinem Buch»Faust und das Faustische« (Stuttgart 1962) gegeben. Vor Goethe war im 17. und 18. Jahrhundert das Adjektiv *»faustisch«* im pejorativen Sinne gebraucht worden (ausführliche Belege bei Schwerte, S. 27 ff.). Die»ideologische Aufhöhung« des Begriffs (Schwerte, S. 148) ist das Werk des 19. Jahrhunderts; in verstärktem Maße setzte sie nach 1870 ein. Faust wurde heroisiert; die»faustischen Werte« wurden unter national-imperialem Vorzeichen umgedeutet. Dazu führt Schwerte (S. 155) aus:»Diese ›Umwertung der Werte‹ hatte durchaus nicht Nietzsche vorgenommen, wie es noch Spengler anzudeuten versuchte. Sie wurde von ›reichisch‹ gesinnten Gelehrten aus gutem nationalem Gewissen vollzogen; zu ihnen zählte der aus Pommern stammende ›Preuße‹ Loeper ebenso wie der aus Kassel kommende ›Weimaraner‹ Hermann Grimm; zu ihnen gesellten sich die Professoren F. Th. Vischer, Karl Köstlin, Kuno Fischer und Heinrich von Treitschke, gesellte sich die ganze ›Berliner Schule‹: Wilhelm Scherer, Erich Schmidt und ihre zahlreichen Schüler, zu ihnen stießen Männer wie D. F. Strauß, Karl Goedeke, Franz Dingelstedt, Moeller van den Bruck, um nur die gewichtigsten zu nennen.«

Der humanistischen, nationalistischen und perfektibilistischen Faust-Deutung mußte der Umschlag ins Gegenteil folgen. Wenn man von einigen frühen Kritiken der Faust-Gestalt durch evangelische und katholische Theologen (z. B. Daub und Goeschel) und durch literarische Kritiker (z. B. Pustkuchen, Spaun, Hardenberg, Börne, Heine – Belege bei Schwerte, S. 48 ff.), aber auch von einigen kritischen Stimmen im späteren 19. Jahrhundert (z. B. Eduard v. Hartmann; Belege bei Schwerte, S. 191 ff.) absieht, setzt eine massive Kritik der positiven Auffassung der Faust-Gestalt mit *Hermann Türck* um 1900 ein. Der geniale Faust, so argumentierte Türck, werde am Ende ein Philister. Die Sorge hauche ihn an, er erblinde geistig. Er höre auf, die ganze Welt erfassen zu wollen; ihm genüge die praktische Arbeit des Tages und er sage seinem»faustischen« Streben ab.

Zusammenfassend sagt Fritz Strich (S. 157 f.) zu *Türcks* Faust-Deutung:»Im Jahre 1900 erschien im Goethejahrbuch eine Abhandlung von Hermann Türck über die Bedeutung der

Magie und Sorge in Goethes ›Faust‹ und 1901 eine Schrift des gleichen Verfassers: ›Eine neue Fausterklärung‹. Diese beiden Arbeiten bedeuteten damals eine wahre Umwälzung in der Auffassung von Goethes ›Faust‹ und riefen denn auch ein sensationelles Aufsehen hervor. Das deutsche Bürgertum hatte sich bis dahin zu der Auffassung bekannt, daß Goethe in seinem ›Faust‹ die Entwicklungsgeschichte eines Menschen oder *des* Menschen als ständigen Aufstieg zu immer höheren Stufen gestaltet habe. Dieses Faustbild entsprach dem Fortschrittsglauben und der Perfektibilitätsidee des 19. Jahrhunderts. Es wurde nun damals durch die Arbeiten von Türck schwer erschüttert. Denn hier wurde zu zeigen versucht, daß der alternde Faust, von der Sorge ergriffen und von ihrem Anhauch erblindet, seines genialen Übermenschentums verlustig geht und zur Stufe eines gemeinen Menschen, eines Philisters und Banausen, eines trivialen Unternehmers und materiellen Ausbeuters herabsinkt. Fausts Absage an die Magie bedeutet den Verzicht auf das Genie und dessen völligen Verlust. Denn Magie ist in der Auffassung dieses Interpreten mit Genie identisch«.

Zu einer *negativen Symbolfigur* wird Faust schließlich in der Interpretation *Wilhelm Böhms*. Faust ist nach Böhms Deutung von einem »geistigen Titanismus« erfüllt, der immer wieder in eine »schmelzende Sentimentalität« umschlage (2, S. 29). Faust sei ein »Dämon im Titanisch-Sentimentalen« (2, S. 263). »Das Ich Fausts ist in ein besseres und ein schlechteres aufgespalten, so zwar, daß am Ende der Exposition das schlechtere das entscheidende Übergewicht gewonnen hat [...]. Im Teil II werden wir großen Partien begegnen, wo von dem besseren Ich überhaupt nichts mehr zu spüren ist« (2, S. 51). Faust sei kein Symbol der Menschheit, sondern er werde »durch seine Bindung an den Teufel zu einem Bankrotteur und gewissenlosen Abenteurer« (2, S. 39). Er erweise sich trotz seiner sentimentalen Regungen, die weiter nichts seien als Selbstmitleid, immer wieder als der »*Unverbesserliche*« (2, passim), der sich schließlich zum bewußten »Kriegsverbrecher« (2, S. 233), zum »Großverbrecher und Großunternehmer« (2, S. 236) entwickele. Das Streben Fausts sei nur ein scheinbares: »Faust arbeitet nicht an sich selbst, sondern er spricht nur so, als ob er's täte. Dies kann man kein Streben nennen« (2, S. 44). »Ferner ist Vorsicht geboten, das Wort ›Unersättlichkeit‹ mit Streben zu identifizieren; denn es ist ein Unterschied zwischen einem unersättlich fortgesetzten Streben und einer Unersättlichkeit in Einzellagen, die sich auch ohne Streben im Taumel von Genuß zu Genuß entwickelt« (2, S. 77). »Die überhörten inneren Warnungen Fausts werden in der Auslegung meist mit faustischem Streben verwechselt, und wenn Licht und Schatten zueinander gehören, wird der Hauptwert auf das dürftig flackernde Licht gelegt, während es Goethe gefallen hat, neben dem Lichtstrom, der durch sein übriges Lebenswerk geht, im Faust einmal unerbittlich auf die Schattenseiten des Menschen hinzuweisen« (2, S. 52). Der Lebensweg Fausts zeige, daß er als Mensch nicht vor sich selbst und vor Gott bestehen könne. Seine Rettung sei durch nichts gerechtfertigt; sie sei von Gottes Liebe ohne Verdienst gewährte Gnade: gratia gratis data, nicht aber gratia perficiens (2, S. 283 f. und 296). Man dürfe Faust nicht wertfrei interpretieren; ein wertfreies Verständnis habe auch nicht in der Absicht Goethes gelegen; Faust müsse mit moralischer Wertung betrachtet werden. Der Dichter selbst habe sich nicht zur Menschlichkeit seines Helden bekannt, sondern er habe ein warnendes Beispiel eines verblendeten und unverbesserlichen Menschen geben wollen. Aus diesem Grunde sei das Werk als eine *Satire* zu betrachten (2, S. 40 ff.).

Die Deutung Fausts als einer negativen Symbolfigur gelangte nach dem zweiten Weltkrieg, als unter dem Eindruck der Zeitereignisse das titanische Streben Fausts fragwürdiger denn je erschien, zu einer neuen Aktualität. Böhm publizierte 1949 seinen Faust-Kommentar (2); zu ähnlichen Auffassungen bekannten sich auch einige andere Faust-Interpreten. Vom Standpunkt der katholischen Theologie her kritisierte 1948 *Reinhold Schneider* die Faust-Gestalt. Er sagt (S. 63 f.):»Fausts Leben ist eine einzige Flucht; es ist im Grunde kein erfahrendes, erwerbendes Streben, sondern ein spukhaftes Geschehen. [...] Wir können dieser Überzeugung nicht ausweichen: das ›Faustische‹, nach dem wir schon Zeitalter und Kulturkrise benennen wollten, bedeutet die schuldbeschwerte Flucht des gescheiterten, nicht befriedbaren Geistes durch alle Räume der Welt, des Abgrundes, der Geschichte.«
Die die Faust-Deutung beeinflussende Nachkriegsstimmung beschreibt Ernst Wilhelm Eschmann 1949 (S. 616):»Die Gestalt Fausts, zwecklos, es abzustreiten, ist heute unpopulär geworden. Für die schrankenlose Herrschaft der konventionellen Faust-Auffassung muß bezahlt werden. Über ein Jahrhundert lang ist Faust mit dem Typ des rücksichtslosen Scientisten, des technischen Großorganisators, des autoritären Sozialisten gleichgesetzt worden. Nicht verwunderlich darum, daß heute die Enttäuschung an diesen Idealen zurückschlägt und vom ›Dämon Faust‹, von ›faustischer Blasphemie‹ usw. die Rede ist, wiederum am wirklichen Inhalt des Gedichts vorbeiurteilend.«
In größerem Abstand von den Schreckensereignissen von Nationalsozialismus und Krieg bekennen sich nur noch wenige Forscher zu einer moralischen Wertung der Faust-Gestalt und zu einer negativen Sinngebung der faustischen Existenz. *Albert Fuchs* kommt von seiner psychologischen Analyse der Faust-Figur her zu der Ansicht:»Trotz vorübergehender positiver Regungen wird der ›gute Mensch‹ in Faust immer wieder während seines Erdenlebens überflutet, indem Faust sich immer wieder als egozentrisch extremistischer Triebmensch, zuletzt als Unmensch erweist«(S. 33). An anderer Stelle (S. 62) stellt Fuchs fest:»Wenn man erwägt, daß Faust als Organisator eines Konzentrationslagers (11127 f.; 11551-54) endet und daß die von ihm für eine Zeit unterworfene Natur zum Werkzeug eines Genozids wird, fühlt man sich nicht vor der Natur, sondern vor dem Menschen als ihrem schlechten Interpreten und amoralischen Ausbeuter gewarnt.«
Verständlicherweise neigen auch ausländische Faust-Interpreten zur Kritik an der deutschen Faust-Heroisierung und geben der Ansicht Ausdruck, daß die geschichtlichen Erfahrungen unserer Zeit eine wertfreie Betrachtung der Faust-Gestalt nicht mehr erlauben. So stellt z. B. der englische Goethe-Forscher *Eudo C. Mason* fest, Episoden wie die Philemon-Baucis-Szenen zeigten deutlich, daß von einer »high« oder »pure activity« Fausts nicht die Rede sein könne; vielmehr handele es sich um »a despotic unjust act« (S. 334). Und er sagt zusammenfassend, daß Faust heute auch als »a warning example« betrachtet werden müsse.

Die Interpretation Böhms wird heute von namhaften Forschern abgelehnt; eine wertfreie, nur die Aussage des Dichters analysierende Auslegung des Werkes, wie sie sich seit Beginn des 20. Jahrhunderts entwickelt hat, hat sich offensichtlich wieder durchgesetzt. Die Frage »Was ist, was bedeutet die Faust-Gestalt in der Aussage des Dichters?« ist von der Forschung klar beantwortet worden.
Faust ist, wie Homunculus, wie Helena, eine *Entelechie*, eine *entelechische Monade*. Das hat Goethe klar zu erkennen gegeben, als er in einer früheren Fassung der Schlußszene (vor V. 11954) die Worte »Chor der Engel (Faustens *Entele-*

chie heran bringend)« schrieb. Statt dessen hat er in der endgültigen Fassung eingesetzt (vor V. 11934) »Faustens *Unsterbliches* tragend«. Das »Unsterbliche« im Menschen ist sein Wesen, verstanden als seine Grundform, die wiederum als »Streben« verstanden wird, durch das der Mensch sich und die Welt gestaltet und umgestaltet. Dieses Wesen des Menschen bezeichnet Goethe als »Entelechie« oder »entelechische Monade«.

Der Begriff *Entelechie* ist von *Aristoteles* in die Philosophie eingeführt worden. Er entspringt aus der Auffassung des Philosophen, daß das Seiende Seinkönnendes, sich auf ein Ziel hin Bewegendes ist. Der Begriff Entelechie als Wesen des Seienden bezeichnet das Gerichtetsein auf ein Telos, ein Ziel, eine Vollendung hin; das Seiende befindet sich immer jeweils in einer Phase der Bewegung auf dieses Ziel hin. Der Begriff der *Monade* entstammt der Philosophie *Leibniz'*. In dessen System ist eine Monade eine geistige individuelle Substanz, die dem Einfluß anderer Monaden (außer Gott) grundsätzlich entzogen ist. Sie betätigt und entwickelt sich im Rahmen einer prästabilierten Harmonie nach ihren eigenen Gesetzen.

Beide Vorstellungen zeigen eine Verwandtschaft mit den Kategorien des Welt- und Naturbildes Goethes, so daß er diese beiden Begriffe übernehmen konnte. Er schreibt am 19. März 1827 an Zelter: »Die entelechische Monade muß sich in rastloser Tätigkeit erhalten; wird ihr diese zur anderen Natur, so kann es ihr in Ewigkeit nicht an Beschäftigung fehlen.«
Wie die Natur nach Goethes Ansicht nach den Prinzipien der Polarität und der Steigerung sich ständig fortentwickelt und erhöht, so *steigert* sich auch der *Mensch*, der Gipfel der Natur, als Entelechie ständig. Und wenn es sich um eine bedeutende Entelechie handelt, der die »rastlose Tätigkeit« »zur anderen Natur« wird, so kann ihr die Fortexistenz in Ewigkeit nicht versagt werden (so wie es mit Helena, mit Panthalis, mit Faust geschieht). Im ständigen »strebenden Bemühen« durchschreitet die Entelechie die Welten und eignet sie sich an, so wie es Faust tut, und wenn eine Welt durchschritten und ausgeschöpft ist, betritt sie eine neue Welt, hier wieder von vorn beginnend, dabei aber Welterfahrung in sich behaltend. Im Bereich des Irdischen und Materiellen wird sich die Entelechie, die sich mit der Materie als »geeinte Zwienatur« (V. 11962) verbinden muß und die durch die Endlichkeit und Begrenztheit der materiellen Welt beschränkt wird, notwendigerweise in *Irrtum* und *Schuld* verstricken und sich immer wieder verlieren. Hier kann sie Gott nur »verworren« dienen (V. 308); »Blüt'« und Frucht« (V. 311) der »Klarheit« (V. 310) als Ziel des Strebens, der Entwicklung, können ihr erst in einer unirdischen Postexistenz zuteil werden. Ziel ist nicht etwa moralische Vervollkommnung und Güte, sondern die »*reine*« *Tätigkeit*, die in vollem und klarem Bewußtsein sich ohne Beschränkung durch die Endlichkeit des materiellen Irdischen vollzieht und insofern auch eine Verstrickung in Irrtum und Schuld nicht mehr möglich werden läßt. Das ist der Sinn der faustischen Existenz als eines Daseins, das als geistiger Gipfel der Natur deren Wesen auf der Stufe höchsten Bewußtseins und reinster Tätigkeit vollendet und dem deshalb auch die göttliche Gnade des Fortdauerns (d. h. des Weiterstrebens, Weiter-tätig-sein-Könnens) zuteil wird.

Die Deutung der Faust-Gestalt als einer *Entelechie* geht auf die Forschungen des verdienst-vollen Faust-Interpreten *Gottfried Wilhelm Hertz* zurück, der erstmalig in seinem Buch »Goethes Naturphilosophie im Faust« (Berlin 1913) diese These vorgetragen hat. Die Auf-fassung von Faust als einer Entelechie ist von der neueren Forschung erhärtet worden, wenn auch die einseitig naturphilosophischen Aspekte, unter denen Hertz das Faust-Werk betrachtet hat, durch weitere und andersartige Blickrichtungen ergänzt worden sind.

Eine wichtige naturphilosophische Deutung des Werkes gibt *Dorothea Lohmeyer* in der völligen Neubearbeitung ihres bereits 1940 erschienenen Buches »Faust und die Welt. Der zweite Teil der Dichtung« (1975). Lohmeyers Interpretation, die die ersten drei Akte des Werkes umfaßt, geht von den *naturwissenschaftlichen Schrif-ten* Goethes aus und zieht diese zur Deutung des Werkes heran. Sie nimmt damit den Interpretationsansatz von Hertz wieder auf. Diese naturphilosophische Inter-pretation des Werkes steht in einem polaren Gegensatz zur geschichtsphilosophi-schen, die vor allem von marxistisch orientierten Forschern gepflegt wird.

D. Lohmeyer nennt das Werk ein »*kosmisches Drama*«: »Diese Dichtung ist kein psycholo-gisches, sondern ein kosmisches Drama, die Personen handeln nicht als Charaktere, sondern wirken als Allegorien von Kräften« (2, S. 5). Der »Faust II« sei die umfassendste Aussage einer »privaten Weltreligion« (2, S. 14). Eine moralistische oder perfektibilistische Interpre-tation wird von der Autorin abgelehnt: »Diese Dichtung stellt Mensch und Welt unter keine Forderung: sie will nicht lehren, was sein soll, sondern sagen, was ist« (2, S. 14). Zum Unter-schied der beiden Teile, die durch die Person Fausts zusammengehalten werden, sagt sie: »Die Geschichte Fausts, die zunächst als eine Herzensgeschichte erzählt wurde, wird im zweiten Teil weitererzählt als die Lebensgeschichte eines kosmischen Ichs« (2, S. 15). Faust wird auch als »kosmisches Subjekt« (2, S. 33) bezeichnet. Deshalb werde Fausts Wesen der *Naturgeschichte* eingeordnet und nach *biologischen* Gesetzen erklärt (ebd.). »Der Begriff des Erlebnisses wird durch den der Metamorphose ersetzt« (2, S. 34).

Zu einzelnen Problemen des Werkes sagt Lohmeyer: Fausts *Verschuldung* werde im fünften Akt nicht moralisch verhandelt, sondern vor der *Natur*. Daher sei »Fausts Verschuldung nicht die des Sündigen, sondern die des Tätigen, der sich handelnd notwendigerweise in die Welt verstrickt. Die Verstrickung geschieht durch die Magie, womit die Herrschaftsgewalt über die überpersönlichen und durchaus außermoralischen Kräfte gemeint ist, deren sich der Handelnde bedient und die, indem sie sich selbständig machen, ihn in Schuld verstricken. Die Verschuldung entspringt aus Fausts magischem Verhältnis zur Welt« (2, S. 53).

Auch *Mephisto* sei ein anderer geworden. Er könne z. B. nicht mehr zaubern (2, S. 40). Er erscheine wie Faust in Rollen; er sei nicht Individuum, sondern *Prinzip*; seine Rollen seien Variationen eines Prinzips (2, S. 40). Er sei »die Kehrseite des durch Erkenntnis autonom gewordenen Geistes« (2, S. 42). Er repräsentiere »überall die spezifisch menschlichen Gei-steskräfte im Gegensatz zu den natürlich-göttlichen. Er ist das Prinzip der Zeitlichkeit, Geschichtlichkeit und Vergänglichkeit, des Moralischen und des Verstandes, der Reflexion und des Scheines, der Erfahrung und der Erfindung, des künstlichen Machens und der Gewalt« (2, S. 44). Seine Rollen könne man in Polarität zu denen Fausts verstehen (2, S. 45). Verwandelt habe sich gegenüber dem ersten Teil auch die *Magie*: »Magie heißt die außeror-dentliche Kraft des die Gesetzlichkeit erkennenden Geistes, mit der er von der Welt Besitz ergreift« (2, S. 39). Faust sei Magier als Plutus, als Künstler, der zu den Müttern vordringt und ihnen den Dreifuß als das Formprinzip der Natur raubt, als Abgesandter des Nekro-manten von Norcia im IV. Akt, der über die Triebkräfte der Gewalt gebietet, als »Prinzip des neuzeitlichen autonomen Individuums« (2, S. 39 f.). Fausts Absage an die Magie liefere ihn der *Sorge* aus. Sie mache ihn *blind*. »Die Blindheit ist der Verlust des Bezugs des tätig Wirkenden zur Welt« (2, S. 54). Das Tätigsein in der Erblindung sei »ganz innerlich und monologisch«; »*es ist die reine Selbsttätigkeit der Entelechie*« (2, S. 54; Hervorhebung H. K.). Eine eingehende Darstellung widmet Lohmeyer dem Phänomen *Gesellschaft* im »Faust II«.

Die Gesellschaft werde im Prozeß ihrer Bildung vorgeführt: »Indem ihre höchsten Werte: Reichtum und Schönheit, Ereignis werden, bindet sich die triebhafte menschliche Welt zur Gesellschaft als Form. [...] Aber zugleich bedeutet dieser Prozeß: die Bildung der Gesellschaft der Neuzeit« (S. 70 f.). Die gegliederte, von oben nach unten hierarchisch gestufte Gesellschaft erscheine als »Chiffre für Gesellschaft überhaupt«; der Mensch in der Gesellschaft werde als *Triebnatur* definiert (2, S. 72). Damit stelle Goethe die Verbindung zwischen Gesellschaft und Natur her. Auch »der Hof allegorisiert eine Triebwelt, die von der Menge bis zur höchsten Spitze reicht« (ebd.). Die *Not*, von der die Handlung ihren Ausgang nimmt, bedeute »die Auflösung der Gesellschaft in ihren unsozialen Elementarzustand« (2, S. 73). Auch der Kaiser sei nicht der vernünftig Lenkende, sondern auch »in ihrer Spitze kulminiert die Gesellschaft in ihrem Maximum an Leidenschaftlichkeit« (2, S. 74).

Daß es sich bei der entelechischen Monade Faust um eine *besondere* und *bedeutende* Persönlichkeit handelt, betont *Benno v. Wiese* (S. 125): Er nennt Faust einen Menschen »in einer außergewöhnlichen, nach innen und außen gesteigerten Grenzlage.« »Fausts Schicksal ist nicht auf alle anderen Menschen übertragbar, es kann aber ein *Maximum des Menschlichen* am extremen, nur dichterisch noch darstellbaren Fall sichtbar machen: die absoluten, nicht mehr zu steigernden Möglichkeiten des Menschen wie auch seine absoluten, nicht mehr überwindbaren Grenzen. Faust verkörpert die Menschheit nicht im Sinne einer Quersumme, eines typischen Durchschnittes, sondern er ist *Mensch* als eine ganz besonders umfassende und *nach Ganzheit strebende, individuelle Monade*, die damit erst die nicht zufällige, sondern notwendige Grenze sichtbar macht, auf die auch das höchste menschliche Streben stößt, eine Grenze, die auch der umfassendsten Weltdurchdringung gesetzt ist.«

Von Faust als einem besonderen Menschen, der zwischen *Prometheus* und *Luzifer*, zwischen *Entselbstung* und *Verselbstung* hin- und herschwankt, spricht *Henning Brinkmann* (S. 332): »Keineswegs aber vertritt Faust den Menschen schlechthin, sondern eine sehr besondere Art des Menschen. [...] Was Faust ausspricht, wenn er sein Selbst zu dem der Menschheit erweitern will, ist nichts anderes als die Entschlossenheit zu einer totalen Verselbstung. Das Wort ›Verselbstung‹ hat Goethe selbst gebraucht. [...] Er nennt es [...] Pflicht des Menschen, die Absichten der Gottheit dadurch zu erfüllen« daß wir uns nicht zu *entselbstigen* versäumen, da wir durch unsere Natur zugleich gezwungen sind, uns zu *verselbsten*. Verselbsten aber heißt nichts anderes als sich konzentrieren im Sinne Luzifers.« »Es gehört zur Lage des Menschen, daß er zu beiden Bewegungen fähig ist, zur luziferischen Konzentration wie zur engelhaften Ausdehnung.«

Ähnlich hält auch *Schrimpf* (S. 88) diese Zwiespältigkeit für einen Wesenszug von Fausts Charakter: »Nicht die Expansion schon kennzeichnet Faust, sondern die Unversöhnlichkeit von Konzentration und Ausdehnung, die ihn unausweichlich bestimmt. Er taumelt von Extrem zu Extrem, von Tatenübermaß zu Verzagtheit, von unbedingtem Tun zu isolierter Betrachtung (Wald und Höhle, Heilschlaf, Hochgebirg), ohne daß er das eine am anderen zu orientieren und korrigieren vermöchte.«

Daß die Faust-Gestalt in ihrem Streben *jenseits von Gut und Böse* steht, sagt *Karl Viëtor* (S. 361): »Sicherlich hat Goethe ein Dasein darstellen wollen, das aufwärts führt. Nur ist es nichts weniger als selbstverständlich, daß dieser Aufstieg moralischer Art ist.«

Die Vorstellung von einer *Entwicklung* der faustischen Persönlichkeit ist von der neueren Forschung im allgemeinen aufgegeben worden; nur noch wenige Interpreten halten daran fest. So sagt *Hermann August Korff* (II, S. 391), »die Gesamtkurve des faustischen Lebens [sei] ein Emporsteigen vom Niederen zum Höheren, nämlich von allen Stufen der natürlichen bis zur letzten Stufe der sittlichen Befriedigung, vom subjektiven Genuß zur objektiven Leistung, von der Befangenheit im Ich zur Hingabe an die Welt«. *Heinrich Rickert* rückt die Faust-Dichtung in die Nähe der Philosophie des *Deutschen Idealismus*, indem er darstellt, daß Faust sich vom unmittelbaren, sinnlichen Dasein (I. Teil) auf den Standpunkt des Ästhetizismus erhebt (Helena-Episode), diesen aber überwindet und den Primat der praktischen Vernunft in Form einer sozialen Gesinnung anerkennt (S. 522 ff. und 534 f.).

Eine *christlich-theologische* Deutung der Faust-Gestalt gibt *Flitner* (S. 302), der das ganze Werk des Dichters als Ausdruck einer religiösen Existenz betrachtet: »Daß ein unkirchlicher Gottsucher, und noch dazu ein sündiger, auch gerettet werden kann, muß ein Hauptgedanke der Dichtung von Anfang an gewesen sein.«

Andere Interpreten wiederum betonen das *Expansive* von Fausts Persönlichkeit. Für *Ernst Bloch* ist Faust der *Grenzüberschreiter* schlechthin. Wie in Hegels »Phänomenologie des Geistes«, so handele es sich auch bei der Dynamik Fausts um die »stürmische Arbeits- und Bildungsgeschichte zwischen Subjekt und Objekt« (S. 195). In beiden epochemachenden Werken der Geistesgeschichte stelle sich »die Ausreise oder der Aufbruch des bürgerlichen Subjekts aus den ihm gewordenen engen Zuständen ins Weite« dar (ebd.). Insofern sei Faust »das höchste Exempel des utopischen Menschen« (S. 189).

Von einer *Verwirklichung der Entelechie auf ihrer Weltfahrt* spricht *Wolfgang Binder* (S. 80): »Fausts Weltfahrt ist [...] die Fahrt aus dem Studierzimmer in die Welt. Im eigentlichen Verstande ist sie der Weg aus dem Ich in die Welt, aus dem Subjekt des unendlichen Innenreichs in die konkrete Wirklichkeit draußen. In der nun einsetzenden Vermittlung von außen und innen – Lebensgenuß von außen, Tatengenuß nach außen, Schönheitsgenuß nach innen, Schöpfungsgenuß von innen – verwirklicht sich die Entelechie am Seienden, jedoch nicht göttlicher-, sondern menschlicherweise. Nur in einem der fruitio divina analogen menschlichen Genießen ist ihr das Summum ihres Daseins zu erreichen bestimmt.«

Wolfgang Streicher versucht, die Faust-Gestalt und das Faust-Drama mit der Kategorie der *Möglichkeit* zu begreifen. Fausts Existenz sei »Möglichkeitsexistenz« (S. 207). Fausts Leben bestehe aus immer neuen *Entwürfen* der Selbstverwirklichung und des Weltverhältnisses. Der Held stehe nicht einer Welt gegenüber, in die er als in eine Situation hineingerissen sei und die ihn determiniere; er entwerfe vielmehr sich selbst und seine Beziehung zur Welt, die freilich immer noch »als Objektivum erhalten« bleibe. »Fausts Verhältnis zu ihr bleibt Verhältnis zu einem echten Gegenüber, bleibt Verhältnis der Begegnung« (ebd.). Der Entwurfcharakter der faustischen Existenz macht nach Ansicht Streichers »die spezifische Modernität von Goethes Denken« aus: »Durch die Kategorie der Möglichkeit unterscheidet sich der ›Faust‹ vom konventionellen Dramentypus. Sie ist, wiewohl sie unseres Wissens von Goethe nie explizit als Kategorie formuliert wurde, eine Grundkategorie von Goethes Denken und der Verwirklichung dieses Denkens in Goethes literarischer Produktion. Sie kennzeichnet den Ort, den dieses Denken in der Entwicklung der europäischen Geistesgeschichte einnimmt. [...] Das Verhältnis von Ich und Welt ist kein gegebenes mehr, sondern ein entworfenes. Die Funktionalität des traditionellen Dramas gründete jedoch darin, daß die Welt, die Situation, zu der sich ihm die Welt verdichtet, für den ›Helden‹ etwas Gegebenes war, daß sie für ihn determinierend war. Der ›Held‹ war wesentlich Reagierender, war passiv, so daß er in die Situation hineingerissen wurde, worin eben die Funktionalität bestand. Mit der Außerkraftsetzung der Determination des Ich durch die Welt fällt deshalb die traditionelle Form des Dramas« (S. 206 f.).

Indem Goethe seinen Helden unter die Kategorie der Möglichkeit stellt – so führt Streicher weiter aus – eröffnet er Perspektiven über seine Zeit hinaus bis in die Gegenwart hinein: »Befreit man die Kategorie der Möglichkeit von allen psychischen Valeurs, so sieht man, daß sie eine der entscheidendsten Kategorien, ja *die* Kategorie seit Goethe ist. Sie ist die Kategorie der Erschließung einer Welt durch ein Ich, wird die Kategorie des Bildungs- und Erziehungsromanes, ist noch die Kategorie Thomas Manns, Prousts und Musils« (S. 208). Kafkas Helden entwürfen sich fortwährend (S. 211); das absurde Theater der Gegenwart schließlich, das die Fabel gänzlich auflöste, stehe »im Zeichen einer radikal verwirklichten Möglichkeitsexistenz« und stelle damit »die letzte Konsequenz der Entwicklung des Dramas seit Shakespeare« dar (S. 215).

Als ein Drama mit Perspektive in die Zukunft betrachten auch die *marxistischen* Faust-Interpreten das Werk, wenn auch in ganz anderem Sinne. Die marxistische Faust-Auslegung, begründet von *Georg Lukács*, wird repräsentiert durch eine Reihe von Goethe-Forschern in der Sowjetunion, in der DDR und in den anderen sozialistischen Ländern.
Die marxistischen Interpreten sehen im »Faust« ein *geschichtsphilosophisches Entwicklungsdrama*. Die Faust-Gestalt wird daher nicht oder nicht nur als Einzelperson gedeutet, sondern es verkörpere sich in Faust *die Menschheit in ihrer geschichtlichen Entwicklung*. Dieser geschichtliche Progreß, der durch Fausts Gang durch die Welten dargestellt werde, vollziehe sich dialektisch im Sinne des Hegelianismus und Marxismus. Das Autoren-Kollektiv *Albrecht, Bastian, Mittenzwei* (S. 424) stellt fest: »Folgende grundlegende Erkenntnisse sind für das Verständnis des Werkes wichtig: I. Der ›Lebenslauf‹ Fausts stellt nicht nur die Ent-

wicklung eines Einzelwesens dar, sondern er ist zugleich und vor allem Sinnbild der ganzen modernen Menschheitsgeschichte. II. Die Polarität von Faust und Mephisto ist das dialektische Grundprinzip dieser Entwicklung.« *Lukács*, der auf die Beziehungen des »Faust« zu Hegels »Phänomenologie des Geistes« hinweist (z. B. S. 145 ff.), nennt das Werk »eine Abbreviatur der Menschheitsentwicklung« (S. 144); *Gerhard Scholz* (S. 84) spricht von einem geschichtsphilosophischen »Menschenbefreiungsdrama«. Faust erscheint als der Repräsentant des geschichtsphilosophischen Optimismus; Mephisto vertrete den geschichtsphilosophischen Nihilismus. Der Charakter der Zeitalterdichtung werde durch die Lebensverlängerung Fausts unterstrichen; damit zeige Goethe, daß es sich bei seinem Helden nicht um ein Individuum, sondern um die Menschheit handele. Wie die Menschheit in ihrer Geschichte, so müsse auch Faust Schuld auf sich laden, damit die Geschichte ihren notwendigen Progreß weitergehen könne. Aus der kleinen Welt breche Faust auf, um zur Erkenntnis zu gelangen, aber er könne in diesem beschränkten Bereich nicht stehenbleiben: »Im Sinne der Gattungsperspektive muß Fausts Entwicklung über Gretchens ›kleine Welt‹ hinweggehen, auch im Sinne der subjektiven Erhaltung und Entfaltung seiner Persönlichkeit muß Faust sich eines Tages, nachdem alle Höhen und Tiefen der Leidenschaft gewirkt haben, von Gretchen lösen, um sich frei entwickeln zu können. Das bedeutet bei Goethe, daß in Gretchens Opfergang, den Faust nur mitempfindend verfolgen, aber nicht aufhalten kann, die tiefe historische Wahrheit zum Ausdruck kommt, nach der sich der Aufstieg der Menschheit in dieser Epoche der Geschichte unter Führung des männlichen Teils vollzieht. Die Opferung der Frau ist aber die tragische Bedingung dafür, daß der Mann als Persönlichkeit die führende Kraft der geschichtlichen Entwicklung sein kann, obwohl die Frau diejenige ist, die das neue Leben unter Schmerzen in die Welt setzt oder wie hier, ihm durch ihr schmerzensreiches Opfer weiterhilft« (Albrecht, S. 438 f.).
In der Welt des Hofes finde man »den Versuch Fausts, durch gesellschaftliche Tätigkeit innerhalb der feudalistischen Gesellschaft die gewünschte Erfüllung zu finden« (Albrecht, S. 441); der ästhetische Bereich der Helena-Episode sei ein geistiger Ausdruck der erwachenden bürgerlichen Gesellschaft der Goethezeit, die mit Hilfe eines ästhetischen Erziehungsprogrammes »die Gleichwertigkeit von Bürgern und Adligen auf der Grundlage bürgerlich-humanistischer Maßstäbe« (Albrecht, S. 446) proklamiere. Mit dem Scheitern des Versuchs, »die Antike, die klassische Schönheit zu einer modernen Realität zu machen« (Albrecht, S. 447), werde diese frühbürgerliche Geschichtsepoche überwunden: »Die Bemühungen der geistigen Avantgarde des Bürgertums zur Goethezeit werden in dieser Gestaltung der ästhetischen Bestrebungen Fausts einer Kritik unterzogen. Gleichzeitig liegt darin eine Kritik der poetischen klassischen und romantischen Lösungsversuche« (ebd.). Faust schreite nun in die nächste Epoche, die bürgerlich-kapitalistische. »Er selbst verkörpert einen solchen Typus des frühen kapitalistischen Unternehmers« (Albrecht, S. 450). Sein Wirken zeige den tiefgreifenden Konflikt des Kapitalismus: »Seiner [Goethes] Bejahung der Entfaltung und Förderung der Produktivkräfte steht die Einsicht in die barbarischen, menschenzerstörenden Folgen

der kapitalistischen Entwicklung gegenüber« (Albrecht, S. 451). Vor seinem Tode habe Faust noch die Vision einer freien und sozialen Gesellschaft von höchster Produktivität, in der die Widersprüche der kapitalistischen Entwicklung überwunden seien. Die menschliche Gesellschaft müsse bei ihrem geschichtlichen Fortschreiten Opfer bringen, die aber als notwendig erkannt würden; Faust selbst werde schließlich ein Opfer, über das die Entwicklung hinwegschreite: »Wie Gretchen, Helena, Philemon und Baucis von ihm geopfert werden oder sich ihm opfern, damit er zu einem höheren Grad der Vervollkommnung gelange, so ist er selbst nur ›Opfer‹ und Durchgangsstufe der Menschheit auf ihrem Wege zu höheren Sphären eines humanen Daseins. Daß Faust dieses Opfer aber begreift und im Augenblick der Erkenntnis auch auf sich bezogen sofort bejaht, das rettet ihn, läßt ihn über Mephisto triumphieren und befähigt ihn, dem aufsteigenden Gretchen nachzufolgen« (Albrecht, S. 453). Die Schlußszene »soll die von Goethe nicht mehr konkret vorstellbare weitere progressive Entwicklung der Menschheit versinnbildlichen« (Albrecht, S. 454).

Goethe wird damit in gewisser Weise zum geistigen Vorgänger des Marxismus stilisiert. So wie Faust sich für den Fortschritt in einer unaufgeklärten Welt des Vehikels der Magie bedienen müsse, so bedürfe Goethe noch der Poesie und in dieser z. B. des Bildes des katholischen Himmels, weil er noch nicht die höchste Stufe der philosophischen Reflexion erklommen habe. Diese Faust-Interpretation ist gewiß von einer imponierenden Geschlossenheit; ob sie aber der Aussageabsicht des Dichters entspricht, kann bezweifelt werden. Scholz z. B. wendet viel Scharfsinn auf, um seine Thesen zu beweisen; es ist aber auch kennzeichnend, daß er wie auch andere Interpreten dieser Richtung offensichtlich der Ergebnisse der »bürgerlichen« Faust-Forschung glaubt entraten zu können.

Inzwischen haben auch literatursoziologischen und geschichtsphilosophischen Fragestellungen verpflichtete Literaturwissenschaftler in der Bundesrepublik Interesse an Goethes Faust-Dichtung gewonnen. 1974 veröffentlicht *Rainer Dorner* seinen Aufsatz »Eros und Eigentum. Zur Geschichte und Utopie in Faust II«.

Goethes Dichtung versuche, »die ideologischen und ökonomischen Phasen des sich welthistorisch abzeichnenden Sieges über den zerfallenden Feudalismus darzustellen« (S. 87). »Der zweite Teil der Tragödie entwirft eine Geschichtsauffassung, in der gesamtgesellschaftlicher Fortschritt und Aufopferung von individuellem Glück einander bedingen. Die Auflösung solcher Tragik wird in der utopischen Schlußszene angedeutet« (ebd.). Nach einem sehr allgemein bleibenden Durchgang durch das Werk findet dann auch die Schlußszene das Hauptinteresse des Autors. Faust sei vom Intellektuellen zum Kapitalisten geworden und erkenne auch das Wesen des Kapitalismus. Goethe könne jedoch »eine konkrete, diesseitige Alternative [...] nicht ausmalen, da [seine] Geschichtsauffassung im Bürgertum und in der bürgerlichen Produktionsweise ihr Telos und ihre Schranke findet« (S. 98). Seine Vorstellung von der Versöhnung der Widersprüche der bürgerlichen Gesellschaft stünde der Hegelschen Staatsphilosophie nahe. An die Stelle einer objektiven Aufhebung der Widersprüche trete das Prinzip der *Liebe* als Moment der Versöhnung. »Gnade statt Vergeltung, Liebe statt Ausbeutung konstituieren die humane Gesellschaft, die auf den gerechten Tausch nicht mehr angewiesen ist« (S. 99).

Eine rege Diskussion über die Positionen marxistisch-orientierter Literaturwissenschaftler gegenüber der Faust-Dichtung hat *Thomas Metschers* 1976 in seinem in der Zeitschrift »Das Argument« publizierten »literarhistorischen Essay« »Faust und die Ökonomie« initiiert.

Metscher vertritt die These, in der parabolischen Handlung des Faust-Dramas »vollzieh[e] Goethes Dichtung ein Doppeltes: die Mimesis eines historischen und die Artikulation eines Erkenntnisprozesses« (S. 31). »Die Geschichte der bürgerlichen Klasse wird am Schicksal des individualisierten Klassensubjekts demonstriert, und der Erkenntnisprozeß, den das Drama in seiner zweiten Dimension vollzieht, ist Fausts eigener: der Lernprozeß des Bürgers in seiner Selbst- und Welterfahrung« (S. 32). Faust sei anfangs ein bürgerlicher Intellektueller mit einem »praxisorientierten Wissenschaftsbegriff frühbürgerlicher Aufklärung«. Seine Wissenschaft sei an der Veränderung der bestehenden gesellschaftlichen Verhältnisse interessiert (S. 30). Wesentlich sei, daß die *Ökonomie* im zweiten Teil immer stärker in den Vordergrund trete: »Die Ökonomie, genauer: der *Komplex Ökonomie* bildet eine *thematische Reihe* in der Faust-Dichtung, in deren leitmotivischer Entwicklung sozialhistorische Prozesse sichtbar werden und sich ein Vorgang zunehmender Erkenntnis artikuliert. Ökonomische Kategorien haben einen für den dramatischen Vorgang der Dichtung konstitutiven Charakter, der sich im Verlauf des Zweiten Teils zunehmend verstärkt, um sich im 5. Akt als Determinante der Gesamtstruktur des Handlungsablaufs herauszuschälen. Die organisierende Funktion des Komplexes Ökonomie tritt damit am Ende der Dichtung hervor« (S. 32). Im fünften Akt werde Faust in einer »post-feudalen Welt« (S. 83) gezeigt; Fausts Reich besitze alle »Charakteristika der entwickelten kapitalistischen Gesellschaft« (S. 84). »Faust erscheint hier als das von allen feudalen Schlacken befreite bürgerliche Klassensubjekt«, das als »Besitzer von Lohnarbeit« vorgestellt werde (S. 51). Faust sei »zuletzt in einer Epoche der bürgerlichen Gesellschaft angelangt, an deren Horizont das Proletariat als das neue welthistorische Subjekt sichtbar wird« (S. 112). In Fausts Schlußutopie habe Goethe »dem welthistorischen Tatbestand der konkreten Möglichkeit einer real freien Gesellschaft, bei aller zugestandenen gedanklichen Unschärfe, in der Idee der Humanität durch Arbeit entsprochen« (S. 121). »Die Schlußvision Fausts ist Goethes Testament an die kommenden Generationen. Sie formuliert deren historische Aufgabe, den epochalen Auftrag der Menschheitsbefreiung« (S. 62). Die »gegebene historische Faktizität« werde von Goethe überschritten« (S. 51). Metscher nimmt für den Interpreten in Anspruch, den Text von den Erkenntnissen und vom Standpunkt unserer Zeit her »ständig auf unsere eigenen historischen Kenntnisse und Erfahrungen zu beziehen« und »im Lichte einer sozialhistorischen Rekonstruktion« zu lesen (S. 85).

In Heft 99 der Zeitschrift »Das Argument« setzen sich einige Autoren kritisch, z. T. scharf polemisch mit Metschers Position auseinander. So wirft *Mattenklott* Metscher vor, er mache unter »Einebnung der Unterschiede idealistischer und marxistischer Standpunkte« (S. 738) den Faust-Text zum »Marxismus avant la lettre« (S. 739). Tatsächlich sei Goethes Position, auch im »Faust«, gegenrevolutionär (S. 746). *Pickerodt* sieht im Faust-Schluß »das großbürgerliche Konzept eines durch den aufgeklärt-absolutistischen Staat regulierten, maßvollen kapitalistischen Fortschritts« (S. 771). *Schlaffer* stellt fest, Fausts Utopie sei keine sozialistische. Das Volk sei Objekt, nicht Subjekt seiner Geschichte; die Formel »auf freiem Grund mit freiem Volke« weise auf eine bürgerlich-liberale Wirtschaftsform hin, »eben wie die liberale Ideologie des 19. Jahrhunderts unter dem ›freien Volk‹ den bürgerlichen Nationalstaat verstand, der durch militärische Macht (›*kühn*‹) nach außen und durch wirtschaftlichen Fleiß (›*emsig*‹) im Innern konsolidiert war; die soziale Gleichheit der Staatsbürger war dabei weder geplant noch verwirklicht« (1, S. 774). Die Alternative, die Goethe »zu den tödlichen Perspektiven eines kapitalistisch gewordenen Diesseits« in der Schlußszene anbiete, sei ein »Jenseits der Liebe« als »Goethes Verlegenheit« (1, S. 777). Goethe sei der Kritiker des bürgerlichen Zeitalters in Deutschland, aber »aus einer dezidiert konservativen Position« (1, S. 778).

Neuere in der *DDR* erschienene Faust-Interpretationen zeigen die Tendenz, die von Lukács initiierte geschichtsphilosophische Interpretation zurückzudrängen zugunsten einer Auffassung des Werkes als einer Auseinandersetzung Goethes mit dem Geist und der Gesellschaft seiner Zeit und die philosophische Kontemplation zu ersetzen durch den Drang zur gesellschaftlichen Praxis (so z. B. bei Höhle/Hamm 1974, bei Hamm 1978 und Hartmann 1979).

Über die *Rezeption* von Goethes »Faust« als Bestandteil des »klassischen Erbes« der deutschen Nation in der DDR und seine Reklamation für den zum DDR-Staat hinführenden Strang der deutschen Geschichte hat *Paul Michael Lützeler* 1975 in Band 5 des Jahrbuchs für deutsche Gegenwartsliteratur »Basis« eine lesenswerte Abhandlung veröffentlicht (»Goethes ›Faust‹ und der Sozialismus. Zur Rezeption des klassischen Erbes in der DDR«). Eine umfassende Darstellung der Faust-Rezeption und der Faust-Aufführungen findet sich bei Deborah Vietor-Engländer (»Faust in der DDR«. 1987).

Die neuere biographische Goethe-Forschung hat erkannt, daß Goethe sich auch sehr intensiv mit *wirtschaftlichen Problemen* beschäftigt hat und in den nationalökonomischen Theorien seiner Zeit bewandert war, wie die ausführliche Untersuchung von *Bernd Mahl* nachweist. Er kannte das wirtschaftswissenschaftliche Schrifttum von Justus Möser und den Frühsozialisten bis zu Adam Smith und den Saint-Simonisten. Mit den Geldtheorien von Johann Georg Büsch, Henry Thornton und Georg von Buquois war er wohlvertraut. Für den technischen Fortschritt und die Industrialisierung interessierte er sich ungemein, stand ihnen aber kritisch gegenüber. So ist es nur natürlich, daß ökonomische Probleme in den Alterswerken, in »Wilhelm Meisters Wanderjahren« und in »Faust II« eine bedeutende Rolle spielen. Dies haben neuere Interpreten wie *Metscher* und *Schlaffer* erkannt. Der Schweizer Nationalökonom *Hans Christoph Binswanger* hat 1985 eine Studie mit dem Titel »Geld und Magie. Deutung und Kritik der modernen Wirtschaft anhand von Goethes ›Faust‹« und 1987 einen Aufsatz mit dem Titel »Der Mensch als Herr der Zeit. Eine Deutung von Goethes Faust II unter dem Aspekt von Wirtschaft und Alchemie« veröffentlicht. Er beginnt seinen Essay mit den Worten: »Goethes *Faust* ist von einer kaum faßbaren Aktualität« (1, S. 9). Sein Thema sei »die Faszination, die von der Wirtschaft ausgeht«. »Er erklärt die Wirtschaft als einen alchemistischen Prozeß, als die Suche nach dem künstlichen Gold« (ebd.). Es handle sich bei der Alchemie um den Versuch des Menschen, diesseits der Zeit aus der Zeit, diesseits des Todes aus der Vergänglichkeit auszubrechen (1, S. 12). Im zweiten Teil des »Faust« gehe es um die Herstellung künstlichen Goldes, d. h. um die Notengeldschöpfung. Der zweite Teil sei »das Drama der Wirtschaft« (1, S. 15). Goethe habe erkannt, daß die moderne Wirtschaft eine Wertschöpfung ohne Arbeit durchführe (1, S. 35). Insofern sei sie eine Fortsetzung der Alchemie mit anderen Mitteln (1, S. 56). Im Zentrum des gesamten Faust-Dramas stehe die Frage, wie der Mensch Zeit und Vergänglichkeit überwinden könne (1, S. 92). Goethe stelle drei mögliche Wege zur Überwindung der Zeit und der Vergänglichkeit dar: »Der erste Weg ist derjenige der Wissenschaft; er führt durch das Tor der

Vergangenheit. Der zweite Weg ist derjenige der Kunst; er führt durch das Tor der Gegenwart. Der dritte Weg ist derjenige der Wirtschaft; er führt durch das Tor der Zukunft« (1, S. 94). Der erste Weg werde in der Klassischen Walpurgisnacht exemplifiziert – Homunculus als Verkörperung der Wissenschaft (1, S. 95); der Weg über die Kunst werde im Helena-Akt dargestellt (1, S. 110). Die Wirtschaft aber (V. Akt) sei der eigentliche Sieg über die Zeit, da sie Güter in zeitüberdauernde Geldwerte umwandle und so eine »Anweisung auf die Zukunft« gebe (1, S. 133). Geldkapital sei »die Vorwegnahme der Zukunft durch die Vergegenwärtigung künftiger Gewinne« (1, S. 143). Goethe sei sich aber auch der Gefahren der modernen Wirtschaft bewußt gewesen, wie die Zerstörung der natürlichen Lebens- und Wirtschaftsweise von Philemon und Baucis zeige (1, S. 135 ff.). Der Versuch des Menschen, die Zeit mit Hilfe der Wirtschaft zu überwältigen, stürze den Menschen auch in Sorge (1, S. 83 f.) und in Selbstüberschätzung, die in Fausts Blendung dargestellt werde (1, S. 86).

3.4 »Faust« – eine Tragödie?

Die Frage, ob die Faust-Dichtung im Ganzen tatsächlich, wie der Titel sagt, eine *Tragödie* ist, hat die Interpreten bis in die Gegenwart hinein beschäftigt, ohne daß sie hier zu einem einheitlichen Ergebnis gekommen wären. Das Hindernis ist die Tatsache, daß der Titelheld Faust nicht zugrunde geht, endgültig scheitert, sondern, wenn auch in einer Postexistenz, seine Persönlichkeit weiter steigert und vollendet. Rettung, Gnade und Erlösung wird ihr zuteil, freilich gewiß nicht im christlichen Sinne. Zwar scheint dieses Ende nicht den ursprünglichen Intentionen des Dichters entsprochen zu haben, wenn wir den Vers 242 programmatisch nehmen und voraussetzen, daß der Weg der Handlung »vom Himmel durch die Welt zur Hölle« führen sollte. Aber Faust endet nicht in der Hölle, sondern im Himmel, und zwar in einem Himmel, der ihm die ständige weitere Steigerung seiner Monade erlaubt – und Goethe hat dennoch von *der Tragödie* zweitem Teile gesprochen. Unbestritten ist, daß es innerhalb des Gesamtwerkes Teiltragödien gibt, wie die Gretchen-Tragödie, die Helena-Tragödie, die Euphorion-Tragödie, vielleicht auch eine Kaiser-Tragödie (während es umstritten ist, ob Mephistopheles die Bedingungen echter Tragik erfüllt). Ist es aber sinnvoll, auch von einer Tragödie Fausts zu sprechen?

Das Wort des Dichters, der das Gesamtwerk eine Tragödie genannt hat, wiegt schwer, und so neigt die Mehrzahl der neueren Forscher auch dazu, das Werk als Tragödie anzusehen, wenn auch die Ansichten darüber, welcher Art die Tragik ist, auseinandergehen.

Als eine »absolute philosophische Tragödie« bezeichnet schon *Hegel* in seinen Vorlesungen über die Ästhetik (S. 1094) die Faust-Dichtung; als eine Tragödie, »in welcher einerseits die Befriedigungslosigkeit in der Wissenschaft, andererseits die Lebendigkeit des Weltlebens und irdischen Genusses, überhaupt die tragisch versuchte Vermittlung des subjektiven Wissens und Strebens mit dem Absoluten, in seinem Wesen und seiner Erscheinung, eine Weite des Inhalts gibt, wie sie in ein und demselben Werke zu umfassen zuvor kein anderer dramatischer Dichter gewagt hat«. Vom tragischen Charakter der *Vermittlung* spricht auch noch *Trunz* (S. 474), wenn er sagt: »Fausts Tragik – das Drama nennt sich bewußt *eine Tragödie* – ist also die desjenigen Menschen, der das Göttliche nicht anders als durch die Welt erfassen kann. Das Absolute ist ihm unzugänglich; aber er hat es im Abglanz des Irdischen.«

Fausts notwendiges Scheitern im Bereich des Irdischen ist für *Brinkmann* Grund der Tragik: »Fausts irdischer Lebenslauf ist durchaus als Tragödie entworfen. Unerbittlich deckt der fünfte Akt des zweiten Teiles seine tragische Existenz auf. Er ist schöpferischer Mensch im höchsten Sinne geworden, der im Dienst des menschlichen Geistes und der Menschheit den zerstörenden Elementen Land für neue Wohnräume abringt. Aber er führt den Kampf um die Fackel des Lebens mit den Elementen gegen die Elemente. [...] Sein Handeln wendet sich dämonisch gegen ihn selbst« (S. 347).

Kurt Hildebrandt und Karl Viëtor sehen Fausts Tragik, die ebenfalls seinem Erdenleben zugeordnet wird, unter einem anderen Gesichtspunkt. Für sie liegt die Tragödie darin begründet, daß er sich bei seinem schöpferischen Werke der Gewalt und des Bösen bedienen muß. *Hildebrandt* (S. 548) sagt: »Dies ist aber das Tragische: indem Faust das Schöpferische vollziehen, die ewig zerstörenden Kräfte der Elemente [...] eindämmen will, kann er doch auf die zerstörenden Kräfte roher Gewalt nicht verzichten.« Nach *Viëtor* (S. 370) liegt Fausts Tragik darin, daß sein »Hunger nach Höherem, Höchsten« ihn groß und klein zugleich mache.

In der Polarität der Mächte, die an Fausts Werk mitwirken oder angesichts derer er sein Werk zu verwirklichen sucht, sieht *Erich Franz* (S. 12) die Tragik: »Die Faust-Dichtung ist durch und durch *Tragödie*. Ihr gläubiger Optimismus, der zwar auch nicht fehlt, ruht auf einem düsteren Hintergrunde. Alle Mächte der Finsternis werden aufgeboten, die Hölle der Verzweiflung bis an die Grenze des Wahnsinns durchschritten, nicht um diesen Mächten das letzte Wort zu lassen, sondern um aus der tiefsten Tiefe zum Licht vordringen zu können. [...] Ohne den polaren Gegensatz des Negativen erscheint auch das Positive kraftlos und sinnlos, zahm und dünn. Die Spannung zwischen Verzweiflung und Seligkeit, die polare Verbundenheit von menschlicher Schuld und göttlicher Gnade ist der Nerv der ganzen Dichtung.« Die Polarität der Mächte bringe es freilich mit sich, daß das Werk nicht als reine Tragödie angesehen werden könne: Goethe »hat das kühne Experiment gewagt, drei an sich wesensverschiedene Dichtungsarten, *Tragödie, Komödie und Mysterienspiel* in einem Werk zu vereinen« (S. 12).

Zwischen einem Mysterienspiel als Rahmen- und einer menschlichen Tragödie als Binnenhandlung unterscheidet auch *v. Wiese* (S. 123); das Mysterienspiel hebe die Tragik der Binnenhandlung wieder auf. Innerhalb der Binnenhandlung aber gelte: »Der magische Raub der Welt durch Faust ist tragisch, weil eben in dem Maße, als er sich selbst durch die Welt gewinnt, er sich auch wieder an die Welt verliert und daher jeden Augenblick einer durch die Welt gefundenen Gottnähe mit einer im

Stofflichen wurzelnden Gottferne bezahlen muß. Das tragische Thema des zweiten Teiles heißt: Durch die Welt hindurch dem Mittelpunkt der Gottheit zustreben und ihm doch immer zugleich fernbleiben zu müssen« (S. 124). Teils als Tragödie, teils als Mysterienspiel betrachtet auch *Flitner* das Werk. Zwar sei die Binnenhandlung »echte Tragödie«, aber: »Der Stil des Gedichtes entfernt sich von der antiken wie der Shakespeareschen Tragödie. Halb handelt es sich um Puppentheater, halb um mittelalterlich-barockes Mysterienspiel und Moralität, halb um Hans Sachsens Manier, dann wieder mehr um ein rhapsodisches, kaum noch um ein bühnenmäßiges, sondern ein herzusagendes Gedicht« (S. 260). Es handele sich um ein *Seelendrama*; »die Lösung konnte nur darin bestehen, daß dieser ungestüme Unmensch die Entsagung lernte, daß er auf den metaphysisch erfüllten Augenblick im Diesseits verzichtete, ohne seinen metaphysischen Trieb einzubüßen.« Die Einsicht gewinne er, als es zum Handeln zu spät sei. »In den echten Läuterungstragödien vermag der Held seine zurückgewonnene innere Freiheit noch durch eine Tat zu beweisen; im Faust nicht, der Held scheitert hier vollständig« (S. 257).

Subtilere Untersuchungen zur Tragik im »Faust« finden sich bei *Emrich*. Dieser legt dar, daß *das Tragische* hier (wie bei Goethe überhaupt) *von einer unaufhebbaren Schärfe* sei, daß die tragische Verstrickung in Schuld im Grunde als unlösbar betrachtet werde. Um dem in eine tragische Situation gestürzten Menschen überhaupt die Weiterexistenz zu ermöglichen, bediene sich Goethe des Schlaf- und Lethe-Motivs, das zu einer »irrational-naturhaften Lösung der Schuldfrage« (2, S. 67) führe. Es gebe keine Sühne für die Tat, weil diese gar nicht gesühnt werden könne, sondern nur das Eintauchen in die Bewußtlosigkeit der Natur, die dem Menschen als Gnade teilhaftig werde und ihn zum Beginn einer neuen Existenz befähige. Lethe und Schlaf stellten sich so dar als »eine die Gesamtexistenz ergreifende Totalvernichtung bzw. -befreiung« (2, S. 71). Die Versöhnlichkeit und Konzilianz im Bereiche des Tragischen, die gewöhnlich der Dichtung Goethes immer zugeschrieben werde, sei nur eine scheinbare; sie fließe letztlich »aus einer Unauflöslichkeit des ›tragischen Falles‹ im handlungsmäßig ethischen Bereich – Fausts, Wilhelms, Werthers ›Schuld‹ wird nie eigentlich gesühnt im realen Sinne des Wortes – und einer entsprechenden plötzlichen Lösung im Bereich einer unterirdisch bzw. überirdisch versöhnend einbrechenden ›höheren‹ Natur.« »Die ›Konzilianz‹ ist gerade Ausdruck schärfster Ausweglosigkeit im Irdischen und einer ›Rettung‹ im Überirdisch-Visionären. Schlaf und spontan organisches ›Vergessen‹ sind Funktionen einer Natur, die nur darum ›mildert‹, versöhnt und ›heilt‹, weil sie ihren ›Liebling‹ bis zu den Grenzen des Daseins geführt hat, über die hinaus es nur Entsetzen oder – Vergessen geben kann« (2, S. 71). Diese Ausführungen zu Fausts Lethe-Schlaf zwischen dem ersten und dem zweiten Teil gelten natürlich genauso für Fausts Übergang in seine himmlische Postexistenz, die seinem von Schuld beladenen Lebensgange folgt. Daneben gibt es, wie Emrich zeigt (2, S. 72 ff.), noch die Möglichkeit, in eine visionäre, übernatürliche Sphäre auszubrechen, die künstlerisch durch die *Oper* dargestellt wird. Überall da, wo die tragische Situation in Richtung auf eine übernatürliche Existenz durchbrochen wird, erhebt sich das Drama zur *Oper*. Diese, als Kunstgattung nach Goethes Ästhetik im Gegensatz zum gesprochenen Drama die Sphären des Außermenschlichen, Übermenschlichen, Dämonischen umgreifend, ist so die eigentliche Kunstform, in die sich die Darstellung der Faust-Existenz, die die Grenzen des Menschlichen und des Natürlichen immer wieder überschreitet, jeweils erheben muß (dazu Emrich 2, S. 72-88).

Wie v. Wiese das Werk in Tragödie und Mysterienspiel klar geteilt sieht, so wollen andere Forscher die Tragik in dem übergreifenden Mysterienspiel aufgehoben wissen und betrachten das Werk im Ganzen als *säkularisiertes Mysterienspiel*. *Klaus Ziegler* (S. 1144) nennt das Werk eine »modernistisch-säkularisierte Umformung der traditionellen Gattung des christlichen Mysterienspiels.« *Max Kommerell* (S. 31) spricht von einem »verweltlichten Mysterium«. Auch *H. A. Korff* sagt (IV, S. 695): »Die Faust-Dichtung ist von Natur ein Mysterienspiel. Sie hat die ganze christliche Mythologie zur Voraussetzung. [...] Aber es ist das Wesen der Goetheschen Faust-Dichtung, daß sie dieses seiner ursprünglichen Idee nach christliche Mysterienspiel mit einem beinahe entgegengesetzten, unchristlichen Geist erfüllt.«

Die Tragik der Faust-Existenz wird völlig bestritten von *Erich Heller*. Indem Goethe den Geist in der Natur sich gründen lasse, könne er eine Tragödie gar nicht hervorbringen: »Was er nicht schreiben konnte, war die Tragödie des menschlichen *Geistes*. Genau an diesem Punkt versagt die Tragödie *Faust* und verfällt einer illegitimen Zweideutigkeit; denn im Grunde gibt es für Goethe keinen spezifisch menschlichen Geist. Im letzten ist er eins mit dem Geist der Natur« (S. 629). »Die Natur ist unschuldig; und Goethes Genie fühlt sich im Einklang mit ihr. Daher gibt es für Goethe keine Katharsis, sondern nur Metamorphose. Seine potentiell tragischen Helden finden sich nach ihrer dramatischen Krise nicht mit dem Geist eines transzendentalen Gottes wiederversöhnt, auch nicht mit dem Geist der Menschheit. Es ist die Natur, mit welcher sie erneut im Einklang sind. Sie sind nicht in einem tragischen Sinn geläutert, nicht durch Sühne über ihre Schuld erhoben, sondern beginnen ein vital, nicht sittlich neues Leben, geheilt durch wohltätiges Vergessen und durch den Heilschlaf der Gerechten« (S. 631).

Einen dramatischen Charakter überhaupt spricht *Heinz Politzer* (S. 370) dem Werke ab: Goethes »Faust« ist »weder als Komödie noch als Tragödie, sondern als ein hochsymbolisches Gleichnis gemeint, als eine Aussage über den Stand des Menschen auf dieser Erde, eine Parabel, die dem Unendlichen zu offensteht.«

Als eine gleichnishafte Darstellung der Menschheit in ihrer Geschichte mit optimistischer Perspektive, und daher letzten Endes als *Komödie*, wird die Dichtung von der marxistischen Faust-Interpretation angesehen.

Schon *Lukács* hatte Bedenken, vom »Faust« als einer Tragödie zu sprechen. So sagt er: »Aber das Tragische ist für Goethe nicht mehr ein letztes Prinzip; er sieht eine Weltentwicklung, die durch einzelne Tragödien siegreich hindurchgeht« (S. 139). »Indem er die typischen Stufen der Menschheitsentwicklung als eine Kette von Tragödien empfand, deren Zusammenhang und Totalität jedoch nicht mehr tragisch sind, mußte aus dieser Weltauffassung, wenn sie eine extensiv wie intensiv universelle Gestaltung finden sollte, eine solche episch-dramatische Form herauswachsen: eine Form, in der keines der beiden Prinzipien überwiegt und die gegenseitige dialektische Durchdringung beider eine einzigartige Einheit und dynamische Balance schafft« (S. 195).

Der geschichtsphilosophische Optimismus, der nach marxistischer Auffassung das Werk erfüllt, abcr auch die Art der Darstellung historischer Krisen führen *Gerhard Scholz* dazu, dem Werk einen *komödischen* Charakter zuzusprechen: »Sowohl die philosophischen als auch die historischen Ensembleteile beziehen sich auf einen Krisenprozeß. Sie spiegeln eine Art Inflation von Werten wider: Veränderungen des Wertes von Religion, Christentum und Kirche und der Auffassungen vom Staat und ihm zugehöriger Institutionen. An Stelle der alten Werte und Auffassungen treten dabei neue: z. B. die Anschauung vom Menschen als Herren seiner selbst und seiner Geschichte. Die innere Handlung hinter dem Wettgeschehen und wiederum als ihr Teil macht den ›Faust‹ zur Zeitalterdichtung. Ihr Gegenstand ist die Widerspiegelung der Stellung des Menschen im Wandel der gesellschaftlichen Formationen. Hinter der Mittelpunktsfigur und dem Figurenfeld einer Zeitalterdichtung gewinnen die für ein Zeitalter charakteristischen gesellschaftlichen Kämpfe poetisch Gestalt. Hieraus resultiert übrigens der komödische Einschlag der Zeitalterdichtung: die historischen Etappen werden so gestaltet, daß das Seiende komödisch ›niedriger gehängt‹ wird – mit dem Blick auf seine Veränderung. Das Prinzip des Komödischen in der Disposition der Sujetart ›Zeitalterdichtung‹ ist das Prinzip, das Gegenwärtige aus der Sicht von Jahrhunderten darzustellen« (S. 20 f.). »Im ›Faust‹ wird in der komödischen Darstellung aus der Tat als Menschengängerfunktion eines Gottes die Tat des Menschen selbst [Faust!]. Und damit ist der Fortschritt vom Mysterienspiel zur Epopöe menschlicher Geschichte bezeichnet« (S. 125).

Als eine *Satire* schließlich sieht *Wilhelm Böhm* in seiner moralistischen Auslegung die Faust-Dichtung an. Faust sei als eine negative Symbolfigur vom Dichter konzipiert; er sei der »Unverbesserliche«, der immer wieder Schuld auf sich lädt, ohne zu einer Einsicht und zur Reue zu gelangen. Von diesem Standpunkt aus sagt Böhm: »Wir nennen Dichtungen, in denen die moralische Wertung des Helden durch den Dichter von dessen eigener Werthaltung abweicht, eine Satire. ›Faust‹ wird zur größten satirischen Dichtung der deutschen Literatur und zur größten farben- und tönereichen dramatischen Satire in der Weltliteratur überhaupt« (2, S. 40). Der Dichter, der hier als »Menschheitskritiker« (2, S. 45) auftrete, habe den moralischen Stoff in ein ästhetisches Gewand gehüllt und so von ihm Abstand genommen (2, S. 41); insofern führe ihm nicht die Gehässigkeit die Feder (wie im Pasquill), sondern er fühle trotz aller Kritik mit seinem Helden mit, sei von seinem Wesen und Tun betroffen, schüttele darüber den Kopf oder erschaudere davor. Eine solche »mediale, erschaudernde, kopfschüttelnde Satire« nennt Böhm eine »*thaumastische Satire*« (griech. thaumázein: ›schaudern‹, ›sich verwundern‹, ›erstaunen‹) (2, S. 42). Goethe habe das Faust-Puppenspiel von einem Pasquill in den Rang einer thaumastischen Satire erhoben (2, S. 47). Er habe das ganze Werk deshalb eine Tragödie genannt, weil die Darstellung von Fausts Imperfektibilität den größten Raum in der Dichtung einnehme (2, S. 316).

3.5 Das Problem der Einheit der Faust-Dichtung

Das Problem der *Einheit* der Faust-Dichtung hat die Interpreten schon sehr früh beschäftigt, und zwar sowohl die Frage nach der Einheit des zweiten Teiles als auch die Frage nach der Einheit des gesamten Faust-Werkes. Schon *Friedrich Theodor Vischer* hat gegen Goethe den Vorwurf des »Stilbruchs« zwischen dem ersten und dem zweiten Teil erhoben. Der »deutsche Stil« des ersten Teiles, den Vischer mit Begeisterung lobt, sei »geistdurchdrungener germanischer Realismus«, während der zweite Teil eine »lederne Allegorie«, voll von »Seltsamkeiten und Sprachaffektationen«, weit wertloser als der erste sei (Zitate nach Lienhard, S. 87).

Seit Vischer ist der Streit zwischen den Verfechtern der Einheit des Faust-Werkes (den *Unitariern*) und seiner Fragmentarik (den *Fragmentariern*) bis in die Gegenwart hinein nicht mehr zur Ruhe gekommen.

Der Frage nach der Einheit oder Nicht-Einheit des Faust-Werkes hat die Frage voranzugehen, was man hier überhaupt unter Einheit zu verstehen habe. Soll Einheit die Kontinuität der Handlung bedeuten? Oder ist es die Präsenz des Titelhelden als eines Handelnden, die die Einheit des Werkes herstellt? Ist die Einheit einer Idee, eines philosophischen Entwurfs gemeint oder die Einheit des Stils? Je nachdem, wie man den Begriff *Einheit* definiert, wird man zu verschiedenen Antworten auf die Frage gelangen müssen. Die Antworten werden auch dann unter Umständen differieren, wenn man nur den »Faust II« oder das Gesamtwerk auf Einheit hin untersucht.

Auf jeden Fall wird man bedenken müssen, daß dieses »Hauptgeschäft« Goetheschen Dichtens den Autor sein ganzes Leben hindurch beschäftigt hat, über einen Zeitraum von fast sechzig Jahren, in denen Goethe wie wenige andere Künstler die verschiedensten Stilepochen durchschritten hat. »Der Weg führt von der charakterisierenden Kunst des Sturm und Drang zur typisierenden Darstellungsweise der klassischen Sinnbildepoche und weiter zur Verselbständigung der Symbolkunst, wie sie den Alterswerken eigentümlich ist.« Diese Worte Böckmanns (S. 194) zeigen deutlich, unter welchen Voraussetzungen die Frage nach der Einheit zu stellen ist.

Goethes eigene Äußerungen zum Verhältnis der beiden Teile des Werkes betonen mehr die Unterschiede. Die Differenz der kleinen und der großen Welt hat Goethe schon im ersten Teil Mephisto programmatisch verkünden lassen (V. 2052). In dem bekannten *Schema* zum Faust-Drama aus den Jahren 1797 bis 1800, das unter Goethes Handschriften erhalten geblieben ist (abgedruckt z. B. bei Trunz, S. 427), charakterisiert der Dichter den ersten und den geplanten zweiten Teil:

> »Lebensgenuß der Person – von außen gesehen – 1. Teil. – In der Dumpfheit Leidenschaft. Tatengenuß – nach außen – 2. Teil. – Und Genuß mit Bewußtsein. Schönheit. Schöpfungsgenuß – von innen – Epilog im Chaos – auf dem Weg zur Hölle.«

Die Bemerkungen Goethes zielen auf die Helena- und die Herrschertragödie; sie stellen den objektiveren Charakter des zweiten Teils und den höheren Grad an

Bewußtheit im handelnden Helden (aber auch bei der dichterischen Konzeption) heraus. Ähnlich äußert sich der Dichter viel später zu Eckermann (am 17. Februar 1831): »Der erste Teil ist fast ganz subjektiv. Es ist alles aus einem befangeneren, leidenschaftlicheren Individuum hervorgegangen, welches Halbdunkel den Menschen auch so wohltun mag. Im zweiten Teil aber ist fast gar nichts Subjektives, es erscheint hier eine höhere, breitere, hellere, leidenschaftslose Welt, und wer sich nicht etwas umgetan und einiges erlebt hat, wird nichts damit anzufangen wissen.« An anderer Stelle betont Goethe, daß sich der zweite Teil mehr an den *Verstand* wende als der erste; so an Sulpiz Boisserée am 8. September 1831: »Nun sollte und konnte dieser zweite Teil nicht so fragmentarisch sein als der erste. Der Verstand hat mehr Rechte daran«. Ähnlich an Wilhelm von Humboldt am 1. Dezember 1831: »Nun hat der Verstand an dem zweiten Teile mehr Forderung als an dem ersten, und in diesem Sinne mußte dem vernünftigen Leser mehr entgegengearbeitet werden«. Andererseits stellt Goethe den »Faust« als »ganz etwas Inkommensurables« dar; »und alle Versuche, ihn dem Verstand näherzubringen, sind vergeblich« (zu Eckermann am 3. Januar 1830; ähnlich am 13. Februar 1831). In diesem Gespräch sagt er auch, die Episoden des Faust-Dramas seien »lauter für sich bestehende kleine Weltenkreise, die, in sich abgeschlossen, wohl aufeinander wirken, aber doch einander wenig angehen. Dem Dichter liegt daran, eine mannigfaltige Welt auszusprechen, und er benutzt die Fabel eines berühmten Helden bloß als eine Art von durchgehender Schnur, um darauf aneinanderzureihen, was er Lust hat«.

Die Äußerungen Goethes, die mehr die Unterschiede der beiden Teile betonen, sagen also kaum etwas darüber aus, wie weit und in welchem Sinne von einer Einheit des Faust-Dramas gesprochen werden könne. Daß man, wenigstens in einem weiten Rahmen, von einer Einheit des Werkes sprechen muß, ist insofern nicht zweifelhaft, als der erste Teil vom Dichter auf Weiterführung und Vollendung durch den zweiten Teil hin angelegt ist und die Person des Titelhelden vom Anfang des ersten bis zum Ende des zweiten Teiles im Mittelpunkt des Geschehens steht (wenn wir etwa von einzelnen Episoden wie der Schülerszene, dem Walpurgisnachtstraum, der Szene »Kaiserliche Pfalz«, der Baccalaureus-Szene und dem Schluß der Klassischen Walpurgisnacht absehen). Diese Feststellung bedeutet aber nicht viel. Ob im engeren Sinne überhaupt von Einheit gesprochen werden kann und in welchem Sinne ggf. von einer Einheit des Werkes zu reden ist, darüber ist sich auch die neuere Forschung nicht einig, wenn auch das Einheitsproblem heute in den Hintergrund getreten ist, weil es differenzierter gesehen wird als im 19. Jahrhundert und weil andere Fragestellungen in den Blickpunkt der Interpretation getreten sind. Zu dem Problem sagt Emrich (2, S. 13), »daß die entscheidende Frage nach der ›Einheit‹ des Werkes und dem Verhältnis des Ganzen zu den Teilen immer noch ungelöst vor der Forschung steht«.

Die Zahl der neueren Interpreten, die wie Vischer die Einheit des Werkes leugnen, scheint klein zu sein, ihre Argumente sind aber ohne Zweifel gewichtig. *Kommerell* (S. 15 f.) sieht »im ersten Teil mehr das Leben der Seele, im zweiten das Tun des Geistes behandelt«. *Staiger* (S. 468 f.) erklärt, daß der ›Faust‹ kein gefügtes, in allen Teilen harmonisierendes Ganzes und jeder Versuch, ein solches nachzuweisen, mühsam, künstlich, unglaubhaft, vor literaturwissenschaftlichem Forum kaum der Erwähnung würdig sei. Er führt die kompositorischen Mängel auf die Länge der Entstehungszeit zurück. *Hans Mayer* (1) zögert nicht, dem Gesamtwerk von der äußeren Struktur und der formalen Anlage her die Einheit der beiden Teile schlechthin abzusprechen. Eine Einheit der beiden Teile leugnen auch *Emrich, Dorothea Lohmeyer* und *Schlaffer*. Emrich behauptet in seinem Aufsatz »Das Rätsel der Faust-II-Dichtung« (1), Goethe habe bewußt den ersten Teil nicht fortsetzen wollen. Faust werde nun in seinem Wesen vom Dichter völlig verändert: »Das Individuum Faust versinkt, und an seiner Stelle erhebt sich ein überindividueller zeitloser, weltüberlegener, objektiver Typus Mensch« (1, S. 180). Das werde vor allem darin deutlich, daß Faust am Kaiserhof zunächst als ›Plutus‹, der innerlich Reiche und Vollendete, auftrete, der als ein weltüberlegener Geist auf das ganze Treiben herabschaue. »So hat Goethe in seinem Bedürfnis nach Polarität, nach Ganzheit des Menschen die Einseitigkeiten seines früheren Faustcharakters ausgeglichen und einen universalen Typus aus ihm gemacht« (1, S. 181).

Schließlich ist hier noch auf den bedeutsamen Versuch *Streichers* hinzuweisen, das Einheitsproblem mit Hilfe der Kategorien *Substantialität* und *Funktionalität* zu lösen. Streicher interessiert sich nur für eine dramatische Einheit des Werkes, nicht für eine ideelle. Er gelangt zu der Ansicht, »daß von einer dramatischen Einheit im ›Faust‹ nie die Rede sein kann« (S. 5). Dies sei in der Faust-Konzeption selbst begründet: Faust sei kein dramatischer Charakter; er stehe unter der Kategorie der Möglichkeit, er entwerfe, er provoziere die Situation. »Anstelle des Primats der Situation tritt der Primat des Charakters [...]. Dieser Charakter bedeutet [...] Entwurf, Entwurf verschiedener Existenzformen. Faust als Erkennender, als Liebender, als Höfling und Krieger, als Schönheitssuchender, Faust im Zustande der Langeweile, der Schuld, der Vorahnung des Todes, des letzten, orgiastisch ausbrechenden Tätigkeitsdranges, der Heiligkeit und des Erlöstseins, Faust als Allegorie und Symbol, als Raum und Zeit überspringendes Prinzip sind solche Existenzformen. Die Begegnung von Faust-Ich und Welt vollzieht sich also nicht als unmittelbare Konfrontation zwischen einem feststehenden Charakter und einer Situation, sondern durch das Medium von Existenzformen hindurch, hinter denen freilich ein einheitliches Ich steht. Der ›Materie‹ in ihrer Totalität entspricht die Totalität des Ichs« (S. 89 f.). So gelangt Streicher zu dem Ergebnis, daß es sich in dem Werke um eine *Reihung von Existenzformen* handele, die zu entwerfen Faust von dem Streben nach immer reinerer Tätigkeit getrieben werde.

Eine größere Zahl von Interpreten bekennt sich zur *Einheit der Faust-Dichtung*, wobei freilich die Gesichtspunkte, unter denen die Einheit des Werkes konstatiert wird, sehr verschieden sind.

Nur wenige Forscher noch gehen von einer *Entwicklung* der Faust-Gestalt aus. So spricht *Korff* (II, S. 391) von einer »Aufwärts-Entwicklung« des Helden; er nennt »die Gesamtkurve des faustischen Strebens ein Emporsteigen vom Niederen zum Höheren, nämlich von allen Stufen der natürlichen zur letzten Stufe der sittlichen

Befriedigung, vom subjektiven Genuß zur objektiven Leistung, von der Befangenheit im Ich zur Hingabe an die Welt«.

Andere Interpreten wiederum sehen auch Faust und seine Entwicklung als Achse der Einheit des Werkes an, betrachten ihn aber nicht als Individuum, sondern als *Repräsentanten der Menschheit*. Eine solche Auffassung wird noch mit Entschiedenheit von den *marxistischen* Faust-Deutern vertreten, die den gesamten Weg Fausts (durch beide Teile des Werkes hindurch) für den Weg der Menschheit durch ihre geschichtlichen Epochen erklären. Wenn Lukács den »Faust« als »das Drama der Menschengattung«, als »eine Abbreviatur der Menschheitsentwicklung« (S. 144) bezeichnet, wenn er auf die Verwandtschaft mit Hegels »Phänomenologie des Geistes« hinweist (S. 145), dann wird darin die Auffassung deutlich, Goethe habe das Werk von einem geschichtsphilosophischen Entwurf her als Einheit konzipiert. Ähnlich äußern sich auch Scholz (S. 20 ff.) und das Autorenkollektiv Albrecht, Bastian und Mittenzwei (S. 424).

Die These von einer *Einheit der Idee* vertreten z. B. Hertz, Gundolf und Rickert. *Gundolf* (S. 782 f.) spricht dem Drama eine künstlerische Einheit ab, gesteht ihm aber eine »philosophische« Einheit zu. *Hertz* geht von der naturphilosophischen Idee einer Polarität von Natur und Geist aus und betrachtet den Weg Fausts als »Irrfahrt des Helden nach der in der Unendlichkeit winkenden Ruhe der Vollendung im ewigen Frieden zwischen der Stoffseele und der Geistseele« (3, S. III). *Rickert* (S. VII) geht an die Interpretation des Werkes schon mit der Prämisse heran, die Dichtung sei ein »einheitliches Ganzes«. Er kann weder einen Bruch im Charakter und in der Persönlichkeitsentwicklung Fausts feststellen (S. 282) noch überhaupt eine wesentliche Differenz zwischen dem ersten und dem zweiten Teil. Beide Teile handelten von den Versuchungen Fausts (S. 281). Die philosophisch-ideelle Einheit der Dichtung sei gegründet in dem Begriff der »Tätigkeit«, die in der ganzen dramatischen Handlung auf immer höhere Stufen der ›Reinheit‹ geführt werde: »Wir brauchen also lediglich den Begriff einer Tätigkeit, die immer höher und reiner wird, in den Mittelpunkt des Dramas zu stellen, um die ›Idee‹ zu bestimmen, die es in seinem Verlauf von Anfang bis zum Ende zeigt, und wir fügen außerdem noch hinzu, daß der ›Reinheit‹ dieser Tätigkeit von zwei Seiten Gefahren drohen, die das Drama immer von neuem erkennen läßt: der Tatendrang kann sich entweder durch *Übermaß* bis zu frevelhafter Vermessenheit steigern, oder er kann im *Untermaß* erschlaffen. Damit haben wir alles, was wir brauchen, um zu zeigen, daß die wesentlichen Teile der Dichtung auch weltanschaulich in einen einheitlichen Zusammenhang einzufügen sind. In den meisten Fällen läßt sich konstatieren, daß sogar das Wort ›Tätigkeit‹ vom Dichter gebraucht wird, um das zu kennzeichnen, was durchweg im Zentrum des faustischen Lebens steht und dem Ganzen damit Einheit verleiht« (S. 517 f.).

In der neueren Forschung wird zunehmend das Bemühen sichtbar, sich mit der Herausstellung einer dem ganzen Werk zugrunde liegenden Idee nicht mehr zu begnügen. Es wird vor allem bemängelt, daß die Betrachtung eines Kunstwerkes unter dem Gesichtspunkt einer in ihm gestalteten und konkretisierten philosophischen Idee eine außerkünstlerische Betrachtungsweise sei, die einer Analyse mit

Hilfe ästhetischer Kategorien Platz machen müsse. Auch werde bei einer Lösung des Einheitsproblems am Leitfaden einer philosophischen Idee die geistige und künstlerische Vieldimensionalität des Werkes meist in einer unangemessenen Weise vereinfacht. In diese Richtung zielt vor allem die Kritik *Streichers* (S. 1 ff.) an den traditionellen Versuchen, die Einheit des Werkes in einer Idee und ihrer Entwicklung und Entfaltung gegründet zu sehen.

So finden wir in den letzten Jahrzehnten bemerkenswerte Versuche, die Einheit des Werkes unter formalen Kategorien zu untersuchen (zu denen auch die bereits genannte Untersuchung von Streicher gehört). *Flitner* konstatiert eine »ausgewogene *architektonische* Einheit« des Gesamtwerkes, die von der Architektur aller dramatischen Vorbilder abweiche (S. 259 f.). Himmlische Rahmenhandlung (Mysterienspiel) und irdische Binnenhandlung korrespondieren einander; »das irdische Geschehen wird vom überirdischen wie ein Juwel eingefaßt und durchleuchtet. Die Architektur des Gedichtes bringt das schön zum Ausdruck. Es folgen sich:
Das Vorspiel auf dem Theater;
Die Exposition für die Rahmenhandlung: der Prolog im Himmel;
Die Exposition für die Binnenhandlung: der Tragödie erster Teil, bis zum Abschluß der Wette mit Mephistopheles;
Die Entfaltung der Binnenhandlung:
I. Fausts Ausfahrt in die kleine Welt – bis zum Schluß des ersten Teils; Stimme von oben;
II. Fausts Ausfahrt in die große Welt – der Tragödie zweiter Teil bis zur Philemon-Baucis-Tragödie;
Abschluß der Binnenhandlung: Die Szenen ›Tiefe Nacht‹ ›Mitternacht‹ und ›Großer Vorhof des Palastes‹;
Abschluß der Rahmenhandlung: Die Szenen ›Grablegung‹ und ›Bergschluchten‹.
Beide Handlungen haben ihre Exposition und ihre Abschlüsse, und beide werden durch Abreden im Gang erhalten, durch Verträge und Wetten. Die Fäden sind fein und das Ohr genau; mit Recht hat man die Aufmerksamkeit auf jedes Wörtlein gerichtet. Die erste Abrede erscheint als Wette, ist aber keine, die zweite als Vertrag und ist das auch nur halb. Und die Abschlüsse entsprechen den Abreden genau. In diesem zwiefachen Kugelspiel ist die Handlung einjustiert. Der eine Vorgang beleuchtet den anderen« (S. 261 f.).
Paul Böckmann spricht von einer *zyklischen Einheit* der Faust-Dichtung, insbesondere des zweiten Teiles (S. 196). Das Werk, das aus scheinbar zusammenhanglosen Teilen, revueartigen Szenen usw. zusammengesetzt sei, sei durchzogen von einem Netz von Symbolen, Motivationen, Imaginationen, deren Verknüpfung im Detail noch gar nicht zureichend erforscht sei. Hierbei müsse Goethes Vorstellung vom *Supplieren* herangezogen werden. Ähnlich äußern sich auch Emrich (2, S. 12 ff.).
Paul Requadt (2) hat das Gesetz des Wechsels von *Systole* und *Diastole* als das tragende architektonische Fundament des ersten Teils der Dichtung erkannt. Er ist im letzten Teil seines Buches der Frage nachgegangen, ob sich dieses wesentliche

Strukturelement auch im zweiten Teil wiederfinde. Er hat dabei vor allem derartige Beziehungen zwischen dem ersten Teil und dem Faust-Schluß herstellen können. Die Antithetik von Systole und Diastole kehrt in der Philemon-Baucis-Szene wieder, wo der Wanderer die Tendenz zur Ausbreitung, das Paar der Alten die zur Enge repräsentiert. Auch die antithetisch geordneten Örtlichkeiten Palast/Hütte und Palast/Grab (»ins enge Haus«, V. 11529) sind hier anzuführen. Als eine systolische Situation im Sinne einer »äußersten Verengung« (Requadt 2, S. 366) ist vor allem Fausts *Erblindung* anzusehen. Ohne Zweifel ist Fausts Erblindung eine Situation äußerster Systole. Diese Situation ist aber zugleich die eines Durchgangs durch eine »*enge Pforte*«, durch die Faust ein neuer Durchbruch gelingt. Das aus dem Neuen Testament entnommene Motiv der »engen Pforte« (Matth. 7, 13-14; Luk. 13, 24) hat Requadt als eines der Leitmotive des ersten Teils herausgestellt. Damit wird deutlich, daß auch im zweiten Teil die *Leitmotivtechnik* von Goethe nicht aufgegeben wird. Zwar tritt sie gegenüber der *Symbolik*, die Emrich ausführlich untersucht hat, in ihrer Bedeutung zurück, dennoch aber bleiben leitmotivische Strukturen auch hier erhalten und verbinden den zweiten mit dem ersten Teil. Auf die konsequente Fortführung des Leitmotivs des *Irrens* ist hinzuweisen. Das *Hüttenmotiv* spielt in der Philemon-Baucis-Szene eine entscheidende Rolle. Der *Mond* leuchtet, das irdische Geschehen spiegelnd, über der Klassischen Walpurgisnacht und verharrt über dem ägäischen Fest im Zenith. Das *Sorge*-Motiv (V. 634 ff.; 11384 ff.) wird aus dem ersten in den zweiten Teil übertragen. *Antithesen* und *Konfigurationen* spielen eine wesentliche Rolle (Faust / Mephisto; Faust / Lynkeus; Faust / Helena; Lynkeus / Wanderer usw.). Die leitmotivische Antithetik von *Geist* und *Buchstabe* kehrt im letzten Akt wieder; Mephisto glaubt, sich an den Buchstaben halten zu müssen, nachdem Faust die Worte »Verweile doch, du bist so schön« (V. 11582) gesprochen hat. »Die umstrittene Einheit der Faust-Dichtung scheint uns auf diese Weise gesichert. Es sind (abgesehen von dem Zusammenhang der Handlung) Formprinzipien, die sie herstellen, indem sie den Faustschluß mit dem ersten Werkteil verklammern: die Prinzipien der ›wiederholten Spiegelungen‹ und der ›Steigerung‹. Die Motivfolge: Enge – Durchbruch zur ›reinen Tat‹ – Reflex der Transzendenz kehrt am Ende wieder. Nur darin besteht der Unterschied, daß jetzt, nach Aneignung der Welt, Fausts Scheiden aus ihr gleichsam legitimiert wird, Spiegelung also und zugleich Kontrast« (Requadt 2, S. 388).

Zahlreiche weitere Belege für die Verklammerung der beiden Teile des Werkes durch Begriffe, Schlüsselwörter, Motive und Motivkomplexe, die oft dialektisch einander zugeordnet sind, bringt *Joachim Müller* (2) in seinem Aufsatz »Zur Motivstruktur von Goethes ›Faust‹«.

In einer *Spiegelung* der Teile sieht *Wilfried Malsch* die Basis der Einheit des Werkes: »Eine einheitstiftende ›Idee‹ des Werkes ist nicht in der Faust-Gestalt, aber in den ›wiederholten Spiegelungen‹ des Grundes zu sehen, aus dem die ›Tragödie‹ hervorgeht. In ihnen wird entgegen den Bedingungen des ersten Teils das von Natur aus der Geschichte Mögliche zum Gegenstand der Dichtung« (S. 134). Es spiegele sich zum Beispiel Gretchens ›Elend‹ in Helenas ›Glück‹, die Szene, ›Wald und Höhle‹ in der Szene ›Hochgebirg‹, das Helena-Spiel in den Landgewinnungsszenen und in der Schlußapotheose; schließlich spiegelten sich alle Episoden des Werkes als Voraus- und Nachspiegelungen im Helena-Spiel. Auf die interessanten Ausführungen Malschs kann hier nur verwiesen werden, ohne daß es möglich wäre, den Gang seiner Interpretation im einzelnen nachzuzeichnen.

Michael Neumann deutet in seiner Arbeit »Das Ewig-Weibliche in Goethes 'Faust'« Fausts Gang durch die Welt als eine Kette von Neuanfängen (»Initiationen«), denen jeweils ein Gang durch den Tod vorausgeht (Selbstmordversuch; Lethe-Motiv; die Mütter als Totenreich; Hadesfahrt in der Klassischen Walpurgisnacht u.a.m.). So sei das Werk eine Auseinandersetzung Goethes mit dem Tod. Faust sei der Repräsentant der Zerrissenheit des modernen Menschen. Dem stehe die Natur als gewaltlos geordnete Schönheit gegenüber. Das Weibliche als Eros in seinen verschiedenen personalen Erscheinungen (Gretchen, Helena, Galathee, Mater gloriosa) befreie Fausts Zerrissenheit zur Ganzheit, und diese Ganzheit trete schließlich in die Ganzheit des harmonischen Alls ein. – Der Autor liefert u.a. eine subtile Interpretation der Szene »Bergschluchten«. Er weist nach, daß die Sprache im »Faust II« eine zu Goethes Zeit beispiellose Beweglichkeit und Steigerung ihrer Bedeutungsfähigkeit erlangt habe.

Jens Kruse behauptet, die »bürgerliche« Faustrezeption habe versagt, da sie die Frage nach dem Verhältnis von Text und Geschichte nicht gestellt oder falsch beantwortet habe. Aber auch die bisherige marxistische Interpretation sei unzureichend. Habe die bürgerliche Literaturwissenschaft das »Bezeichnete« (den geschichtlichen Ort des Textes) »entleert«, so die marxistische das »Bezeichnende« (die poetische Struktur). Kruse will erneut versuchen, den Text marxistisch zu lesen und dabei – unter stetem Rückgriff auf gesellschaftspolitische Analysen von Marx – die Beziehung von poetischer Struktur und Geschichte in den Mittelpunkt rücken. Unter diesem Gesichtspunkt interpretiert er das Gesamtwerk. Er stellt durchgängig eine »Doppelung«, eine »Ambivalenz« der poetischen Zeichen fest, die darauf beruhe, daß zwei unterschiedliche historisch-gesellschaftliche Entwicklungsstufen (Feudalismus und beginnender Kapitalismus) und zwei verschiedene Typen von Zeichenbeziehungen nebeneinander und ineinander bestünden.

Über die *Faust-Rezeption*, insbesondere in den Jahrzehnten nach dem Zweiten Weltkrieg, informieren *Karl Robert Mandelkow* und *Deborah Vietor-Engländer*.

4 Literaturverzeichnis

»Faust II« wird zitiert nach der Hamburger Ausgabe, Band 3 (»HA«): weitere Werke Goethes (einschließlich der Briefe und der Tagebücher) nach der Weimarer Ausgabe (»WA«) oder nach der Cottaschen Jubiläumsausgabe (Stuttgart und Berlin 1902 ff.) (»JA«); Eckermann nach: JOHANN PETER ECKERMANN, Gespräche mit Goethe in den letzten Jahren seines Lebens. München[2] 1984.

Die Literatur über Goethes »Faust« ist fast unübersehbar geworden; jährlich kommen weitere Beiträge hinzu. Dieses Literaturverzeichnis enthält alle diejenigen Arbeiten, auf die im Text hingewiesen wird oder aus denen zitiert wird. Weitere umfangreichere Literaturangaben findet man bei DIENER, EMRICH (2), FRIEDRICH/SCHEITHAUER, KLETT, PESCHKEN, SCHWERTE, TRUNZ. Ein vollständiges Verzeichnis der gesamten Sekundärliteratur findet sich bei HANS HENNING: Faust-Bibliographie, 3 Teile in 4 Bänden. Berlin, Weimar 1966-1976.

ADORNO, THEODOR W.: Zur Schlußszene des Faust. In: Akzente 6/1959, S. 567 ff.; wiederabgedruckt in: Th. W. A., Noten zur Literatur II. Frankfurt/M. 1961, S. 7 ff. (hiernach zitiert).

ALBRECHT, GÜNTER / BASTIAN, HANS-JÜRGEN / MITTENZWEI, JOHANNES: Erläuterungen zur deutschen Literatur: Klassik. Berlin/DDR [5]1967.

ATKINS, STUART: Goethe's Faust. A Literary Analysis. Cambridge Mass. 1958.

BEUTLER, ERNST: Faust und Urfaust, erläutert von Ernst Beutler. Leipzig 1940.

BIELSCHOWSKY, ALBERT: Goethe. Band 2. München [32]1918.

BINDER, WOLFGANG: Goethes klassische Faust-Konzeption. In: Deutsche Vierteljahrsschrift für Literaturwissenschaft und Geistesgeschichte 42/1968, S. 55 ff.

BINSWANGER, HANS CHRISTOPH (1): Geld und Magie. Deutung und Kritik der modernen Wirtschaft anhand von Goethes ›Faust‹. Stuttgart 1985.

BINSWANGER, HANS CHRISTOPH (2): Der Mensch als Herr der Zeit. Eine Deutung von Goethes Faust II unter dem Aspekt von Wirtschaft und Alchemie. In: Der Deutschunterricht 4/1987, S. 25-37.

BLOCH, ERNST: Figuren der Grenzüberschreitung; Faust und Wette um den erfüllten Augenblick. In: Sinn und Form 1956, S. 177 ff.

BÖCKMANN, PAUL: Die zyklische Einheit der Faustdichtung. In: P. B., Formensprache. Hamburg 1966, S. 193 ff.

BÖHM, WILHELM (1): Faust der Nichtfaustische. Halle/S. 1933.

BÖHM, WILHELM (2): Goethes Faust in neuer Deutung. Köln 1949.

BRINKMANN, HENNING: Zwischen Prometheus und Luzifer. Über den Sinn der faustischen Existenz. In: H. B., Studien zur Geschichte der deutschen Sprache und Literatur, Band II. Düsseldorf 1966, S. 307 ff.

BUCHWALD, REINHARD (1): Führer durch Goethes Faustdichtung. Stuttgart [7]1964.

BUCHWALD, REINHARD (2): Das Vermächtnis der deutschen Klassiker. Neue Ausgabe Frankfurt/M. 1962.

BURDACH, KONRAD (1): Faust und die Sorge. In: Deutsche Vierteljahrsschrift für Literaturwissenschaft und Geistesgeschichte 1/1923, S. 1 ff.

BURDACH, KONRAD (2): Das religiöse Problem in Goethes Faust. In: Euphorion, 33. Band. Stuttgart 1932, S. 3 ff.

CHAMBERLAIN, HOUSTON STEWART: Goethe. München ²1932.

CONRADY, KARL OTTO: Goethe. Leben und Werk. Zweiter Band. Königstein/Ts. 1985.

CURTIUS, LUDWIG: Goethe und der Katholizismus. In: L. C., Torso. Stuttgart 1957, S. 162 ff.

DANCKERT, WERNER: Goethe. Der mythische Urgrund seiner Weltschau. Berlin 1951.

DIENER, GOTTFRIED: Fausts Weg zu Helena. Urphänomen und Archetypus. Stuttgart 1961.

DÖRING, HELLMUT: Homunculus. In: Weimarer Beiträge, Jg. XI (1965), S. 185 ff.

DORNER, RAINER: Eros und Eigentum. Zu Geschichte und Utopie in Faust II. In: Literaturmagazin 2: Von Goethe lernen? Fragen der Klassikrezeption, hrsg. v. HANS CHRISTOPH BUCH. Reinbek 1974.

EMRICH, WILHELM (1): Das Rätsel der Faust-II-Dichtung, Versuch einer Lösung. In: Die pädagogische Provinz, 14. Jg. (1960), Heft 4, S. 176 ff.

EMRICH, WILHELM (2): Die Symbolik von Faust II. Bonn ²1957.

EMRICH, WILHELM (3): Symbolinterpretation und Mythenforschung. In: Euphorion 47. Band, 1953, S. 38 ff.

ESCHMANN, ERNST W.: Fausts Utopie. In: Hamburger Akademische Rundschau, 3. Jg. (1949), S. 608 ff.

FÄHNRICH, HERMANN: Goethes Musikanschauung in seiner Fausttragödie – die Erfüllung und Vollendung seiner Opernreform. In: Goethe, N. F. des Jahrbuchs der Goethe-Gesellschaft, 25. Band. Weimar 1963, S. 250 ff.

FLITNER, WILHELM: Goethe im Spätwerk. Hamburg 1947.

FRANZ, ERICH: Mensch und Dämon. Tübingen 1953.

FRIEDLÄNDER, PAUL: Rhythmen und Landschaften im II. Teil des Faust. Weimar 1953.

FRIEDRICH, THEODOR / SCHEITHAUER, LOTHAR J.: Goethes Faust erläutert. Leipzig 1957.

FUCHS, ALBERT: Goethe-Studien. Berlin 1968.

GOLLWITZER, GERHARD: Die Geisterwelt ist nicht verschlossen. Swedenborgs Schau in Goethes Faust. Stuttgart 1968.

GRÄF, HANS GERHARD: Goethe über seine Dichtungen, II. Teil, 2. Bd. Frankfurt/M. 1904.

GUNDOLF, FRIEDRICH: Goethe. Berlin ⁸1920.

HAMM, HEINZ: Goethes »Faust«. Werkgeschichte und Textanalyse. Berlin/DDR 1978.

HARTMANN, HORST: Faustgestalt – Faustsage – Faustdichtung. Berlin/DDR 1979.

HEFELE, HERMANN: Goethes Faust. Stuttgart ³1946.

HEGEL, GEORG WILHELM FRIEDRICH: Ästhetik, hrsg. v. F. BASSENGE. Berlin/DDR 1955.

HELLER, ERICH: Die Zweideutigkeit von Goethes »Faust«. In: Hamburger Akademische Rundschau, 3. Jg. (1949), S. 617 ff.

HERTZ, GOTTFRIED WILHELM (1): Fausts Himmelfahrt. In: Die Ernte. Festschrift für Franz Muncker, hrsg. v. FRITZ STRICH und HANS HEINRICH BORCHERDT. Halle/S. 1926.

HERTZ, GOTTFRIED WILHELM (2): Goethes Naturphilosophie im Faust. Berlin 1913.

HERTZ, GOTTFRIED WILHELM (3): Natur und Geist in Goethes Faust. Frankfurt/M. 1931.

HEUSLER, ANDREAS: Goethes Verskunst. In: Deutsche Vierteljahrsschrift für Literaturwissenschaft und Geistesgeschichte, 3. Jg. (1925), S. 75 ff.

HILDEBRANDT, KURT: Goethe. Seine Weltweisheit im Gesamtwerk. Leipzig 1941.

HÖHLE, THOMAS / HAMM, HEINZ: Faust. Der Tragödie zweiter Teil. In: Weimarer Beiträge, 20. Jg. (1974), Heft 6, S. 49-89.

HÖLSCHER-LOHMEYER, DOROTHEA: Auf dem Hochgebirg. »Faust« II – Die erste Szene des vierten Aktes. In: Jahrbuch der Deutschen Schillergesellschaft, 25. Jg. (1981), S. 249-284.

HOF, WALTER: Fausts Ende. In: Germanisch-Romanische Monatsschrift 27/1939, S. 1 ff.

JANTZ, HAROLD: The Mothers in Faust. Baltimore (Maryland) 1969.

JUNG, CARL GUSTAV / KERÉNYI, KARL: Einführung in das Wesen der Mythologie. Amsterdam, Leipzig 1941.

KERÉNYI, KARL: Das ägäische Fest. In: Spiegelungen Goethes in unserer Zeit, hrsg. v. HANS MAYER. Wiesbaden 1949, S. 115 ff.

KLETT, ADA M.: Der Streit um Faust II seit 1900. Jena 1939.

KOCH, FRANZ (1): Goethe und Plotin. Leipzig 1925.

KOCH, FRANZ (2): Goethes Gedankenform. Berlin 1967.

KOHLSCHMIDT, WERNER: Klassische Walpurgisnacht und Erlösungsmysterium. Zum Verständnis von Antike und Christentum in Faust II. In: W. K., Form und Innerlichkeit. Bern 1955, S. 97 ff.

KOMMERELL, MAX: Geist und Buchstabe der Dichtung. Frankfurt/M. ³1944.

KORFF, HERMANN AUGUST: Geist der Goethezeit. Bd. II/IV. Leipzig 1955/53.

KRUSE, JENS: Der Tanz der Zeichen. Poetische Struktur und Geschichte in Goethes »Faust II«. Königstein/T. 1985.

KÜHNEMANN, EUGEN: Goethe. Band II. Leipzig 1930.

LIENHARD, FRIEDRICH: Einführung in Goethes Faust. Leipzig ⁴1919.

LOHMEYER, DOROTHEA (1): Faust und die Welt. Zur Deutung des zweiten Teils der Dichtung. Potsdam 1940. – (2): Völlige Neubearbeitung: Faust und die Welt. Der zweite Teil der Dichtung. München: C. H. Beck 1975 (dtv 1977).

LÜTZELER, PAUL MICHAEL: Goethes Faust und der Sozialismus. Zur Rezeption des klassischen Erbes in der DDR. In: Basis. Jahrbuch für deutsche Gegenwartsliteratur, Band 5. Frankfurt/M. 1975.

LUKÁCS, GEORG: Faust-Studien. In: G. L., Faust und Faustus. Reinbek 1967.

MAHL, BERND: Goethes ökonomisches Wissen. Frankfurt/M., Bern 1982.

MALSCH, WILFRIED: Die Einheit der ›Faust‹-Dichtung Goethes in der Spiegelung ihrer Teile. In: Festschrift für Klaus Ziegler, hrsg. v. E. CATHOLY und W. HELLMANN. Tübingen 1968, S. 134 ff.

MANDELKOW, KARL ROBERT (1): Goethe im Urteil seiner Kritiker. Dokumente zur Wirkungsgeschichte Goethes in Deutschland. Teil IV 1918-1982. München 1984.

MANDELKOW, KARL ROBERT (2): Goethe in Deutschland. Rezeptionsgeschichte eines Klassikers. Band II 1919-1982. München 1989.

MASON, EUDO C.: Goethe's Faust. Its Genesis and Purport. Berkeley, Los Angeles 1967.

MATTENKLOTT, GERT: »Auf den Füßen geht's nicht mehr, / Drum gehn wir auf den Köpfen« (Goethe: Faust I, 4370). Literarische Komplexität und der Komplex Ökonomie. In: Das Argument, 18. Jg. (1976), Heft 99, S. 734-746.

MAY, KURT: Faust II. Teil in der Sprachform gedeutet. München 1962.

MAYER, HANS (1): Faust II ohne Faust I. In: Programmheft des Schiller-Theaters Berlin zur Aufführung des Faust II, 1966.

MAYER, HANS (2): Goethes Begriff der Realität. In: H. M., Von Lessing bis Thomas Mann. Pfullingen 1959, S. 155 ff.

MAYER, HANS (3): Goethe und Hegel. In: H. M., Von Lessing bis Thomas Mann. Pfullingen 1959, S. 180 ff.

METSCHER, THOMAS: Faust und die Ökonomie. Ein literarhistorischer Essay. In: Das Argument, Argument-Sonderband 3, Berlin 1976.

MICHELSEN, PETER (1): Fausts Erblindung. In: Deutsche Vierteljahrsschrift für Literaturwissenschaft und Geistesgeschichte, Band 36 (1962), S. 26-35.

MICHELSEN, PETER (2): Fausts Schlaf und Erwachen. In: Jahrbuch des Freien Deutschen Hochstifts 1983, S. 21-61.

MÖBUS, GERHARD: Die Christusfrage in Goethes Leben und Werk. Osnabrück 1964.

MOMMSEN, KATHARINA (1): Goethe und 1001 Nacht. Berlin 1960.

MOMMSEN, KATHARINA (2): Natur- und Fabelreich in Faust II. Berlin 1968.

MÜLLER, JOACHIM (1): »Meiner Wolke Tragewerk«. Fausts Abschied von Helena. In: Sprachkunst und Weltgestaltung. Festschrift für H. Seidler, hrsg. v. ADOLF HASLINGER. Salzburg, München 1966, S. 172 ff.

MÜLLER, JOACHIM (2): Zur Motivstruktur von Goethes »Faust«. In: Sitzungsberichte der sächsischen Akademie der Wissenschaften zu Leipzig, philologisch-historische Klasse, Band 116 (1972), Heft 3, S. 5-35.

NEUMANN, MICHAEL: Das Ewig-Weibliche in Goethes »Faust«. Heidelberg 1985.

OBENAUER, KARL JUSTUS: Der faustische Mensch. Jena 1922.

OST, HANS: Goethes Helena als plastische Gestalt. In: arcadia, Band 4, 1969, S. 16 ff.

PESCHKEN, BERND: Literatur zum späten Goethe 1965-1967. Ein Forschungsbericht. In: Der Deutschunterricht, Beilage zu Heft 2/1970.

PETSCH, ROBERT (1): Einführung in Goethes »Faust«. Hamburg [3]1949.

PETSCH, ROBERT (2): Faustsage und Faustdichtung. Dortmund 1966.

PETSCH, ROBERT (3): Goethes Faust, hrsg. v. R. P. (Werke, Festausgabe Band 5). Leipzig 1926.

PICKERODT, GERHART: Geschichte und ästhetische Erkenntnis. Zur Mummenschanz-Szene in Faust II. In: Das Argument, 18. Jg. (1976), Heft 99, S. 747-771.

POLITZER, HEINZ: Vom Baum der Erkenntnis und der Sünde der Wissenschaft. Zur Vegetationssymbolik in Goethes Faust. In: Jahrbuch der Deutschen Schillergesellschaft, 9. Jg. (1965), S. 346 ff.

PYRITZ, HANS: Selbstschau des alten Goethe. In: H. P., Goethe-Studien. Köln, Graz 1962, S. 72 ff.

REINHARDT, KARL: Die Klassische Walpurgisnacht: Entstehung und Bedeutung. In: Deutsche Dramen von Gryphius bis Brecht, hrsg. v. JOST SCHILLEMEIT. Frankfurt/M., Hamburg 1965, S. 102 ff.

REQUADT, PAUL (1): Die Figur des Kaisers im »Faust II«. In: Jahrbuch der Deutschen Schillergesellschaft, 8. Jg. (1964), S. 153 ff.

REQUADT, PAUL (2): Goethes Faust I. Leitmotivik und Architektur. München 1972.

RICKERT, HEINRICH: Goethes Faust. Die dramatische Einheit der Dichtung. Tübingen 1932.

v. RINTELEN, FRITZ JOACHIM: Der Rang des Geistes. Goethes Weltverständnis. Tübingen 1955.

RÜDIGER, HORST: Weltliteratur in Goethes »Helena«. In: Jahrbuch der Deutschen Schillergesellschaft, 8. Jg. (1964), S. 172 ff.

SCHADEWALDT, WOLFGANG: Goethestudien. Natur und Altertum. Zürich, Stuttgart 1963.

SCHLAFFER, HEINZ (1): Fausts Ende. In: Das Argument, 18. Jg. (1976), Heft 99, S. 772-779.

SCHLAFFER, HEINZ (2): Faust zweiter Teil. Die Allegorie des 19. Jahrhunderts. Stuttgart 1981.

SCHMIDT, ERICH: Goethes Faust, hrsg. v. E. SCH. Jubiläumsausgabe. Bd. 13/14. Stuttgart 1906.

SCHNEIDER, REINHOLD: Fausts Rettung. In: R. SCH., Schriften zur Zeit. Baden-Baden 1948, S. 43 ff.

SCHOLZ, GERHARD: Faust-Gespräche mit Prof. Dr. Gerhard Scholz. Berlin/DDR 1967.

SCHRIMPF, HANS-JOACHIM: Das Weltbild des späten Goethe. Stuttgart 1956.

SCHWERTE, HANS: Faust und das Faustische. Ein Kapitel deutscher Ideologie. Stuttgart 1962.

SEEL, OTTO: Eine caesarische Metamorphose? Plutarchs Caesar und Goethes Faust. In: O. S., Caesar-Studien. Stuttgart 1967, S. 92 ff.

SEIDLIN, OSKAR: Helena. Vom Mythos zur Person. In: O. S., Von Goethe bis Thomas Mann. Göttingen 1963.

SPENGLER, OSWALD: Der Untergang des Abendlandes. I. Bd. 33.-47. Aufl. Leipzig 1923.

STAIGER, EMIL: Goethe. Band III (1814-1832). Zürich 1959.

STÖCKLEIN, PAUL: Wege zum späten Goethe. Hamburg 1949.

STREICHER, WOLFGANG: Die dramatische Einheit von Goethes »Faust«. Tübingen 1966.

STRICH, FRITZ: Goethes Faust. Bern, München 1964.

TRUNZ, ERICH: Anmerkungen des Herausgebers zu Goethes »Faust« (Goethes Werke. Hamburger Ausgabe, Band III. Hamburg ⁵1960).

TÜRCK, HERMANN: Eine neue Fausterklärung. Berlin 1901.

VIËTOR, KARL: Goethe. Dichtung, Wissenschaft, Weltbild. Bern 1949.

VIETOR-ENGLÄNDER, DEBORAH: Faust in der DDR. Frankfurt/M. 1987.

WACHSMUTH, ANDREAS B.: Geeinte Zwienatur. Aufsätze zu Goethes naturwissenschaftlichem Denken. Berlin, Weimar 1966.

WEINHANDL, FERDINAND: Die Metaphysik Goethes. Berlin 1932.

v. WEIZSÄCKER, CARL FRIEDRICH: Über einige Begriffe aus der Naturwissenschaft Goethes. In: C. F. v. W., Die Tragweite der Wissenschaft, I. Band. Stuttgart 1964, S. 222 ff.

v. WIESE, BENNO: Die deutsche Tragödie von Lessing bis Hebbel. Hamburg ⁴1958.

ZIEGLER, KLAUS: Das deutsche Drama der Neuzeit. In: Deutsche Philologie im Aufriß, hrsg. v. W. STAMMLER, Band II. Berlin, Bielefeld 1954, S. 949 ff.